ullstein

Das Buch

Sollten Sie sich jemals gefragt haben, warum Frauen soviel reden, Männer aber lieber schweigen, warum Männer immer Sex wollen, Frauen aber lieber kuscheln: In diesem Buch finden Sie endlich eine einleuchtende Antwort. Allan und Barbara Pease erklären wissenschaftlich fundiert die Unterschiede zwischen Mann und Frau. Sie gehen der Frage nach, warum Männer und Frauen unterschiedliche Fähigkeiten besitzen, warum sie sich in vielen Situationen völlig verschieden verhalten, warum sie anders denken und fühlen. Zugleich geben sie aber auch praktische Tips, wie man am besten mit diesen Unterschieden umgehen sollte, damit ein harmonisches Zusammenleben der Geschlechter möglich ist.
Der phänomenale Weltbestseller – jetzt verfilmt mit Benno Fürmann, Jessica Schwarz, Uwe Ochsenknecht und anderen Stars.

Die Autoren

Allan und Barbara Pease gehören zu den führenden Kommunikationstrainern der Welt. Sie haben bereits mehrere Bücher zum Thema Körpersprache geschrieben, die zu internationalen Bestsellern wurden. Sie sind weltweit mit ihren Seminaren erfolgreich.

Von Allan und Barbara Pease sind in unserem Hause bereits erschienen:

Warum Frauen schlecht einparken ...
Warum Männer nicht zuhören ...
Das Testbuch
Die kalte Schulter und der warme Händedruck
Der tote Fisch in der Hand
Warum Männer lügen und Frauen dauernd Schuhe kaufen
Männer zappen und Frauen wollen immer reden
Eine dumme Frage ist besser als fast jede kluge Antwort

Allan und Barbara Pease

Warum Männer nicht zuhören und Frauen schlecht einparken

Ganz natürliche Erklärungen für eigentlich unerklärliche Schwächen

Aus dem australischen Englisch
von Anja Giese

Ullstein

Besuchen Sie uns im Internet:
www.ullstein-taschenbuch.de

CONSTANTIN FILM ZEIGT EINEN LEANDER HAUßMANN FILM EINE CONSTANTIN FILM PRODUKTION „WARUM MÄNNER NICHT ZUHÖREN UND FRAUEN SCHLECHT EINPARKEN"
BENNO FÜRMANN JESSICA SCHWARZ MATTHIAS MATSCHKE ANNIKA KUHL UND UWE OCHSENKNECHT NADJA BECKER SASHA SCHMITZ TOM SCHILLING LARS RUDOLPH FLORENTINE LAHME
ALS GÄSTE KATJA FLINT THOMAS KRETSCHMANN PETER LOHMEYER ERZÄHLER LEANDER HAUßMANN ORIGINALTON ED CANTÚ MASKE KITTY KRATSCHKE KATHARINA NÄDELIN KOSTÜMBILD STEFFI BRUHN
BESETZUNG SIMONE BÄR PRODUKTIONSLEITUNG DIETER SALZMANN MUSIK JAMES LAST SCHNITT PETER R. ADAM SZENENBILD CHRISTIAN BUSSMANN KAMERA TILMAN BÜTTNER HERSTELLUNGSLEITUNG CHRISTINE ROTHE
DREHBUCH ROCHUS HAHN ALEXANDER STEVER EXECUTIVE PRODUCER MARTIN MOSZKOWICZ PRODUZENTEN HERMAN WEIGEL OLIVER BERBEN REGIE LEANDER HAUßMANN

GEFÖRDERT DURCH medienboard. FFF Bayern

www.maennerundfrauen.film.de

Umwelthinweis:
Dieses Buch wurde auf chlor- und säurefreiem Papier gedruckt.

Ungekürzte Sonderausgabe im Ullstein Taschenbuch
1. Auflage 2007
2. Auflage 2007

Published by Arrangement with Allan Pease
Titel der australischen Originalausgabe:
Why Men Don't Listen And Women Can't Read Maps
(Pease Training International)
Redaktion: Verlagsbüro Dr. Andreas Gößling und Oliver Neumann GbR
Illustrationen von John Hepworth
Fotoabbildungen im Innenteil: 2007 Constantin Film, München
Umschlaggestaltung: HildenDesign, München
Titelabbildung: 2007 Constantin Film, München
Satz: KompetenzCenter, Mönchengladbach
Druck und Bindearbeiten: Ebner & Spiegel, Ulm
Printed in Germany
ISBN 978-3-548-36994-5

Danksagung

Wir möchten folgenden Personen unseren Dank aussprechen, die direkt, indirekt und häufig unwissentlich ihren Beitrag zu diesem Buch geliefert haben:

Ray und Ruth Pease, Bill und Beat Suter, Alison und Mike Tilley, Jaci Eliott, Stella Brocklesby, Paula Thompson, Natasha Thompson, Col und Jill Haste, Dr. Desmond Morris, Prof. Detlef Linke, Carole Tonkinson, Prof. Alan Garner, Bronia Szczygiel, John und Sue Macintosh, Kevin Austin, Dr. John Tickell, Dr. Rosie King, Dr. Barry Kitchen, Diana Ritchie, Cadbury Schwepps, Amanda Gore, Esther Rantzen, Melissa, Cameron und Jasmine Pease, John Fenton, Adam Sellars, Gary Skinner, Mike und Carol Pease, Andy Clarke, Len und Sue Smith, Dr. Dennis Waitley, Fiona und Michael Hedger, Christine Maher, Ray Martin, Dr. Rudi Brasch, Michael Kelly, Prof. Stephen Dain, Christine Craigie, Dr. Themi Garagounas, Prof. Dennis Burnham, Prof. Barbara Gillham, Bryan Cockerill, Leanne Wilson, Geoff Arnold, Lisa Tierney, Robyn McCormick, Kerri-Anne Kennerley, Geoff Birch, Jonathan Norman, Marie Ricot, Jill Bett, Glen Harrison, Julie Fenton, Nick Symons, Peter und Hilary Westwood, Richard und Linda Denny, Sheila Watson-Challis, Angela Watson-Challis, Simon Howard, Simon Timothy Lee, Tom Kenyon-Slaney, Tony und Patricia Earle, Darley Anderson, Sue Irvin, Leanne Christie, Anita und Dave Kite, Barry Toepher, Bert Newton, Brendan Walsh, Carrie Siipola, Debbie Tawse, Celia Barnes, Christina Peters, Hannelore

Federspiel, David und Jan Goodwin, Eunice und Ken Worden, Frank und Cavill Boggs, Graham und Tracey Dufty, Graham Shields, Grant Sexton, Kaz Lyon, Barry Markoff, Peter Rosetti, Max Hitchins, Debbie Mehrtens, Jack und Valerie Collis, Allison und John Allanson, John Hepworth, Pru Watts, Michael und Sue Rabbit, Michael und Sue Burnett, Michael und Kaye Goldring, Mike Schoettler, Peter und Jill Gosper, Rachel Jones, Ros und Simon Townsend, Sussan Hawryluk, Sue Williams, Terry und Tammy Butler, W. Mitchell, Walter Dickman, Bea Pullar, Alan Collinson, Luke Causby, Russell Jeffery, Sandra und Loren Watts, Katrina Flynn, Luke Causby, Peter Draper, Scott Gilmour, Janet Gilmour, Lisa Petrich, Geoff Weatherburn, Dawn Eccles-Simkins, David Orchard, Donn Guthrie.

Inhaltsverzeichnis

Einführung

Ein Sonntagsausflug

An einem schönen, sonnigen Sonntag setzten sich Bob und Sue mit ihren drei halbwüchsigen Töchtern ins Auto, um gemütlich an den Strand zu fahren und dort den Nachmittag zu verbringen. Bob saß am Steuer, Sue auf dem Beifahrersitz. Alle paar Minuten drehte sich Sue nach hinten und warf etwas in die angeregte Unterhaltung ihrer Töchter ein. Bob kam es vor, als ob alle wild durcheinanderredeten. In seinen Ohren klang das Ganze wie ein unaufhörliches und sinnloses Geschwätz. Schließlich platzte ihm der Kragen.

»Könnt ihr nicht endlich mal den Mund halten?« brüllte er.

Erschrockenes Schweigen breitete sich aus.

»Warum denn?« fragte Sue schließlich zaghaft.

»Weil ich Auto fahren muß!« brach es aus ihm heraus.

Die Frauen blickten sich verwirrt an. »Auto fahren?« wiederholten sie verständnislos.

Sie konnten einfach keinen Zusammenhang erkennen zwischen ihrem Geplauder und seiner Tätigkeit des Autofahrens. Und er konnte nicht verstehen, warum sie alle gleichzeitig reden mußten, teilweise sogar über verschiedene Themen, und keine den anderen wirklich zuzuhören schien.

Warum in aller Welt konnten sie nicht einfach den Mund halten, damit er sich aufs Autofahren konzentrieren konnte? Wegen ihrem Geschnatter hatte er die Autobahnausfahrt verpaßt.

Das grundsätzliche Problem hier ist schnell beim Namen

genannt: Frauen und Männer sind unterschiedlich. Nicht besser oder schlechter, sondern unterschiedlich. Wissenschaftler, Anthropologen und Soziobiologen wissen das seit Jahren, doch ihnen ist auch bewußt, daß sie die Äußerung dieser wissenschaftlichen Tatsache in unserer politisch ach so korrekten Welt zu Parias machen könnte. In der heutigen Gesellschaft will man mit aller Macht daran glauben, daß Frauen und Männer genau die gleichen Fähigkeiten, Talente und Potentiale haben, und das ironischerweise zu einem Zeitpunkt, da Wissenschaftler die ersten unwiderlegbaren Beweise dafür gefunden haben, daß genau das Gegenteil der Fall ist.

Wohin führt das unsere Gesellschaft? Auf ziemlich wackeligen Boden. Nur wenn wir die Unterschiede zwischen Frau und Mann verstehen, können wir wirklich damit beginnen, unsere gemeinsamen Stärken auszubauen, statt unsere individuellen Schwächen zu pflegen. In diesem Buch berufen wir uns auf die neusten Erkenntnisse der Humanevolution und zeigen, wie sie auf die Beziehung zwischen Männern und Frauen angewandt werden können. Die Schlüsse, die wir daraus ziehen, sind sicherlich kontrovers. Sie werden zum Nachdenken anregen und manchmal Widerstand provozieren. Doch sie werden auch das nötige Verständnis für die merkwürdige Dynamik schaffen, die zwischen Frauen und Männern besteht. Wenn Bob und Sue doch nur dieses Buch gelesen hätten, bevor sie sich ins Auto gesetzt haben …

Warum es so schwierig war, dieses Buch zu schreiben

Wir haben drei Jahre gebraucht, um dieses Buch zu schreiben, und sind in dieser Zeit mehr als 400 000 Kilometer gereist. Während unserer Recherchen haben wir Dokumente durchforscht, Experten interviewt und Seminare in Australien, Neuseeland, Singapur, Thailand, Hongkong, Malaysia, England, Schottland, Irland, Italien, Griechenland, Deutschland, Holland, Spanien, der Türkei, den USA, Südafrika, Botswana, Simbabwe, Sambia, Namibia und Angola gehalten.

Eine der schwierigsten Aufgaben dabei war es, öffentliche und private Organisationen dazu zu bringen, sich überhaupt zu diesem Thema zu äußern. So sind beispielsweise bei den kommerziellen Fluggesellschaften weniger als ein Prozent der Piloten Frauen. Als wir uns darüber mit den Sprechern der Fluglinien zu unterhalten versuchten, wollten die meisten ihre Meinung nicht sagen, da sie befürchteten, als sexistisch oder frauenfeindlich verunglimpft zu werden. Bei vielen hieß es kategorisch »Kein Kommentar«, und einige Organisationen drohten sogar Konsequenzen an für den Fall, daß ihr Name in unserem Buch erscheinen würde.

Weibliche Führungskräfte waren in der Regel entgegenkommender, wenngleich viele sofort eine defensive Haltung einnahmen und unsere Recherchen als Angriff auf den Feminismus auffaßten, ohne zu wissen, worum es eigentlich ging. Einige hochgestellte Persönlichkeiten wie Unternehmensführer und Universitätsprofessoren haben uns hinter verschlossenen Türen und in schwach erleuchteten Räumen unter dem Siegel der absoluten Verschwiegenheit und mit der dringenden Aufforderung geantwortet, sie nicht zu zitieren oder ihre Organisation zu erwähnen. Viele hatten auch zwei verschiedene Ansichten – eine politisch korrekte Meinung, die für die Öffentlichkeit bestimmt ist, und ihre persönliche Meinung, die nicht zitiert werden darf.

Dieses Buch mag manchmal eine Provokation sein, manchmal schockieren, aber es wird immer auch faszinieren. Es basiert auf streng wissenschaftlichen Erkenntnissen, doch wegen der darin wiedergegebenen alltäglichen Unterhaltungen, Ansichten und Szenarien – die teilweise zum Schreien komisch sind – wird die Lektüre auf jeden Fall auch unterhaltsam sein. Unser Ziel war es, Ihnen, lieber Leser, mit diesem Buch dabei zu helfen, mehr über sich und das andere Geschlecht zu erfahren, damit sich Ihre Beziehungen erfüllter, harmonischer und befriedigender gestalten.

Dieses Buch ist all den Männern und Frauen gewidmet, die sich auch schon einmal um zwei Uhr morgens haareraufend gegenübergesessen und ihre Partner beschworen haben: »Warum kannst du mich einfach nicht verstehen?« Beziehungen gehen in die Brüche, weil Männer immer noch nicht verstehen, weshalb eine Frau nicht wie ein Mann sein kann, und weil Frauen von ihren Männern erwarten, daß sie genauso reagieren wie sie selbst. Dieses Buch ist nicht nur eine Hilfe für den Umgang mit dem anderen Geschlecht, es hilft auch, sich selbst besser zu verstehen – die Voraussetzung für ein glückliches, gesundes und harmonisches Leben zu zweit.

Allan und Barbara Pease

1. Kapitel

Gleiche Spezies, andere Welten

Die Entwicklung eines großartigen Geschöpfes

Frauen und Männer sind unterschiedlich. Nicht besser oder schlechter, sondern unterschiedlich. Außer der Tatsache, daß sie der gleichen Spezies angehören, gibt es keine nennenswerten Gemeinsamkeiten zwischen ihnen. Sie leben in unterschiedlichen Welten, haben andere Wertvorstellungen und gehorchen anderen Gesetzmäßigkeiten. Das wissen alle, aber nur sehr wenige – vor allem Männer – sind bereit, es auch zu akzeptieren. Doch genau hier liegt das Problem. Man muß sich nur die Fakten ansehen: In der westlichen Welt endet etwa die Hälfte aller Ehen vor dem Scheidungsrichter, und ein Großteil aller ernstgemeinten Beziehungen scheitert, bevor sie so richtig in Gang gekommen sind. Für Frauen und Männer aller Kulturkreise, Religionen und Hautfarben stellen die Ansichten, Verhaltensweisen, Haltungen und Überzeugungen ihres Partners eine unüberwindbare Hürde dar.

Manches ist ganz offensichtlich

Wenn ein Mann die Toilette aufsucht, dann tut er das gewöhnlich nur aus einem Grund. Für Frauen dagegen ist die Toilette Gesellschaftsraum und Therapiezentrum in einem. Frauen, die sich zum ersten Mal vor dem Spiegel des Waschraums begegnen, können als ein Herz und eine Seele zur Tür herauskommen und lebenslang Freundinnen bleiben. Wenn dagegen ein Mann ausrufen würde: »He, Frank, ich muß mal auf die Toilette, kommst du mit?«, würde er mit unverhohlenem Mißtrauen gemustert werden.

Männer haben die ausschließliche Verfügungsgewalt über TV-Fernbedienungen und zappen vorwärts und rückwärts durch die Kanäle; Frauen stört es nicht, sich auch hin und wieder ein wenig Werbung anzusehen. Wenn Männer unter Druck stehen, schütten sie sich mit Alkohol voll und ziehen gegen andere Länder in den Krieg; Frauen naschen lieber Schokolade und gehen zum Einkaufsbummel.

Frauen kritisieren Männer, weil sie gefühllos und gleichgültig sind, nicht zuhören, wenig warmherzig und mitfühlend sind, weil sie nicht reden, zu sparsam mit Liebesbezeugungen umgehen, nicht bereit sind, sich für Beziehungen einzusetzen, Sex statt Liebe machen wollen und die Klobrille nicht runterklappen.

Männer kritisieren Frauen wegen ihrer angeblich bescheidenen Fahrkünste, weil sie Stadtpläne nicht lesen können, Straßenkarten verkehrt herum halten, keinen Orientierungssinn haben, zuviel reden, ohne zum Wesentlichen zu kommen, nicht häufig genug nach Sex verlangen und den Klositz nicht wieder hochklappen. Männer scheinen außerstande zu sein, Sachen zu finden, ihre CD-Sammlung dagegen ist alphabetisch geordnet. Frauen finden immer die verlegten Autoschlüssel wieder, selten aber den kürzesten Weg zu ihrem Ziel. Männer denken, sie wären das vernünftigere Geschlecht. Frauen *wissen*, daß sie es sind.

Männer sind stets aufs neue verblüfft, wie eine Frau einen Raum betreten und augenblicklich eine Einschätzung jeder sich dort befindenden Person abgeben kann; Frauen sind fassungslos, wie wenig Beobachtungsgabe Männer haben. Männer wundern sich darüber, wie eine Frau das rot aufblinkende Warnlämpchen auf dem Armaturenbrett übersehen, dafür aber in einer dunklen Ecke aus fünfzig Metern

Entfernung eine schmutzige Socke erspähen kann. Frauen finden es unfaßbar, daß Männern ein kurzer Blick in den Rückspiegel genügt, um ihr Auto mit schlafwandlerischer Sicherheit perfekt in eine winzige Parklücke einzuparken, auf der anderen Seite aber nicht in der Lage sind, den G-Punkt zu finden.

Wenn eine Frau sich einmal verfährt, hält sie einfach an und fragt nach dem Weg. Für einen Mann ist das ein Zeichen von Schwäche. Lieber fährt er stundenlang im Kreis herum und murmelt dabei vor sich hin: »Ich habe einen neuen Weg gefunden, wie man da hinkommt«, oder »Die Richtung stimmt auf jeden Fall schon mal grob« und »He, die Tankstelle da hinten kommt mir bekannt vor!«

Unterschiedliche Aufgabenbereiche

Frauen und Männer haben sich unterschiedlich entwickelt, weil sie sonst nicht überlebt hätten. Männer gingen auf die Jagd, Frauen sammelten. Männer beschützten, Frauen ernährten. Die Folge war, daß sich ihre Körper und Gehirne vollkommen anders entwickelt haben.

Hand in Hand mit dem Körper, der sich immer mehr auf ganz spezielle Funktionen einstellen mußte, hat sich auch das Gehirn verändert. Männer wurden größer und stärker als die meisten Frauen, und ihr Gehirn hat sich ihren jeweiligen Aufgaben angepaßt. Frauen waren meistens zufrieden, wenn ihre Männer unterwegs waren, um Nahrung zu beschaffen, und sie selbst das Feuer in der Höhle am Brennen halten konnten. Ihr Gehirn hat sich ebenfalls mit der Zeit ihren speziellen Aufgaben angepaßt.

Über Jahrmillionen hinweg bildete sich so die Gehirnstruktur von Männern und Frauen unterschiedlich aus. Wir wissen inzwischen, daß die beiden Geschlechter Informationen unterschiedlich verarbeiten. Sie denken auf unterschiedliche Weise, haben unterschiedliche Überzeugungen und Wahrnehmungen, Prioritäten und Verhaltensweisen.

Das Gegenteil davon zu behaupten ist das sicherste Rezept dafür, unglücklich, verwirrt und desillusioniert durchs Leben zu irren.

Das Argument der Stereotypie

Ende der achtziger Jahre haben unzählige Wissenschaftler mit der Erforschung von geschlechtsspezifischen Unterschieden und der unterschiedlichen Funktionsweise des männlichen und des weiblichen Gehirns begonnen. Zum ersten Mal in der Geschichte der Menschheit konnte man mit hochmodernen, computerisierten Gehirn-Scannern »live« miterleben, wie das Gehirn arbeitet. Dieser Blick in die weite Landschaft des menschlichen Gehirns hat Antworten auf viele Fragen geliefert, die man sich seit Urzeiten stellt. Die Fakten, die in diesem Buch vorgestellt werden, stammen aus wissenschaftlichen, medizinischen, psychologischen und soziologischen Studien, die sämtlich die Annahme bestätigen, daß es gewaltige Unterschiede zwischen den Geschlechtern gibt.

Im 20. Jahrhundert hat man diese Unterschiede zum größten Teil mit gesellschaftlicher Konditionierung erklärt, die besagt, daß wir das sind, was wir sind, weil wir das nachleben, was uns Eltern und Erzieher vorleben, was wiederum die Einstellung der Gesellschaft widerspiegelt, in der wir leben. Mädchen wurden in rosafarbene Kleidchen gesteckt und bekamen Puppen zum Spielen, Jungen wurden blau angezogen und bekamen Spielzeugsoldaten und Fußballtrikots. Kleine Mädchen wurden geherzt und geküßt, während man Jungen auf den Rücken klopfte und ungehalten reagierte, wenn sie weinten. Bis vor kurzem glaubte man, daß ein Neugeborenes wie eine unbeschriebene Tafel wäre, in die seine Erzieher Vorlieben und Verhaltensweisen einritzen konnten.

Die biologischen Fakten, die uns heute bekannt sind, deuten jedoch darauf hin, daß es einen anderen Grund dafür gibt, daß wir so denken, wie wir denken. Sie belegen überzeugend, daß hauptsächlich unsere Hormone und die »Verkabelungen« in unserem Gehirn für unsere Ansichten, Vorlieben und unser Verhalten verantwortlich sind. Das wiederum heißt: Jungen und Mädchen, die auf einer verlassenen Insel ohne gesellschaftliche Organisation oder Eltern aufwüchsen, würden trotz allem dem bekannten Schema folgen. Die Mädchen wären verschmuster, würden stärker den Körperkontakt suchen, zwischenmenschliche Beziehungen anstreben und mit Puppen spielen. Die Jungen würden sich auf geistiger und körperlicher Ebene miteinander messen und Gruppen mit einer klaren Hierarchie bilden.

> Die Verknüpfungen, die sich schon im Mutterleib in unserem Gehirn bilden, und die Auswirkungen der Hormone auf Körper und Seele bestimmen unser Denken und Verhalten.

Wie wir weiter unten sehen werden, sind die zwei ausschlaggebenden Faktoren für unser Denken und Handeln zum einen die Verknüpfungen in unserem Gehirn und zum anderen die Hormone, die in unserem Körper walten – und das schon lange vor unserer Geburt. Unsere Instinkte sind nichts anderes als Gene, die bestimmen, wie sich unser Körper in bestimmten Situationen verhalten wird.

Eine Verschwörung der Männer?

Seit den sechziger Jahren versuchen mehrere einflußreiche Gruppen, uns davon zu überzeugen, daß wir uns des biologischen Erbes entledigen müßten. Sie behaupten, daß Regierungen, Religionen und Bildungssysteme Verschwörungen von Männern seien, welche die Unterdrückung der Frau zum Ziel hätten. Frauen zu schwängern sei eine Methode, um sie noch besser unter Kontrolle halten zu können.

Historisch gesehen ist dieser Gedanke sicherlich nachzuvollziehen. Dennoch drängt sich eine Frage auf: Wenn Frauen und Männer gleich sind – wie eben diese Gruppen behaupten –, wie konnte es dann geschehen, daß Männer weltweit so stark dominieren? Die Studien zur Funktionsweise des menschlichen Gehirns halten mehrere Antworten auf diese Frage bereit. Wir sind *nicht* gleich. Frauen und Männer sollten gleich behandelt werden, denn alle haben das Recht auf freie Entfaltung. Doch sie sind eindeutig nicht gleich, was ihre angeborenen Fähigkeiten und Talente anbelangt. Die Frage, ob Frauen und Männer *gleich* im Sinne von *gleichwertig* sind, ist eine politische beziehungsweise ethische Frage, ob sie aber *gleich* im Sinne von *identisch* sind, eine wissenschaftliche.

> Die Gleichheit von Männern und Frauen ist eine politische beziehungsweise ethische Angelegenheit, die Frage nach dem grundlegenden Unterschied zwischen ihnen eine wissenschaftliche.

Menschen, die sich gegen den Gedanken sperren, daß unser Verhalten durch biologische Abläufe bestimmt wird, tun das mit den besten Absichten – sie verweigern sich jedem Sexismus. Allerdings ist ihnen der Unterschied zwischen *gleich* und *gleichwertig* nicht ganz klar, und hier liegt das eigentliche Problem. In diesem Buch werden wir zeigen, daß wissenschaftliche Belege beweisen: Frauen und Männer sind sowohl körperlich als auch geistig grundverschieden – sie sind eben *nicht* gleich.

Wir haben uns eingehend mit den Ergebnissen führender Paläontologen, Ethnologen, Psychologen, Biologen und Neurowissenschaftlern beschäftigt. Die Unterschiede im Aufbau des weiblichen und männlichen Gehirns sind wissenschaftlich belegt und können nicht bestritten werden.

Einige Leser werden bei der Lektüre dieses Buches vielleicht zu dem Schluß kommen, daß die Unterschiede zwischen Frauen und Männern, so wie wir sie darlegen, auf sie persönlich nicht zutreffen. Nun, vielleicht ist das tatsächlich so. Wir sprechen hier immer nur vom *Durchschnittsmann* und von der *Durchschnittsfrau*, befassen uns also damit, wie sich die meisten Frauen und Männer in den meisten Situationen verhalten beziehungsweise verhalten haben. »Durchschnitt« bedeutet ganz einfach, daß zum Beispiel in einem Raum voller Menschen die Männer im Durchschnitt sieben Prozent größer und acht Prozent kräftiger sind als die Frauen. Die größte beziehungsweise kräftigste Person mag zwar eine Frau sein, doch im großen und ganzen sind die Männer größer und kräftiger als die Frauen. Im Guinnessbuch der Rekorde sind die größten und kräftigsten Menschen fast ausschließlich Männer. Der größte registrierte Mensch der Welt war mit zwei Meter 79 Robert Peshing; der größte Mensch im Jahr 1998 ist Alam Channa aus Pakistan, der zwei Meter 31 mißt. Die Geschichtsbücher sind voll von großen Männern und kleinen Frauen. Das hat nichts mit Sexismus zu tun, sondern ist schlicht und ergreifend eine Tatsache.

Unser Standpunkt

Bei der Lektüre dieses Buches wird vielleicht der eine oder andere selbstgefällig lächeln, arrogant die Augenbrauen heben oder das Buch verärgert zur Seite schleudern. Das liegt daran, daß die meisten Menschen in unterschiedlichem Ausmaß von idealistischen Philosophien beeinflußt sind, nach denen Frauen und Männer angeblich gleich sind. An diesem Punkt möchten wir, die Autoren, unseren Standpunkt klarstellen. Wir haben dieses Buch geschrieben, um Ihnen, dem Leser, behilflich zu sein, Ihre Beziehungen zu Vertretern beider Geschlechter zu verbessern und weiterzuentwickeln. Wir sind der festen Überzeugung, daß Frauen und Männer die gleichen Chancen bekommen sollten, um eine Karriere in jedem von ihnen gewählten Gebiet zu verfolgen, und daß Frauen und Männer bei gleicher Qualifikation für die gleiche Leistung das gleiche Gehalt erhalten sollten.

Unterschied bildet ja keinen Gegensatz zu Gleichberechtigung. Gleichberechtigung meint die Freiheit, das zu tun, wozu man sich berufen fühlt, und Unterschied heißt, daß frau oder man sich vielleicht nicht zu den gleichen Dingen berufen fühlt.

Unser Ziel ist es, mit objektivem Blick die Beziehungen zwischen Frauen und Männern unter die Lupe zu nehmen, die relevanten geschichtlichen Entwicklungen, ihre Bedeutung und ihre Folgen zu erklären und daraus Methoden und Strategien für eine glücklichere und befriedigendere Lebensführung abzuleiten. Wir werden nicht um den heißen Brei herumreden oder mit Vermutungen oder politisch korrekten Klischees um uns werfen. Wenn etwas wie eine Ente aussieht, wie eine Ente quakt und watschelt und es weitere Beweise dafür gibt, daß es sich um eine Ente handelt, dann werden wir es auch Ente nennen.

Die Fakten, die wir Ihnen in diesem Buch darlegen, zeigen, daß die Geschlechter zu ganz bestimmten Verhaltensmustern tendieren. Wir wollen damit allerdings nicht sagen, daß sich Frauen und Männer gezwungenermaßen auf die eine oder andere Weise verhalten beziehungsweise verhalten sollten.

Natur versus soziales Umfeld

Melissa hatte Zwillinge, ein Mädchen und einen Jungen. Für das Mädchen, Jasmine, wählte sie eine rosafarbene Decke, für den Jungen, Adam, eine blaue. Verwandte schenkten Jasmine weiche, kuschelige Spielsachen und Adam einen kleinen Fußball und ein winziges Fußballhemd. Alle sprachen mit sanfter und zärtlicher Stimme zu Jasmine, erzählten ihr, wie schön und niedlich sie sei, und vor allem die weiblichen Verwandten nahmen sie auf den Arm und schmusten mit ihr. Wenn die männlichen Verwandten zu Besuch kamen, konzentrierten sie sich in erster Linie auf Adam. Sie redeten lauter, boxten ihn spielerisch gegen die Schulter, warfen ihn in die Luft und sprachen mit ihm über eine Zukunft als Fußballspieler.

Dieses Szenario dürfte jedem bekannt vorkommen. Eine Frage drängt sich dabei auf: Wird das Verhalten der Erwachsenen durch biologische Faktoren bestimmt, oder handelt es sich um erlerntes Verhalten, das von Generation zu Generation weitergegeben wird? Ist Verhalten angeboren oder erlernt?

Bis weit in dieses Jahrhundert hinein haben Psychologen und Soziologen geglaubt, daß unser Verhalten und unsere Vorlieben beinahe ausschließlich von Gesellschaft und Umwelt geprägt würden. So wissen wir, daß Adoptivmütter – ganz gleich, ob Menschen- oder Affenmütter – in der Regel ganze Arbeit leisten, wenn es darum geht, Pflegekinder großzuziehen. Im Unterschied zu Psychologen und Soziologen sind andere Wissenschaftler der Überzeugung, daß zum größten Teil Biologie, Chemie und Hormone für unsere Verhaltensmuster verantwortlich sind. Seit 1990 gibt es überzeugende Beweise dafür, daß wir in der Tat bereits mit vorprogrammierter Gehirn-Software auf die Welt kommen. Die Tatsache, daß die Männer in der Regel auf die Jagd gingen und die Frauen sich um die häuslichen Angelegenheiten kümmerten, bestimmt auch heute noch unser Verhalten, unsere Überzeugungen und Prioritäten. Eine großangelegte Studie der Harvard University hat ergeben, daß wir kleine Jungen nicht nur anders behandeln als kleine Mädchen, sondern daß wir auch unterschiedliche Wörter im Umgang mit ihnen verwenden. Kleinen Mädchen schmeicheln wir mit Sätzen wie: »Nein, wie niedlich!«, »Du kleines Spätzchen« oder »Du Herzchen«, während wir bei Jungen lauter sprechen und Sätze von uns geben wie: »He, mein Großer!« und »Mensch, bist du schon stark!«

Indem wir Mädchen Barbie-Puppen zum Spielen geben und Jungen Cowboy- oder Action-Figuren, verursachen wir noch kein bestimmtes Verhalten, sondern fördern es lediglich. So ergab die Harvard-Studie auch, daß das geschlechtsspezifische Verhalten von Erwachsenen gegenüber Mädchen und Jungen bereits vorhandene Unterschiede lediglich betont. Wenn man eine Ente in einen Teich setzt, fängt sie an zu schwimmen. Betrachtet man sie von unten, erkennt man, daß die Ente Schwimmhäute an den Füßen hat. Und wenn man das Gehirn der Ente analysiert, wird man feststellen, daß sie bereits mit einem »Schwimm-Modul« geboren wurde, welches fester Bestandteil ihres Gehirns ist. Der Teich ist lediglich der Ort, an dem sich die Ente zufällig zu einem bestimmten Zeitpunkt befindet, er löst jedoch ihr Verhalten nicht aus.

Untersuchungen zeigen, daß wir in viel größerem Ausmaß ein Produkt unserer Biologie sind als Opfer von gesellschaftlichen Klischees. Wir sind unterschiedlich, weil unser Gehirn unterschiedlich aufgebaut ist. Dadurch erleben wir die Welt unterschiedlich, haben unterschiedliche Wertvorstellungen und setzen unterschiedliche Prioritäten. Nicht bessere oder schlechtere, sondern unterschiedliche.

Ihr Reiseführer für das unbekannte Wesen

Dieses Buch ist wie ein Reiseführer für ein fremdes Land oder eine andere Kultur. Es dient gleichzeitig als Sprachführer und als Nachschlagewerk für unbekannte Körpersignale und Eigenheiten.

Die meisten Touristen reisen ins Ausland, ohne sich über die dort herrschenden Lebensbedingungen informiert zu haben. Angesichts der Fremdartigkeit bekommen sie dann entweder Angst, oder sie kritisieren die Ortsansässigen, weil sie kein Englisch respektive Deutsch sprechen und weder Wiener Schnitzel noch Pommes frites essen. Um eine andere Kultur als bereicherndes Erlebnis zu erfahren, muß man zunächst die Geschichte und Entwicklung des betreffenden Landes verstehen. Ferner muß man ein paar wesentliche Sätze in der Landessprache beherrschen und bereit sein, sich auf den Lebensstil des betreffenden Landes einzulassen, um die Kultur durch Erfahrungen aus erster Hand schätzen zu lernen. Nur so wird man nicht mehr wie ein Tourist aussehen, wie ein Tourist reden und sich wie ein Tourist aufführen – also wie die Sorte Mensch, die genausogut hätte zu Hause bleiben und im eigenen Reich von fremden Ländern träumen können.

Dieses Buch will Ihnen zeigen, daß es eigentlich nur von Vorteil ist, das andere Geschlecht besser zu verstehen. Zunächst müssen wir jedoch einen kleinen Abstecher in die Entwicklungsgeschichte des Menschen machen.

> Ein Amerikaner bei der Besichtigung von Windsor Castle: »Das ist wirklich ein tolles Schloß. Aber warum in aller Welt haben sie es so nah am Flughafen gebaut?«

Dieses Buch beschäftigt sich mit Fakten, tatsächlich existierenden Menschen, einschlägigen Studien, wahren Begebenheiten und aufgezeichneten Gesprächen. Und als Leser müssen Sie sich nicht, wie etwa die Gehirnforscher, mit dem Corpus callosum, Dendriten, Neuropeptiden, Kernspintomographien und Dopamin herumschlagen. Wir als Autoren konnten das nicht vermeiden, versuchen aber, in diesem Buch alles so verständlich wie möglich zu halten. Wir beschäftigen uns hauptsächlich mit einer relativ jungen Wissenschaft, der Soziobiologie – der Erklärung unseres Verhaltens anhand unserer Gene und unserer Evolution.

Wir haben eine Reihe von Konzepten, Methoden und Strategien zusammengestellt, die wissenschaftlich belegt sind und den meisten Lesern offensichtlich erscheinen oder einleuchten werden. Methoden, Praktiken und Meinungen, die keine wissenschaftlichen Grundlagen besitzen, haben wir außen vor gelassen.

In diesem Buch befassen wir uns mit dem modernen Nacktaffen – jenem Affen, der die Welt mit Mega-Computern beherrscht und Sonden auf dem Mars landen läßt, dessen Herkunft jedoch in direkter Linie bis zu einem Fisch zurückverfolgt werden kann. In Millionen von Jahren haben wir uns zu einer eigenen Spezies entwickelt. Doch jetzt finden wir uns in einer technologisch hochentwickelten, politisch korrekten Welt wieder, die wenig bis gar keine Rücksicht auf unsere Biologie nimmt.

Beinahe hundert Millionen Jahre vergingen, bis wir uns zu einer so fortschrittlichen Gesellschaft entwickelt hatten, daß wir einen Mann auf den Mond schießen konnten. Doch als er dann oben war, mußte auch er, wie schon seine primitiven Vorfahren, irgendwann aufs Klo. Es gibt wohl kleinere Unterschiede zwischen den verschiedenen Kulturen, die zugrunde liegenden biologischen Bedürfnisse und Ziele sind jedoch bei allen gleich. Wir werden aufzeigen, wie unterschiedliche Verhaltensmerkmale von Generation zu Generation weitervererbt beziehungsweise weitergegeben werden, ohne daß man dabei wesentliche kulturelle Unterschiede feststellen könnte.

Zunächst wollen wir jedoch einen kurzen Blick auf die Entwicklung unseres Gehirns werfen.

Wie wir das geworden sind, was wir sind

Es war einmal vor langer, langer Zeit, da lebten Frauen und Männer noch glücklich zusammen und gingen in Harmonie ihrer Arbeit nach. Der Mann wagte sich Tag für Tag in eine feindliche und gefährliche Welt hinaus, wo er als Jäger sein Leben riskierte, um seiner Frau und seinen Kindern Nahrung zu beschaffen, und zu Hause verteidigte er sie gegen wilde

Tiere und andere Feinde. Um ergiebigere Nahrungsquellen auszumachen und dann die Beute nach Hause bringen zu können, entwickelte er einen ausgeprägten Orientierungssinn über große Distanzen. Damit er auch eine sich bewegende Beute erlegen konnte, eignete er sich eine große Zielsicherheit an. Sein Aufgabenbereich war klar und eindeutig festgelegt: Er war der *Beutejäger* – und mehr wurde von ihm nicht erwartet.

Die Frau fühlte sich gewürdigt, weil ihr Mann sein Leben für das Wohl seiner Familie riskierte. Sein Erfolg als Mann wurde an seiner Fähigkeit gemessen, eine Beute zu erlegen und heimzubringen, und sein Selbstwertgefühl hing davon ab, inwieweit die Frau seine Leistungen und seine Bemühungen würdigte. Die Familie war darauf angewiesen, daß er seinen Aufgaben als Beutejäger und Beschützer nachkam – und sonst nichts. Für ihn war es vollkommen unerheblich, die »Beziehung zu analysieren«, ebensowenig erwartete man von ihm, den Müll rauszubringen oder dem Nachwuchs die Windeln zu wechseln.

Die Rolle der Frau war ebenfalls klar: Sie gebar den Nachwuchs, was entscheidend die evolutionsgeschichtliche Entwicklung und Ausbildung der Fähigkeiten bestimmte, die sie benötigte, um ihrer Rolle gerecht werden zu können. Sie mußte in der Lage sein, ihre direkte Umgebung nach Zeichen von Gefahren abzusuchen, brauchte einen ausgezeichneten Orientierungssinn für kurze Strecken, wobei sie sich an auffälligen Formationen oder ähnlichem orientierte. Außerdem mußte ihre Fähigkeit, auch kleine Veränderungen im Verhalten und im Äußeren ihrer Kinder und anderer Erwachsener wahrzunehmen, hochentwickelt sein. Es war ziemlich einfach: Er war der *Beutejäger*, sie die *Nesthüterin*.

Die Frau verbrachte ihren Tag damit, sich um die Kinder zu kümmern. Sie sammelte Früchte, eßbare Pflanzen und

Nüsse und knüpfte Beziehungen zu den anderen Frauen in der Gruppe. Die Beschaffung von größeren Nahrungsstükken und die Abwehr von Feinden war Aufgabe des Mannes, und so maß sich der Erfolg der Frau allein an ihrer Fähigkeit, sich um ihre Familie zu kümmern. Ihr Selbstwertgefühl hing von der Würdigung ihrer Fähigkeiten als Mutter und »Hausfrau« durch den Mann ab. Ihre Fähigkeit, Kinder zu bekommen, galt als magisch oder sogar heilig, denn sie allein kannte das Geheimnis, Leben zu schenken. Nie kam jemand auf die Idee, von ihr zu erwarten, daß sie Tiere erlegte, Feinde bekämpfte oder Glühbirnen auswechselte.

Das Überleben zu sichern war eine harte Angelegenheit, Beziehungen dagegen waren ein Kinderspiel. Und so ging alles über Jahrtausende hinweg gut. Am Tagesende kehrten die Jäger mit ihrer Beute zurück. Die erlegten Tiere wurden gerecht untereinander aufgeteilt und zusammen in der gemeinschaftlichen Höhle verzehrt. Die Jäger gaben den Frauen einen Teil ihrer Beute und erhielten dafür Früchte und andere eßbare Pflanzen.

Nach der Mahlzeit hockten die Männer um das Feuer herum, starrten in die Flammen, spielten, erzählten sich Geschichten oder blödelten herum. Dies war die prähistorische Version des Verhaltens der Männer von heute, die sich mit der Fernbedienung durch die Fernsehprogramme zappen oder sich durch eine Zeitung wühlen. Sie waren erschöpft von der Jagd und erholten sich auf diese Art und Weise, um am nächsten Tag wieder fit zu sein. Die Frauen kümmerten sich um ihre Kinder und vergewisserten sich, daß die Männer genügend Nahrung aufgenommen hatten und sich nun ordentlich ausruhten. Jeder schätzte und würdigte die Arbeit des anderen. Männer wurden nicht als faul betrachtet und Frauen nicht als die unterdrückten Dienstmädchen der Männer.

Diese einfachen Rituale und Verhaltensmuster gibt es immer noch in einigen alten Kulturen auf Borneo, in Teilen von Afrika und Indonesien und bei gewissen Aborigine-Stämmen in Australien, bei den Maoris in Neuseeland und den Inuit in Kanada und Grönland. In diesen Kulturen kennt und versteht jeder seine Rolle und die des anderen. Die Männer schätzen die Frauen und die Frauen die Männer. Jeder liefert seinen persönlichen Beitrag zum Überleben und zum Wohlbefinden der Familie. Diese herkömmlichen Regeln wurden jedoch in unserer modernen, zivilisierten Welt abgeschafft, und die Folgen sind Chaos, Verwirrung und Unzufriedenheit.

So hatten wir es uns nicht vorgestellt

Eine Familie ist nicht mehr ausschließlich auf den Mann angewiesen, um überleben zu können, und man erwartet von den Frauen nicht mehr, daß sie zu Hause bleiben, um ausschließlich die Rolle der Hausfrau und Mutter zu übernehmen. Zum ersten Mal in der Geschichte unserer Spezies sind sich Frauen und Männer hinsichtlich ihrer Aufgabe in diesem Leben nicht mehr sicher. Sie, die Leser dieses Buches, gehören zu der ersten Generation, die sich mit einer Situation konfrontiert sieht, mit der weder Ihre männlichen noch Ihre weiblichen Vorfahren fertig werden mußten. Zum ersten Mal seit Anbeginn der Menschheit fordern wir Liebe, Leidenschaft und persönliche Erfüllung von unserem Partner, denn zum ersten Mal geht es nicht mehr nur ums nackte Überleben. Die Gesellschaftsstruktur der modernen Zivilisation bietet uns ein soziales Netz, das uns über Rentenversicherungen, Sozialhilfe, Verbraucherschutzgesetze und andere öffentliche Einrichtungen im Notfall auffängt. Wie sehen nun also die neuen Regeln für das Zusammenleben aus, und wo lernt man sie? In diesem Buch versuchen wir, ein paar Antworten auf diese Fragen zu geben.

Warum Mama und Papa keine große Hilfe sind

Wenn Sie vor 1960 geboren wurden, sind Sie noch mit Eltern aufgewachsen, die sich an der alten Rollenverteilung orientierten. Ihre Eltern haben die Verhaltensmuster wiederholt, die sie wiederum von *ihren* Eltern gelernt hatten, welche sie ihrerseits von *ihren* Eltern abschauten, die *ihre* Eltern nachahmten und so weiter, bis man wieder bei den Höhlenmenschen und ihrem klar definierten Rollenverhalten angekommen ist.

Diese Regeln wurden in der Zwischenzeit jedoch vollkommen auf den Kopf gestellt, und Ihre Eltern haben keine Ahnung, wie sie Ihnen dabei helfen können. Die Scheidungsrate für Neuvermählte liegt heutzutage bei zirka fünfzig Prozent. Wenn man die eheähnlichen Gemeinschaften und homosexuellen Beziehungen hinzurechnet, kommen wir auf eine Trennungsrate von um die siebzig Prozent – wenn nicht sogar höher. Wir brauchen neue Regeln fürs Zusammenleben, um einen Weg zu finden, wie wir das 21. Jahrhundert glücklich und emotional einigermaßen unbeschadet beginnen können.

Im Grunde sind wir auch nur Tiere

Die meisten Menschen wehren sich gegen die Vorstellung, daß sie einem Tier ähneln. Sie verschließen ihre Augen vor der Tatsache, daß 96 Prozent von dem, was sie in ihrem Körper haben, auch im Körper eines Schweines oder eines Pferdes enthalten sind. Wir unterscheiden uns einzig und allein dadurch von anderen Tieren, daß wir denken und Zukunftspläne schmieden können. Andere Tiere können nur entsprechend ihrer speziellen »Gehirnprogrammierung« und mit Wiederholung von starren Verhaltensschemata auf Situationen reagieren. Sie können nicht *denken*, sondern nur *reagieren*.

»Siehst du, mein Sohn, so markiert er sein Territorium, um andere Hunde fernzuhalten. Es ist ein instinktives Verhalten, das man gemeinhin bei niederentwickelten Tieren antrifft, die nicht denken können.«

Ohne weiteres akzeptieren die meisten Menschen, daß Tiere größtenteils von ihren Instinkten geleitet werden. Dieses instinktive Verhalten ist auch ziemlich offensichtlich: Vögel singen, Frösche quaken, Hundemännchen heben ihr Bein zum Pinkeln, und Katzen schleichen sich an ihre Beute heran. Diese Verhaltensmuster werden jedoch nicht vom Intellekt gesteuert, und das ist der Grund, warum viele Menschen Schwierigkeiten haben, eine Verbindung zwischen diesen Verhaltensmustern und ihren eigenen zu sehen. Sie erkennen nicht einmal, daß die eigenen ersten Verhaltensmuster instinktgesteuert waren: Weinen und Saugen.

Ganz gleich, welche Verhaltensschemata wir von unseren Eltern geerbt haben – ob positive oder negative –, es ist sehr wahrscheinlich, daß wir sie an unsere Kinder weitergeben, genauso wie das bei allen anderen Tieren der Fall ist. Wenn Sie eine neue Fertigkeit erwerben, können Sie diese erfolgreich an Ihre Kinder weitergeben. Gleichermaßen können Wissenschaftler ganze Generationen von schlauen und dummen Ratten züchten, die nach ihrer Fähigkeit beziehungsweise Unfähigkeit getrennt wurden, sich in einem Labyrinth zurechtzufinden. Wenn wir Menschen uns als ein Tier akzeptieren, dessen Triebe durch die jahrmillionenlange Evolution abgeschliffen wurden, wird es uns leichter fallen, unsere Grundbedürfnisse und -impulse zu verstehen und uns und andere zu akzeptieren.

Und darin liegt der Weg zur wahren Glückseligkeit.

2. Kapitel

Vollkommen logisch

Männer sind nicht in der Lage, etwas in Schränken oder Kühlschränken zu finden.

Die Party war schon in vollem Gang, als John und Sue eintrafen. Während sie mitten im Trubel standen, sah Sue John an und sagte, scheinbar ohne dabei die Lippen zu bewegen: »Sieh nur das Paar da drüben, am Fenster…« John wandte sich um und wollte einen Blick auf das Paar werfen. »Nicht umdrehen!« zischte Sue. »Warum mußt du immer alles so auffällig machen?« Sue konnte nicht begreifen, warum John sich so indiskret herumdrehen mußte, und John war es unverständlich, wie Sue die anderen Leute im Raum beobachten konnte, ohne sich umzudrehen.

In diesem Kapitel werden wir die unterschiedliche sinnliche Wahrnehmung von Frauen und Männern und die daraus resultierenden Folgen untersuchen.

Frauen – wandelnde Radarstationen

Eine Frau merkt sofort, wenn eine andere Frau traurig oder gekränkt ist. Ein Mann dagegen muß in der Regel erst erleben, daß sie schluchzend in Tränen ausbricht, einen Wutanfall bekommt oder ihm ein paar Ohrfeigen gibt, bevor er langsam kapiert, daß etwas nicht ganz in Ordnung ist. Der Grund hierfür ist, daß Frauen – wie alle anderen weiblichen Säugetiere auch – viel feiner eingestellte Sensoren haben als Männer. Für ihre Aufgabe als Mutter und Nesthüterin mußten sie in der Lage sein, feine Stimmungsschwankungen und

Veränderungen im Verhalten anderer wahrzunehmen. Was man gemeinhin als »weibliche Intuition« bezeichnet, ist nichts anderes als die hochentwickelte Fähigkeit, winzige Details und Veränderungen im Äußeren oder im Verhalten anderer wahrzunehmen. Untreue Ehemänner, die von ihren Frauen ertappt wurden, macht diese Fähigkeit seit Jahrhunderten ratlos.

Einer unserer Seminarteilnehmer erzählte uns, wie phantastisch das Sehvermögen seiner Frau sei, wenn er etwas zu verbergen suche, daß es sie jedoch gänzlich im Stich zu lassen scheine, sobald sie rückwärts mit dem Auto in die Garage einparke. Aber im rollenden Auto den Abstand zwischen Kotflügel und Garagenwand einzuschätzen, ist eine räumliche Angelegenheit, und diese spezielle Fähigkeit ist in der rechten vorderen Gehirnhälfte angesiedelt und bei Frauen im allgemeinen nicht besonders stark ausgeprägt. Doch darauf werden wir im 5. Kapitel zu sprechen kommen.

> »Meine Frau kann aus fünfzig Metern Entfernung ein blondes Haar auf meinem Mantel ausfindig machen. Doch jedesmal, wenn sie das Auto in die Garage fahren will, stößt sie gegen die Garagentür.«

Um das Überleben ihrer Familie sicherzustellen, mußten die Nesthüterinnen in der Lage sein, leichte Veränderungen im Verhalten ihres Nachwuchses zu bemerken, die auf Schmerz, Hunger, Verletzungen, Aggression oder Depression hinweisen konnten. Die Männer und Beutejäger konnten sich nie lange genug in der Nähe der Höhle aufhalten, um nonverbale Signale oder die Dynamik der zwischenmenschlichen Kommunikation deuten zu lernen. Der Neuropsychologe Professor Ruben Gur von der University of Pennsylvania bewies mit Hilfe von Gehirn-Scans, daß im Gehirn eines Mannes, das sich im Ruhezustand befindet, die elektrischen Gehirnströme um mindestens siebzig Prozent heruntergefahren werden. Gehirn-Scans bei Frauen, deren Gehirne sich ebenfalls im Ruhezustand befanden, ergaben dagegen neunzig Prozent Aktivität. Damit wurde die Annahme bestätigt, daß Frauen ständig Informationen aus ihrer Umgebung empfangen und analysieren. Eine Frau kennt die Freunde, Hoffnungen, Träume, Romanzen und heimlichen Ängste ihrer Kinder, sie weiß, was sie denken, wie sie sich fühlen, und in der Regel auch, was sie gerade aushecken. Männer dagegen sind sich höchstens vage der Tatsache bewußt, daß auch ein paar Pimpfe im Haus leben.

An den Augen liegt's

Das Auge ist eine Verlängerung des Gehirns. Die Netzhaut, also die innerste Hautschicht des Augapfels, enthält um die hundertdreißig Millionen stäbchenförmige Zellen, die sogenannten Photorezeptoren, welche Schwarz und Weiß unterscheiden, und sieben Millionen zapfenförmige Zellen, die für die Farbwahrnehmung zuständig sind. Diese Farbzellen liefert das X-Chromosom. Frauen haben zwei X-Chromosomen und verfügen dadurch über mehr Zäpfchen als Männer, und dieser Unterschied macht sich darin bemerkbar, daß Frauen Farben sehr viel genauer beschreiben können. Ein Mann beschränkt sich bei farblichen Beschreibungen auf die Grundfarben, also Rot, Blau und Gelb. Eine Frau spricht von elfenbeinfarben, blaugrün, aquamarin, mauve und apfelgrün.

Bei Menschen ist das Weiße im Auge sehr ausgeprägt, bei

anderen Primaten fehlt es gänzlich. Es ermöglicht die Bewegung der Augen und das Lenken der Blickrichtung, die beide für die Kommunikation von Mensch zu Mensch unerläßlich sind. Frauen haben mehr Augenweiß als Männer, weil die direkte Kommunikation einen wesentlichen Teil des weiblichen Bindungsvorgangs darstellt und mit mehr Augenweiß eine größere Anzahl an unterschiedlichen Augensignalen gesendet und empfangen werden kann. Dadurch können die Richtungsänderungen, die die Augen des Gegenübers beschreiben, verfolgt und analysiert werden.

Diese Art der Augenkommunikation ist für die meisten anderen Tierarten relativ unerheblich. Deswegen haben sie, wenn überhaupt, auch nur sehr wenig Weißes im Auge, und ihre wichtigste Form der Kommunikation besteht in der Körpersprache.

Augen am Hinterkopf

Nun ja, nicht direkt, aber fast. Frauen haben nicht nur mehr verschiedene Arten von Zäpfchen in der Netzhaut, sondern auch ein größeres peripheres Sehvermögen als Männer. Als Nesthüterinnen besitzen sie eine Gehirn-Software, mit der sie ein Blickfeld von mindestens 45 Grad rechts und links von ihrem Kopf sowie oberhalb und unterhalb ihrer Nase einsehen können. Das periphere Blickfeld vieler Frauen reicht sogar bis zu fast einhundertundachtzig Grad. Die Augen eines Mannes sind größer als die einer Frau, und sein Gehirn hat sie für eine Art tunnelförmiges Langstreckensehen konfiguriert. Das heißt, er kann klar und deutlich Dinge wahrnehmen, die direkt vor ihm liegen, und das auf größere Distanzen, mehr oder weniger wie mit einem Fernglas.

Frauen haben ein weiteres peripheres Blickfeld, Männer ein engeres, tunnelartiges.

Als Jäger mußte der Mann in der Lage sein, eine Beute in der Ferne anzuvisieren und sie dann zu verfolgen. Er entwickelte beinahe so etwas wie Scheuklappen, damit er nicht von einem Ziel abgelenkt wurde. Die Frau benötigte ein weites Blickfeld, damit sie mögliche Raubtiere, die um ihr Nest herumstrichen, erspähen und beobachten konnte. Das ist der Grund, warum der moderne Mann problemlos den Weg zu einer entlegenen Kneipe findet, selten aber Sachen in Schränken, Schubladen und Kühlschränken.

Das unterschiedliche Gesichtsfeld von Frauen und Männern

In Großbritannien wurden 1997 insgesamt 4 132 Kinder, die zu Fuß im Straßenverkehr unterwegs waren, getötet oder verletzt, 2640 Jungen und 1492 Mädchen. In Australien sind es etwa doppelt so viele Jungen wie Mädchen. Jungen sind wagemutiger beim Überqueren der Straßen als Mädchen, und zusammen mit ihrem eingeschränkten peripheren Sehen führt dies zu einer erhöhten Unfallgefahr.

Warum die Augen einer Frau soviel sehen

Abermillionen von Lichtphotonen – die Summe entspräche 100 Megabytes – fallen in jeder Sekunde auf die Netzhaut. Das Auge kann diese Datenflut nur teilweise verarbeiten, deswegen beschränkt es sich auf die Informationen, die für das Überleben unerläßlich sind. Um ein Beispiel zu geben: Sobald das Gehirn einmal alle Farben des Himmels »verstanden« hat, sieht es nur noch das, was wichtig ist, in diesem Fall die Farbe Blau. Unser Gehirn schränkt unser Sehen so weit ein, daß wir uns auf eine spezielle Sache konzentrieren können. Wenn wir nach einer Nadel auf dem Teppich suchen, verengt sich unser Blickfeld. Das männliche Gehirn – aufs Jagen programmiert – nimmt einen viel engeren Bereich als das weibliche Gehirn wahr, was auf die Vergangenheit der Frau als Nesthüterin zurückzuführen ist.

Die spurlos verschwundene Butter

Jede Frau auf dieser Welt wird die folgende Unterhaltung schon einmal mit einem Mann geführt haben, der vor einem geöffneten Kühlschrank steht:

David: »Wo ist die Butter?«
Jan: »Im Kühlschrank.«

David: »Da schaue ich ja gerade, aber ich kann keine Butter sehen.«

Jan: »Sie ist aber da. Ich habe sie erst vor zehn Minuten in den Kühlschrank gestellt.«

David: »Nein, du mußt sie irgendwo anders hingetan haben. In diesem Kühlschrank jedenfalls ist keine Butter!«

An diesem Punkt der Unterhaltung kommt Jan mit großen Schritten in die Küche, greift einmal in den Kühlschrank und zieht, wie von Zauberhand, eine Butterdose hervor. Unerfahrene Männer halten das oft für einen gemeinen Trick und beschuldigen die Frauen, Dinge in Schubladen und Schränken vor ihnen zu verstecken. Socken, Schuhe, Unterwäsche, Marmelade, Butter, Autoschlüssel und Geldbeutel – es ist alles da, sie können es nur nicht sehen. Mit ihrem größeren peripheren Gesichtsfeld kann eine Frau den Inhalt eines Kühlschranks oder eines Schranks praktisch ohne eine einzige Kopfbewegung erfassen. Männer dagegen drehen und wenden ihren Kopf von oben nach unten, von rechts nach links, um das »verschwundene« Objekt zu suchen.

Dieser Unterschied im Sehvermögen hat bedeutende Auswirkungen auf unser Leben. Die Statistiken von Autoversicherungen belegen beispielsweise, daß Frauen ein geringeres Risiko eingehen, bei einem Unfall an einer Kreuzung von der Seite angefahren zu werden, als Männer. Ihr weiteres peripheres Gesichtsfeld ermöglicht es ihnen, auch die Autos, die von der Seite auf sie zukommen, wahrzunehmen. Dafür sind sie anfälliger dafür, vorne oder hinten irgendwo gegenzustoßen, während sie versuchen einzuparken, denn dabei ist das bei Frauen weniger stark ausgeprägte räumliche Vorstellungsvermögen gefordert.

»Wir können uns nicht länger so treffen, Goldie… Sam könnte irgendwann auf die Idee kommen, seine Scheuklappen abzunehmen!!«

Eine Frau kann sich viel Streß ersparen, wenn sie begreift, daß ein Mann Probleme hat, Dinge zu sehen, die sich direkt vor seiner Nase befinden. Und wenn eine Frau zu einem Mann sagt: »Es *ist* im Schrank!«, dann sollte er ihr glauben und mit der Suche fortfahren.

Frauen, die nach anderen Männern »schielen«

Das größere periphere Sehvermögen der Frauen ist der Grund, warum sie nur selten dabei ertappt werden, wie sie nach einem anderen Mann »schielen«.

Praktisch jeder Mann muß sich mindestens einmal in seinem Leben den Vorwurf anhören, daß er nach einer anderen Frau schiele, dagegen wird es selten vorkommen, daß eine Frau so etwas von einem Mann zu hören bekommt. Sexforscher auf der ganzen Welt berichten, daß Frauen Männern genauso viel – wenn nicht häufiger – hinterhergucken wie Männer Frauen. Nur werden Frauen mit ihrem höher entwickelten peripheren Sehvermögen dabei selten ertappt.

Sehen ist glauben

Die wenigsten Menschen glauben etwas, bevor sie es nicht mit eigenen Augen gesehen haben. Doch kann man seinen Augen wirklich trauen? Millionen von Menschen glauben an Ufos, und das trotz der Tatsache, daß in 92 Prozent aller gemeldeten Fälle die Ufos an Samstagabenden in verlassenen Gegenden nach 23 Uhr gesichtet wurden – kurz nachdem die Pubs dichtmachen. Noch nie wurde ein Ufo von einem Premierminister oder einem Präsidenten gesichtet, Ufos landen auch nicht auf einem Universitätsgelände, vor einem öffentlichen Forschungslabor oder auf dem Weißen Haus. Und sie landen nie bei schlechtem Wetter.

Der Forscher Edward Boring entwarf folgende Zeichnung (Abbildung a), um zu zeigen, wie jeder von uns in ein und demselben Bild unterschiedliche Dinge wahrnimmt. Frauen sehen darauf meistens eine alte Frau, die ihr Kinn im Kragen des Pelzmantels vergraben hat, Männer dagegen sehen häufiger das linksseitige Profil einer jungen Frau, die ihr Gesicht abwendet.

Abbildung b ist ein weiteres Beispiel dafür, daß das, was man sieht, nicht unbedingt das ist, was man vor Augen hat.

Abbildung a: Was sehen Sie auf dieser Abbildung?

Abbildung b

In Abbildung b wird das Gehirn dazu verführt zu glauben, daß die hintere Tischkante länger wäre als die vordere. Frauen finden das in der Regel amüsant, Männer dagegen wollen Beweise und greifen nach einem Lineal, um die Kanten nachzumessen.

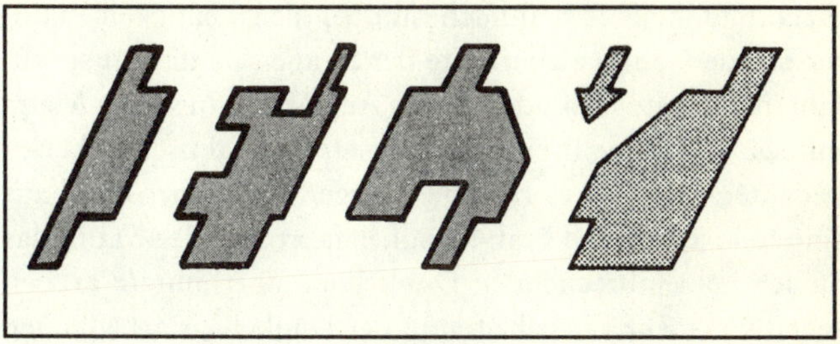

Abbildung c

In Abbildung c konzentriert sich das Gehirn auf die dunkle Farbe, und in dem Fall wirkt das Ganze wie ein bunt zusammengewürfelter Haufen seltsamer geometrischer Formen. Wenn man die Abbildung aus einem anderen Blickwinkel betrachtet und sich auf die weißen Teile konzentriert, erscheint das englische Wort »FLY«. Es ist wahrscheinlicher, daß eine Frau »FLY« erkennt als ein Mann, denn das männliche Gehirn löst sich nicht von den geometrischen Figuren.

Warum Männer nachts fahren sollten

Zwar können Frauen in der Dunkelheit besser sehen als Männer, besonders auch im Rotbereich des Spektrums. Die Augen eines Mannes ermöglichen jedoch eine bessere Fernsicht über ein engeres Feld, weswegen er nachts eine bessere

– und damit sicherere – Fernsicht hat als eine Frau. Zusammen mit seinen stärker entwickelten räumlich-visuellen Fähigkeiten, die in der rechten Gehirnhälfte verankert liegen, kann ein Mann die Manöver anderer Autos auf der Straße vor und hinter sich auseinanderhalten und besser einordnen. Die meisten Frauen dagegen klagen über etwas, was einer Nachtblindheit recht ähnlich ist: über die Unfähigkeit zu unterscheiden, auf welcher Seite der Straße sich die auf sie zufahrenden Autos befinden. Diese Aufgabe ist für einen Mann mit seiner Jagdsicht ein Kinderspiel. Im praktischen Leben bedeutet das, daß es bei einer langen Autofahrt durchaus sinnvoll ist, daß die Frau tagsüber fährt und der Mann das Steuer bei einbrechender Dunkelheit übernimmt. Frauen sehen viel mehr Einzelheiten in der Dunkelheit als Männer, und das über einen größeren Radius, allerdings nur über weitaus kürzere Distanzen.

> Auf langen Autoreisen sollte nachts der Mann fahren und tagsüber die Frau.

Männer überanstrengen ihre Augen leichter als Frauen, weil ihre Augen auf große Distanzen eingestellt sind und sich ständig neu einstellen müssen, wenn sie auf einen Bildschirm blicken oder Zeitung lesen. Die Augen einer Frau eignen sich dagegen besser für alle Aktivitäten im Nahbereich, weshalb sie länger über Feinarbeiten sitzen kann als ein Mann. Außerdem ist ihr Gehirn auf koordinierte, feinmotorische Bewegungen in ihrem direkten Umfeld eingerichtet, was wiederum bedeutet, daß die durchschnittliche Frau keine Probleme damit hat, einen Faden in eine Nadel einzufädeln oder Daten auf einem Bildschirm zu lesen.

Warum Frauen einen »sechsten Sinn« haben

Jahrhundertelang wurden Frauen auf Scheiterhaufen verbrannt, weil sie angeblich »übernatürliche Kräfte« besaßen. Zu diesen »übernatürlichen Kräften« gehörte die Fähigkeit vorherzusagen, ob eine Beziehung eine Zukunft hat oder nicht, Lügner zu enttarnen, zu Tieren zu sprechen und die Wahrheit ans Licht zu bringen.

Im Jahre 1978 führten wir für eine Fernsehsendung ein Experiment durch, in dem die Fähigkeit der Frauen untersucht wurde, die Körpersprache und Mimik von Babys zu deuten. In einer Neugeborenenabteilung sammelten wir verschiedene Filmausschnitte von weinenden Babys von jeweils zehn Sekunden Dauer und baten die Mütter, sich die Ausschnitte ohne Ton anzuschauen. Auf diese Weise erhielten die Mütter nur visuelle Informationen.

Die meisten Mütter konnten sehr schnell eine Vielzahl von Gründen für das Weinen der Babys aufführen, die von Hunger über Schmerz bis hin zu Blähungen und Müdigkeit reichten. Als man die Väter dem gleichen Test unterzog, war ihre Erfolgsrate kläglich: Weniger als zehn Prozent der Väter konnten mehr als zwei Gründe für das Weinen erkennen. Und selbst dabei hatten wir den Verdacht, daß viele auf gut Glück einfach irgend etwas sagten. Viele Väter erklärten triumphierend: »Das Baby braucht seine Mutter.« Die meisten Männer hatten, wenn überhaupt, nur eine beschränkte Fähigkeit, Unterschiede im Weinen der Babys wahrzunehmen. Wir haben auch die Reaktionen der Großeltern untersucht, um herauszufinden, ob das Alter eine Rolle spielt. Die meisten Großmütter hatten eine Erfolgsquote zwischen fünfzig und siebzig Prozent, gemessen an der der Mütter, wohingegen die meisten Großväter nicht einmal ihr eigenes Enkelkind identifizieren konnten!

Eine Studie, die wir mit eineiigen Zwillingen durchführten, zeigte, daß die Großväter nicht in der Lage waren, die Zwillinge auseinanderzuhalten, während die wenigsten weiblichen Familienmitglieder Schwierigkeiten damit hatten. Kinofilme über eineiige Zwillinge, die erfolgreiche Täuschungsmanöver durchführen, sind eigentlich nur dann glaubwürdig, wenn die Zwillinge Mädchen sind und die hinters Licht geführten Personen Männer – Männer lassen sich nämlich leichter Sand in die Augen streuen als Frauen. In einem Raum mit fünfzig Personen braucht eine Frau im Durchschnitt weniger als zehn Minuten, bis sie die Beziehungen zwischen den einzelnen Paaren im Raum analysiert hat. Wenn eine Frau einen Raum betritt, schalten sich automatisch ihre hochentwickelten Sensoren ein, die ihr in unglaublich kurzer Zeit melden, welches Paar gut miteinander auskommt, welches zerstritten ist, wer mit wem flirtet, wo sich die Frauen befinden, die sich um jeden Preis profilieren müssen, und wo sich diejenigen aufhalten, die entgegenkommend und freundlich wirken. Wenn ein Mann einen Raum betritt, sieht das auf unseren Kameras schon ganz anders aus. Männer lassen ihre Augen erst einmal über den ganzen Raum wandern, registrieren mögliche Ein- und Ausgänge. Hier setzt die Gehirnprogrammierung aus prähistorischen Zeiten ein und analysiert, von welcher Ecke ein eventueller Angriff erfolgen könnte und wo sich mögliche Fluchtwege befinden. Danach sucht der Mann nach bekannten Gesichtern und möglichen Feinden, und anschließend betrachtet er die Zimmeraufteilung. Sein logischer Denkapparat registriert Dinge, die befestigt oder repariert werden müssen, wie beispielsweise zerbrochene Fensterscheiben oder eine kaputte Glühbirne. In der Zwischenzeit haben die Frauen bereits alle Gesichter im Raum eingeordnet und wissen nun, was was und wer wer ist und wie sich alle fühlen.

Warum Männer Frauen nicht belügen können

Unsere Untersuchungen zur Körpersprache zeigen, daß bei der Kommunikation von Angesicht zu Angesicht die nonverbalen Signale sechzig bis achtzig Prozent der Wirkung der übermittelten Botschaft ausmachen, wohingegen die akustischen Signale einen Anteil von nur zwanzig bis dreißig Prozent haben. Die restlichen sieben bis zehn Prozent entfallen auf das Gesagte. Die besser entwickelte Sensorenausstattung einer Frau nimmt diese Informationen auf und analysiert sie. Aufgrund der Fähigkeit des weiblichen Gehirns zu einem schnellen Austausch zwischen den beiden Gehirnhälften hat sie einen eindeutigen Vorsprung gegenüber dem Mann, verbale, visuelle und andere Signale zueinander in Beziehung zu setzen und sie anschließend zu entschlüsseln.

Frauen – wandelnde Radarstationen

Dies ist auch der Grund, warum es den wenigsten Männern gelingt, bei einer Frau mit einer Lüge durchzukommen, wenn sie sie ihr von Angesicht zu Angesicht sagen. Andersherum weiß allerdings jede Frau, daß es relativ leicht ist, einem Mann einen Bären aufzubinden und ihm dabei fest ins Auge zu blicken, verfügt er doch nicht über das nötige Einfühlungsvermögen, um Widersprüchlichkeiten zwischen ihren verbalen und nonverbalen Signalen zu bemerken. Den meisten Frauen gelingt es beispielsweise mühelos, einen Orgasmus vorzutäuschen. Wenn ein Mann einer Frau schon eine Lüge auftischen will, täte er besser daran, das per Telefon, in einem Brief oder bei absoluter Dunkelheit und mit einer dicken Decke über dem Kopf zu tun.

Wir sind ganz Ohr

In unserer Primatenvergangenheit sahen unsere Ohren ähnlich wie die bestimmter Hunde, einer Katze oder eines Pferdes aus. Ein Hund kann mit seinen Ohren Töne im Ultraschallbereich hören, die für unsere Ohren nicht wahrnehmbar sind. Untersuchungen haben ergeben, daß Hundeohren bis zu 50 000 Schwingungen pro Sekunde wahrnehmen, in einigen Fällen sogar bis zu 100 000. Ein Menschenbaby kann Geräusche bis zu 30 000 Schwingungen pro Sekunde erkennen, vor Vollendung des 20. Lebensjahres fällt diese Frequenz auf bis zu 20 000 Schwingungen pro Sekunde ab und erreicht dann einen Tiefpunkt im Alter von sechzig Jahren mit nur 12 000 Schwingungen. Moderne Hi-Fi-Stereoapparate laufen mit Frequenzen von bis zu 25 000 Schwingungen pro Sekunde, was bedeutet, daß es rausgeschmissenes Geld wäre, Ihren Großeltern einen neuen Stereoapparat zu schenken – das meiste könnten sie ja ohnehin nicht hören.

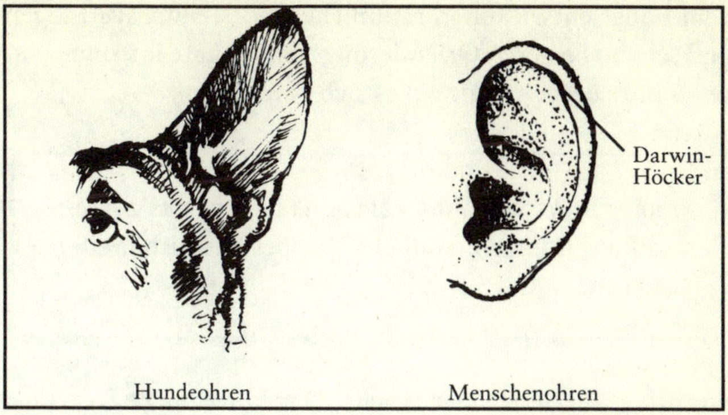

Im menschlichen Ohr gibt es Überreste von neun Muskeln, und etwa zwanzig Prozent aller Menschen können mit Hilfe dieser Muskeln immer noch mit ihren Ohren wackeln. Es wird vermutet, daß unsere Ohren unbeweglich wurden, weil wir unsere Köpfe in die Richtung der jeweiligen Geräuschquelle drehten, und daß die Ohrkanten umknickten, um laute Nebengeräusche zu dämpfen und Geräuschverzerrungen zu vermeiden. Charles Darwin identifizierte den kleinen Hökker im Inneren der oberen Ohrfalte des menschlichen Ohrs als das Überbleibsel der Spitze unserer ursprünglich spitz zulaufenden Ohren und nannte ihn »Darwin-Höcker«.

Sie hört auch besser …

Frauen hören besser als Männer und können sehr gut hohe Töne unterscheiden. Das Gehirn einer Frau ist darauf programmiert, in der Nacht das Weinen ihres Babys wahrzunehmen, wohingegen der Vater oftmals nicht einmal Notiz davon nimmt und einfach weiterschläft. Wenn in der Ferne ein Kätzchen schreit, hört eine Frau das. Ein Mann mit seinem höher entwickelten räumlichen Vorstellungsvermögen und seinem besseren Orientierungssinn könnte ihr, ohne lange zu überlegen, sagen, wo es sich befindet.

> Tropfende Wasserhähne können Frauen nachts zur Verzweiflung bringen, während Männer friedlich weiterschnarchen.

Im zarten Alter von einer Woche können weibliche Babys die Stimme ihrer Mutter und das Weinen eines ebenfalls im Raum befindlichen Babys von anderen Geräuschen unterscheiden. Männliche Babys können das nicht. Das weibliche Gehirn kann Geräusche unterscheiden und einordnen und jedes einzelne bestimmen. Hier liegt auch der Grund dafür, daß eine Frau einer Person, mit der sie sich gerade unterhält, zuhören und gleichzeitig der Unterhaltung einer anderen Person lauschen kann, und wieso ein Mann Schwierigkeiten hat, einer Unterhaltung zu folgen, während der Fernseher im Hintergrund läuft oder Teller im Spülbecken klappern. Wenn das Telefon klingelt, verlangt ein Mann in der Regel, daß alle anderen schweigen, die Musik heruntergedreht und der Fernseher ausgeschaltet wird, damit er das Gespräch entgegennehmen kann. Eine Frau geht einfach ans Telefon.

Frauen lesen zwischen den Zeilen

Frauen haben das bessere Gehör für leichte Änderungen in Lautstärke und Tonhöhe. Dadurch bleiben Gefühlsschwankungen bei Kindern und Erwachsenen von ihr selten unbemerkt. So kommen auf einen Mann, der (seltener Fall!) richtig singen kann, acht Frauen, denen das mühelos gelingt. Diese Fähigkeit hilft einem schon ein gutes Stückchen weiter, wenn man den typisch weiblichen Satz »Sprich nicht in diesem Ton mit mir!« erklären will, den Frauen so häufig gegenüber Männern und Jungen gebrauchen. Die meisten Männer haben nicht den leisesten Schimmer, wovon die Frauen überhaupt reden.

Testreihen, die man an Babys durchgeführt hat, zeigen, daß weibliche Kleinkinder doppelt so stark auf laute Geräusche reagieren wie Jungen. Das erklärt auch die Tatsache, warum sich Mädchen viel leichter als Jungen trösten und beruhigen lassen, wenn man ihnen in den höchsten Tönen irgend etwas im schönsten Babykauderwelsch vorzwitschert, und warum Mütter Mädchen instinktiv Schlaflieder vorsingen, mit den Jungen aber eher reden oder spielen. Der Vorsprung, den Frauen wegen ihres besseren Gehörs haben, trägt wesentlich zu dem bei, was allgemein als »weibliche Intuition« bezeichnet wird. Er ist auch einer der Gründe dafür, daß eine Frau bei Gesprächen zwischen den Zeilen lesen kann. Männer sollten sich dadurch jedoch nicht entmutigen lassen. Ihre Fähigkeiten beim Erkennen und Imitieren von Tiergeräuschen sind ausgezeichnet, was sicher ein unglaublicher Vorteil für den Jäger der Frühzeit war. Leider sind diese Fähigkeiten heutzutage nur noch von zweifelhaftem Nutzen.

Männer können Richtungen »hören«

Frauen können zwar besser Geräusche auseinanderhalten, Männer dafür die Richtung erkennen, aus der die Geräusche kommen. Zusammen mit der typisch männlichen Fähigkeit, Tiergeräusche zu identifizieren und zu imitieren, macht sie das zu einem hervorragenden Beutejäger. Wie also wird im Gehirn ein Geräusch zu einer Landkarte umgewandelt?

Professor Masakazu Konishi vom California Institute of Technology verwendete bei seinen Experimenten Schleiereulen, also Vögel, die Geräuschquellen besser als Menschen orten können. Kaum hören sie ein Geräusch, drehen sie auch schon den Kopf und blicken zielsicher in Richtung Geräuschquelle. Konishi entdeckte eine Zellansammlung im Hörbereich ihres Gehirns, in der die genauen Koordinaten der Geräuschquelle ermittelt werden. Lautsprecher, über die das gleiche Geräusch versetzt an jedes der beiden Ohren einer Eule drang – der zeitliche Abstand betrug etwa eine zweimillionstel Sekunde –, ermöglichten es dem Eulengehirn, eine räumliche 3D-Karte von der Position der Geräuschquelle zu erstellen. Die Eulen drehen ihren Kopf dann in die Richtung der Geräuschquelle und können so eine Beute orten beziehungsweise Feinden ausweichen, die sich ihnen nähern. Der hier beschriebene Ablauf scheint bei Männern der gleiche zu sein.

Warum Jungen einfach nicht zuhören können

Jungen werden häufig von ihren Lehrern und Eltern bestraft, weil sie nicht zuhören. Bei ihnen kommt es während der Wachstumsphasen – besonders, wenn sie auf die Pubertät zusteuern – in den Ohrkanälen zu regelrechten Wachstumsschüben, die eine Art vorübergehende Schwerhörigkeit hervorrufen können. Man fand heraus, daß Lehrerinnen Mädchen anders als Jungen tadeln und instinktiv das unterschiedliche Hörverhalten von Mädchen und Jungen verstehen.

Wenn ein Mädchen sich weigert, Augenkontakt zur Lehrerin zu halten, während diese sie tadelt, fährt die Lehrerin fort, ihr Vorhaltungen zu machen. Wenn dagegen ein Junge keinen Augenkontakt zu ihr herstellt, verstehen viele Lehrerinnen instinktiv, daß er sie wahrscheinlich nicht hören kann beziehungsweise nicht hinhört, und sagen: »Schau mich an, wenn ich mit dir rede!« Leider sind Jungen eher visuell als auditiv veranlagt. Dies läßt sich leicht mit Hilfe eines kleinen Tests beweisen. Zählen Sie bitte, wie häufig der Buchstabe F in folgendem Satz vorkommt:

> Finished files are the result of years of scientific research.

Jungen schneiden besser ab als Mädchen, wenn es zu erkennen gilt, daß der Buchstabe F in dem Satz fünfmal vorkommt. Wenn der Satz jedoch vorgelesen wird, erzielen Mädchen das bessere Ergebnis.

Männer haben kein Auge für Details

Lyn und Chris kehren von einer Party nach Hause zurück. Er fährt, sie sagt ihm, wo er langfahren muß. Gerade hatten sie eine kleine Auseinandersetzung, weil sie ihm gesagt hatte, er solle links abbiegen, obwohl sie eigentlich rechts meinte. Nach neun Minuten Schweigen beginnt er den Verdacht zu hegen, daß etwas nicht stimmt.

»Liebling … ist alles in Ordnung?« fragt er.

»Natürlich, alles *bestens*!« gibt Lyn zurück.

Die Betonung des Wortes »bestens« läßt darauf schließen, daß das genaue Gegenteil der Fall ist. Er läßt sich den Abend noch mal durch den Kopf gehen. »Habe ich heute abend etwas falsch gemacht?«

»Ich will nicht darüber reden!« bellt sie ihn an.

Das bedeutet, daß sie verärgert ist und darüber reden will. Er dagegen weiß beim besten Willen nicht, was er jetzt schon wieder angestellt hat, um sie so zu verärgern.

»Aber – was habe ich denn getan?« fragt er verwirrt. »Ich habe keine Ahnung, was ich falsch gemacht habe.«

Meistens sagt der Mann bei einer Unterhaltung wie der obigen die Wahrheit. Er versteht wirklich nicht, wo das Problem liegt.

»Also gut«, sagt sie. »Ich werde dir sagen, was los ist, obwohl du ruhig aufhören könntest, dich dumm zu stellen!«

Doch er stellt sich nicht dumm. Er weiß tatsächlich nicht, woher der Wind weht. Sie holt tief Luft. »Den ganzen Abend war dieses Flittchen hinter dir her und hat mit dir geflirtet, daß einem schlecht werden konnte, und du hast nicht das kleinste bißchen unternommen, um sie loszuwerden – im Gegenteil: Du hast sie auch noch ermuntert!«

Chris fällt aus allen Wolken. Welches Flittchen denn, um Himmels willen? Er, geflirtet? Wann denn? Davon hat er nichts bemerkt. Während seiner Unterhaltung mit dem »Flittchen« (das ist übrigens eine Bezeichnung, die hauptsächlich von Frauen verwendet wird, ein Mann würde eine Frau mit derartigem Verhalten als »sexy« bezeichnen) war ihm nicht aufgefallen, daß sie ihm ihr Becken entgegengeschoben, mit ihrem Fuß in seine Richtung gedeutet, ihr Haar zurückgeworfen, sich mit der Hand über ihren Oberschenkel gefahren, sich die Ohrläppchen geknetet, ihm lange Blicke zugeworfen, den Stiel ihres Weinglases gestreichelt und wie ein Schulmädchen geredet hat. Der Mann ist ein Jäger. Er kann ein Zebra am Horizont ausmachen und einem sagen, wie schnell es sich fortbewegt. Er hat aber nicht die

Antennen einer Frau, um visuelle Signale und Lautäußerungen sowie die Körpersprache von jemandem zu registrieren, der flirtet. Alle Frauen auf der Party haben gesehen, was das »Flittchen« vorhatte, ohne auch nur den Kopf drehen zu müssen. Eine telepathische »Flittchen-Warnung« ist ausgesendet und von allen anwesenden Frauen empfangen worden. An den meisten Männern ist sie jedoch komplett vorbeigegangen.

Männer haben kein Auge für Details.

Wenn ein Mann also behauptet, daß er nichts bemerkt habe, dann entspricht das höchstwahrscheinlich der Wahrheit. Männergehirne sind nicht darauf ausgerichtet, Details zu sehen oder zu hören.

Der Zauber von Berührungen

Berührungen können lebenswichtig sein. Frühe Untersuchungen, die Harlow und Zimmerman an Affen durchführten, zeigten, daß ein Mangel an Berührungen bei Affenbabys Depressionen, Krankheiten und den vorzeitigen Tod zur Folge hatten. Zu ähnlichen Ergebnissen kam man auch bei vernachlässigten Kindern. Eine beeindruckende Studie an Babys im Alter von zehn Wochen bis zu sechs Monaten belegte, daß die Babys von Müttern, die ihre Kinder streichelten, an auffallend weniger Erkältungen und Magen- und Durchfallerkrankungen litten als die von Müttern, die ihre Babys nicht streichelten. Eine andere Studie ergab, daß neurotische oder depressive Frauen sich mehr oder weniger schnell von ihrem Leiden erholten, je nachdem wie häufig und wie intensiv ihnen Zärtlichkeiten zuteil wurden.

Der Anthropologe James Prescott, Autor der bahnbrechenden Studie über Kindererziehung und Gewalt, fand heraus, daß Gesellschaften, in denen Kinder nur selten zärtlich berührt werden, die höchsten Quoten an im Erwachsenenalter verübter Gewalt aufzuweisen haben. Kinder, die von liebevollen Eltern großgezogen wurden, waren als Erwachsene in der Regel bessere, gesündere und glücklichere Menschen. Triebtäter und Kinderschänder haben häufig eine Vergangenheit hinter sich, die sich vor allem durch Ablehnung, Gewalt und fehlende Zärtlichkeit im Kindesalter auszeichnet; oft haben sie ihre Kindheit in Institutionen verbracht. In vielen Kulturen, in denen man sich wenig berührt, hält man sich gerne Katzen und Hunde, um sich bei ihnen die nötigen Streicheleinheiten zu holen. Oft trägt das Kuscheln mit Haustieren dazu bei, daß Menschen, die an Depressionen oder anderen Seelenkrankheiten leiden, geheilt werden. Man denke nur einmal an die Engländer, die ja regelrechte Berührungsphobien und eine Abneigung gegen alles Gefühlsbetonte haben, und wie sie ihre Haustiere lieben. Germaine Greer hat über Engländer gesagt: »Selbst wenn er in einer vollgepackten U-Bahn gegen seinen eigenen Bruder gedrückt wird, tut der durchschnittliche Engländer beharrlich so, als ob er alleine wäre.«

Frauen sind empfindsam

Die Haut ist mit einer Größe von zwei Quadratmetern unser größtes Körperorgan. Über ihre Oberfläche sind in unregelmäßigen Abständen 2 800 000 Schmerzrezeptoren, 200 000 Wärmerezeptoren und 500 000 Druck- und Berührungsrezeptoren verteilt. Von Geburt an reagieren Mädchen deutlich stärker auf Berührungen als Jungen, und im Erwachsenenalter ist die Haut einer Frau mindestens zehnmal so berührungs- und druckempfindlich wie die eines Mannes. In einer aufschlußreichen Studie fand man heraus, daß die Jungen, die am berührungsempfindlichsten reagierten, immer noch deutlich weniger fühlten als das unempfindlichste Mädchen. Die weibliche Haut ist dünner als die männliche und hat direkt unter der Hautoberfläche eine zusätzliche Fettschicht, die im Winter Wärme spendet und den Frauen im Vergleich zu Männern ein größeres Durchhaltevermögen verleiht.

Das Hormon, welches das Bedürfnis auslöst, berührt zu werden, und unsere Tastzellen auf Hochtouren bringt, heißt Oxytozin. Es ist kein Wunder, daß Frauen, deren Rezeptoren zehnmal empfindlicher sind als die der Männer, es so wichtig finden, ihre Männer, Kinder und Freunde zu berühren und zu umarmen. Unsere Studien zur Körpersprache haben gezeigt, daß es in der westlichen Welt vier- bis sechsmal wahrscheinlicher ist, daß eine Frau während einer normalen Unterhaltung eine andere Frau berührt, als daß ein Mann einen anderen Mann berührt. Das Vokabular der Frauen ist auch reicher an Ausdrücken, die sich auf das Berühren beziehen, als das der Männer. So beschreiben sie beispielsweise eine erfolgreiche Person als jemanden, der »ein geschicktes Händchen« hat, andere als »dünnhäutig« oder als »dickhäutig«. Frauen wollen gerne »in Kontakt bleiben« und verhalten sich vorsichtig gegenüber jemandem, der ihnen »unter die Haut geht«. Sie sprechen über »Gefühle«, geben einer Sache einen »persönlichen Touch«, empfinden etwas als »kitzlig« und verärgern Leute, indem sie etwas tun, was denen »gegen den Strich« gehen könnte.

> Es ist vier- bis sechsmal wahrscheinlicher, daß eine Frau während einer normalen Unterhaltung eine Frau berührt, als daß ein Mann einen Mann berührt.

Eine Studie mit Psychiatriepatienten zeigte, daß Männer, die unter Druck gesetzt werden, jeglicher Berührung aus dem Weg gehen und sich in ihre eigene Welt zurückziehen. Über die Hälfte der weiblichen Testpersonen hingegen näherten sich Männern aus eigenem Antrieb, und zwar nicht, um Sex zu haben, sondern weil sie die Nähe durch körperlichen Kontakt suchten. Wenn eine Frau sich von einem Mann emotional ausgegrenzt fühlt oder über ihn verärgert ist, äußert sie in den meisten Fällen den Satz »Faß mich nicht an!« – ein Satz, den Männer mit einem Schulterzucken quittieren. Und was lernen wir daraus? Um bei Frauen Punkte zu sammeln, muß man sie oft und angemessen berühren, das Grapschen aber unter allen Umständen vermeiden. Und um geistig gesunde Kinder zu haben, muß man viel und oft mit ihnen schmusen.

Warum Männer so dickhäutig sind

Männer haben im wahrsten Sinne des Wortes ein dickeres Fell als Frauen, was auch erklärt, daß Frauen mehr Falten bekommen als Männer. Die Haut am Rücken eines Mannes ist viermal so dick wie die Haut an seinem Bauch, ein Erbe aus seiner vierbeinigen Vergangenheit, als er noch mehr Schutz vor Angreifern benötigte, die ihn von hinten anfielen. Wenn ein Junge die Pubertät erreicht, hat er einen Großteil der Berührungsempfindlichkeit, die er vielleicht einmal hatte, verloren, und sein Körper bereitet sich auf die Härten der Jagd vor. Männer brauchten eine unempfindliche Haut, die es ihnen erlaubte, durch Dornenbüsche zu laufen, mit Tieren zu ringen und mit Feinden zu kämpfen, ohne vom Schmerz gelähmt zu sein. Wenn ein Mann voll in einer körperlichen Aufgabe oder einer sportlichen Aktivität aufgeht, bemerkt er oft nicht einmal, wenn er sich verletzt.

> Während der Pubertät verlieren Jungen ihre Hautsensibilität nicht wirklich – sie konzentriert sich lediglich in einem bestimmten Bereich.

Wenn sich ein Mann allerdings nicht auf eine Aufgabe konzentriert, ist seine Schmerzschwelle wesentlich niedriger als bei der Frau. Wenn ein Mann stöhnt: »Mach mir eine Hühnerbrühe/einen frischgepreßten Orangensaft/bring mir eine Wärmflasche/ruf den Doktor und sieh nach, ob alles mit meinem Testament in Ordnung ist!«, dann heißt das in der Regel nichts weiter, als daß er eine leichte Erkältung hat. Männer sind allerdings auch wenig einfühlsam gegenüber Frauen, die Schmerzen haben oder sich unwohl fühlen. Wenn eine Frau sich vor Schmerzen krümmt, vierzig Grad Fieber und trotz Bettdecke Schüttelfrost hat, fragt er: »Ist alles in Ordnung, Liebling?« Dabei denkt er: »Wenn ich so tue, als ob nichts wäre, schläft sie vielleicht mit mir – im Bett ist sie sowieso schon.«

Vor dem Fernseher dagegen zeigen Männer oft große Einfühlsamkeit, wenn sie Fußball oder aggressive Sportarten anschauen. Wenn ein Mann sich einen Boxkampf ansieht und einer der Boxer durch einen Aufwärtshaken zu Boden gestreckt wird, sagt eine Frau: »Oh … das muß weh getan haben«, während ein Mann stöhnt, zusammenzuckt und den Schmerz regelrecht *fühlt*.

Über Geschmack läßt sich nicht streiten

Der weibliche Geschmacks- und Geruchssinn ist dem der Männer überlegen. Wir haben bis zu 10 000 Geschmacksrezeptoren, mit denen wir mindestens vier Hauptgeschmacksrichtungen unterscheiden können: süß und salzig auf der Zungenspitze, sauer an den Seiten und bitter ganz hinten. Japanische Forscher untersuchen zur Zeit eine fünfte Geschmacksrichtung: den Fettgeschmack. Männer schneiden besser bei salzig und bitter ab, weshalb sie gerne Bier trinken, Frauen bei süß und zuckrig, weshalb es auf dieser Welt viel mehr weibliche »Schokoholiker« als männliche gibt. Als Nesthüterin und Früchtesammlerin war es für die Frau von Vorteil, einen hochentwickelten Sinn für Süßes zu haben, um die Nahrungsmittel auf ihren Süßigkeitsgehalt und damit den Reifegrad überprüfen und sie dann an ihren Nachwuchs weiterreichen zu können. Das erklärt auch, warum Frauen so wild auf Süßes und die meisten Koster weiblichen Geschlechts sind.

Irgendwas liegt in der Luft

Der Geruchssinn einer Frau ist generell besser als der des durchschnittlichen Mannes und um die Zeit des Eisprungs herum sogar noch stärker ausgeprägt. Die weibliche Nase kann Pheromone und moschusartige Gerüche, die Männern anhaften, wahrnehmen, Gerüche also, die man nicht im eigentlichen Sinn »riechen« kann. Das weibliche Gehirn ist auch in der Lage, den Zustand des Immunsystems eines Mannes zu erfassen. Wenn es zu ihrem Immunsystem paßt oder stärker ist, bestehen gute Chancen, daß sie diesen speziellen Mann als attraktiv empfinden und seiner unerklärlich starken »Ausstrahlung« erliegen wird. Wenn dagegen ihr Immunsystem stärker als seines ist, findet sie ihn aller Wahrscheinlichkeit nach nur mäßig bis überhaupt nicht anziehend.

> Ein starkes Immunsystem verleiht einem Mann eine seltsam magnetische Anziehungskraft.

Neurologen haben herausgefunden, daß das weibliche Gehirn dies bereits drei Sekunden nach einer Begegnung registriert hat. Komplementäre Immunsysteme der Eltern sind für den Nachwuchs von Vorteil, weil dadurch die Überlebenschancen der Nachkommen steigen. Seitdem diese Erkenntnisse der Forschung bekannt sind, gibt es auf dem Markt unzählige Öle und Wässerchen für Männer, die damit Werbung machen, daß sie die geheimnisvolle Anziehungskraft der Pheromone ausnutzen, um alle Frauen im Umkreis von mehreren Kilometern vor Verlangen wild werden zu lassen.

Weibliche Intuition

Die Rollenverteilung, die sich bei uns im Laufe der Evolution herausgebildet hat, hat Frauen und Männer mit den biologischen Fertigkeiten und Sinnen ausgestattet, die zum Überleben notwendig sind. Was man häufig als Hexerei, übernatürliche Kräfte oder weibliche Intuition bezeichnete, wird seit den achtziger Jahren mit wissenschaftlichen Methoden untersucht und gemessen und läßt sich in den meisten Fällen auf die besser entwickelten Sinnesorgane der Frau zurückführen. »Hexen« waren selten etwas anderes als ganz normale Frauen, die von Männern zum Tode verurteilt wurden, denen die biologischen Unterschiede zwischen den Geschlechtern nicht einleuchten wollten. Frauen sind schlicht und ergreifend besser darin, die feinen Nuancen zu erspüren, die über Körpersprache, Lautäußerungen, Tonfall und andere, mit den Sinnesorganen wahrnehmbare Veränderungen ausgesendet werden. Selbst die moderne Frau wird immer noch wegen ihres besser entwickelten Wahrnehmungsvermögens schikaniert, und so zieht es sie häufig genug zu Astrologen, Tarotkartenlesern, Numerologen und anderen Menschen mit übernatürlichen Kräften, die ihr für ihr hart verdientes Geld eine wie auch immer geartete »Erklärung« für weibliche Intuition geben. Die hochentwickelten weiblichen Sinnesorgane tragen wesentlich zur frühen Reife von

Mädchen bei. Im zarten Alter von 17 Jahren haben die meisten Mädchen bereits Erwachsenenreife erlangt, während Jungen sich noch gegenseitig im Schwimmbad die Badehose runterziehen und Feuerzeuge unter ihre Fürze halten.

Warum Männer als gefühllos verschrien sind

Man kann eigentlich nicht behaupten, daß Frauen überdurchschnittlich gute Sinneswahrnehmungen hätten – die der Männer sind, jedenfalls verhältnismäßig gesehen, nur im Laufe der Zeit immer schlechter geworden. In ihrer Welt der besseren Sinneswahrnehmungen erwartet eine Frau von einem Mann einfach, daß er ihre verbalen und körperlichen Signale und Lautäußerungen deuten und ihr so alle Bedürfnisse sozusagen »von den Augen ablesen« kann – wie das eine Frau eben täte. Aus den oben angeführten und durch die Evolution bedingten Gründen ist dies jedoch nicht der Fall. Eine Frau geht stillschweigend davon aus, daß ein Mann einfach weiß, was sie will oder braucht, und wenn er dann seinen Einsatz verpaßt, wirft sie ihm vor, er sei gefühllos und habe von nichts eine Ahnung. Überall lassen sich die Stimmen von Männern vernehmen, die sich lauthals beklagen: »Ja, bin ich denn ein Hellseher?« Studien belegen, daß Männer schlechte Gedankenleser sind. Doch das muß nicht so bleiben, denn ein Mann kann seine Wahrnehmung von nonverbalen Botschaften und Lautäußerungen in den meisten Fällen durch Übung verbessern.

Das nächste Kapitel enthält einen erstaunlichen Test, der Ihnen zeigen wird, wie geschlechtsspezifisch Ihr Gehirn ausgerichtet ist und warum Sie so sind, wie Sie sind.

3. Kapitel

Alles passiert im Kopf

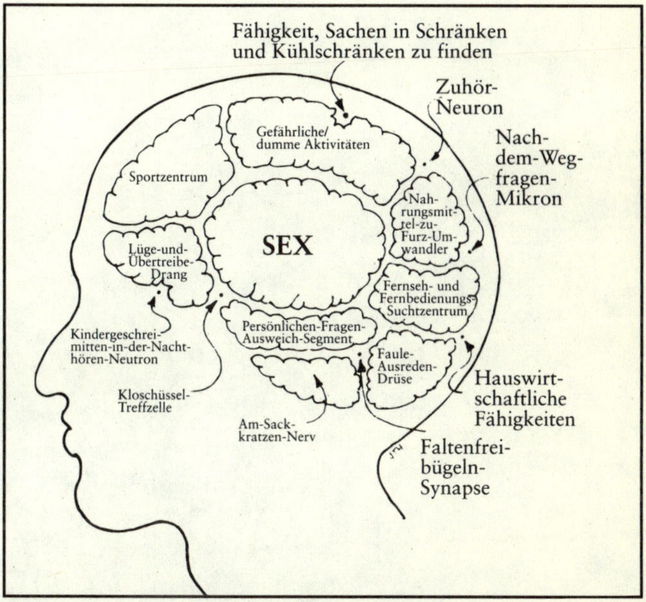

Das männliche Gehirn

Tatsache oder Fiktion?

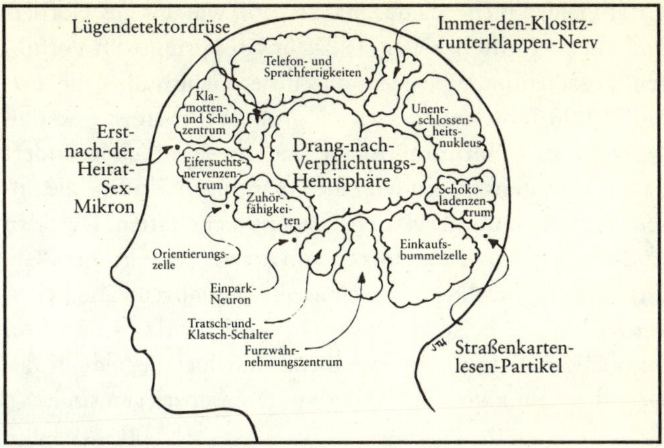

Das weibliche Gehirn

Diese erheiternden Abbildungen des männlichen und weiblichen Gehirns sind nur deswegen komisch, weil sie das berühmte Körnchen Wahrheit enthalten. Wie groß aber ist dieses Körnchen? Nun, größer als man annehmen mag. In diesem Kapitel werden wir uns mit den jüngsten, dramatischen Erkenntnissen der Gehirnforschung befassen.

Dieses Kapitel verdeutlicht viele Zusammenhänge, die sich einem sonst nicht so leicht erschließen. Am Ende des Kapitels haben wir einen einfachen, jedoch sehr aufschlußreichen Test eingefügt, der Ihnen zeigt, warum Ihr Gehirn so arbeitet, wie es eben arbeitet.

Warum wir klüger als alle anderen sind

Betrachten Sie die folgenden Zeichnungen, und Sie werden zwei auffällige Unterschiede zwischen Gorillas, Neandertalern und dem modernen Menschen feststellen. Erstens ist unser Gehirn mehr als dreimal so groß wie das des Gorillas und um ein Drittel größer als das unseres primitiven Vorfahren. Fossilienfunde belegen, daß unser Gehirn über die letzten 50 000 Jahre in etwa gleich groß geblieben ist und daß sich unsere Gehirnfunktionen nur unwesentlich geändert haben. Zweitens haben wir eine vorspringende Stirn, die unsere Vorfahren und Primaten-Cousins nicht hatten. Die Stirn ist der Sitz des vorderen linken und des vorderen rechten Gehirnlappens, welche uns viele unserer einmaligen Fähigkeiten verleihen, wie beispielsweise das Denken, das Lesen von Straßenkarten und das Sprechen. Und hier liegt auch der Grund, warum wir allen anderen Tieren überlegen sind.

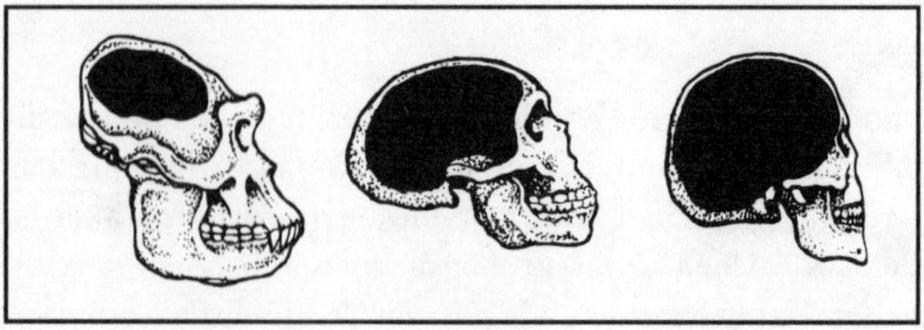

Gorilla *Neandertaler* *Moderner Mensch*

In bezug auf Stärken, Talente und spezielle Fähigkeiten haben sich das weibliche und das männliche Gehirn sehr unterschiedlich entwickelt. Männer, die einst für das Jagen und das Erlegen von Beute verantwortlich waren, benötigten die Fähigkeit, sich auch weit von zu Hause entfernt zu orientieren. Sie mußten Taktiken entwickeln, um das Erlegen von Beutetieren zu organisieren, und sie mußten ihre Fertigkeiten beim Töten der Beute verfeinern. Männer mußten weder gute Unterhalter sein noch sich um die emotionalen Bedürfnisse anderer kümmern. Folglich entwickelten sie auch keine großen Gehirnbereiche für den Umgang mit ihren Mitmenschen.

Frauen dagegen mußten sich in der Nähe ihrer Höhle zurechtfinden, benötigten ein größeres peripheres Sehvermögen, um ihre Umgebung im Auge zu behalten, mußten mehrere Tätigkeiten gleichzeitig ausführen können und waren auf effektive kommunikative Fähigkeiten angewiesen. Als Folge entwickelten das weibliche und das männliche Gehirn ganz spezielle Bereiche, um den unterschiedlichen Anforderungen zu entsprechen.

Übertragen auf heutige Verhältnisse würde man die damalige Lebensform für äußerst sexistisch halten, doch darauf werden wir später noch zu sprechen kommen.

Wie unser Gehirn unser Territorium verteidigt

»Von lieben Gewohnheiten trennt man sich nur schwer«, heißt es bei den älteren Jahrgängen. »Es gibt so etwas wie ein genetisches Gedächtnis, und das läßt sich nicht so leicht unterdrücken«, sagen die Wissenschaftler. Das genetische Gedächtnis ist Teil unseres Instinktverhaltens. Es ist ganz klar, daß die Tausende von Jahren, welche die Menschen in einer Höhle zugebracht haben, von der aus sie die Umgebung überwacht, ihr Territorium verteidigt und die unzähligen Probleme gelöst haben, vor die sie das Leben stellte, nicht unbemerkt an ihnen vorübergegangen sein können.

Man muß sich nur einmal in ein Restaurant setzen und die Gäste beobachten. Die meisten Männer sitzen am liebsten mit dem Rücken zur Wand, so daß sie den Eingang des Restaurants im Auge behalten können. Nur so fühlen sie sich sicher und wohl in ihrer Haut. Nichts und niemand kann sich unbemerkt von hinten anschleichen, auch wenn es sich heutzutage dabei selten um etwas Bedrohlicheres handelt als einen Kellner mit einer besonders deftigen Rechnung. Frauen hingegen fühlen sich auch wohl, wenn sie mit dem Rükken zum offenen Raum sitzen, es sei denn, sie sind mit kleinen Kindern allein. In diesem Fall wählen auch sie bevorzugt einen Platz, an dem sie mit dem Rücken zur Wand sitzen.

Auch zu Hause handeln viele Männer instinktiv und schlafen auf der Seite des Bettes, das sich am nächsten zur Schlafzimmertür befindet – hier haben wir das symbolische Verteidigen des Höhleneingangs. Wenn ein Paar in ein neues Heim zieht oder in einem Hotel übernachtet und die Frau in Türnähe schläft, kann ein Mann unruhig werden und unter Schlafstörungen leiden, ohne zu wissen, warum. Häufig kann man das Problem allein dadurch lösen, daß man ihm wieder die Seite überläßt, die näher an der Schlafzimmertüre liegt.

> Männer witzeln, daß sie im ersten gemeinsamen Haus in der Nähe der Tür schlafen, um schnell abhauen zu können – in Wahrheit folgen sie ihrem angeborenen Verteidigerinstinkt.

Wenn ein Mann abwesend ist, übernimmt die Frau in der Regel seine Beschützerrolle und schläft auf seiner Seite des Bettes. In der Nacht schreckt eine Frau aus dem Tiefschlaf hoch, sobald sie einen hohen Ton vernimmt, der wie das Weinen eines Babys klingt. Ein Mann dagegen – sehr zum Ärger seiner Frau – schnarcht seelenruhig weiter vor sich hin. Sein Gehirn ist darauf gedrillt, Geräusche, die sich auf Bewegungen zurückführen lassen, wahrzunehmen. Sogar das Geräusch eines knackenden Zweiges draußen vor dem Fenster reißt ihn womöglich innerhalb eines Sekundenbruchteils aus dem Schlaf, damit er im Falle eines Angriffs blitzschnell reagieren kann. Hier wiederum schlafen Frauen einfach weiter, es sei denn, ihr Mann ist abwesend und ihr Gehirn darauf programmiert, seine Rolle zu übernehmen und jedes Geräusch und jede Bewegung, die das »Nest« gefährden könnten, zu registrieren.

Köpfe auf Erfolgskurs

Der griechische Philosoph Aristoteles glaubte, daß unser Denkzentrum im Herzen liege und der Kopf nur zur Kühlung des Körpers beitrage. Das ist auch der Grund, warum viele unserer Gefühlsausdrücke in irgendeiner Form mit dem Herzen zu tun haben. Heute mag uns das lächerlich erscheinen, doch bis ins späte 19. Jahrhundert stimmten viele Wissenschaftler mit Aristoteles überein.

Im Jahre 1962 gewann Roger Sperry einen Nobelpreis für seine Entdeckung, daß jede der beiden Hemisphären der Großhirnrinde für unterschiedliche intellektuelle Funktionen zuständig ist. Moderne Technologien ermöglichen uns heutzutage zwar einen Einblick in die Arbeitsweise des Gehirns, unser Wissen über die Hirnfunktionen steckt aber immer noch in den Kinderschuhen. Wir wissen, daß die rechte Gehirnhälfte, also die kreative Seite, die linke Körperhälfte steuert, während die linke Gehirnhälfte für Logik, Vernunft, Sprache und die rechte Körperhälfte zuständig ist. Die linke Hälfte ist das Zentrum für Sprache und Wortschatz – besonders bei Männern –, und die rechte Gehirnhälfte speichert und steuert visuelle Informationen.

Linkshänder sind stärker auf die rechte Hemisphäre, also die kreative Seite des Gehirns, ausgerichtet. Aus diesem Grund gibt es auch eine überproportional hohe Anzahl an linkshändigen künstlerischen Genies wie beispielsweise Albert Einstein, Leonardo da Vinci, Picasso, Lewis Carroll, Greta Garbo, Robert De Niro und Paul McCartney. Neunzig Prozent aller Menschen sind Rechtshänder. Es gibt mehr linkshändige Frauen als Männer.

> Untersuchungen haben ergeben, daß Frauen bei allgemeinen Intelligenzfragen um drei Prozent besser abschneiden als Männer.

Bis in die sechziger Jahre unseres Jahrhunderts hinein stammten so gut wie alle Erkenntnisse über das menschliche Gehirn von Soldaten, die auf Schlachtfeldern umgekommen waren – wie man sich vorstellen kann, fiel da haufenweise Anschauungsmaterial ab. Das Problem war nur, daß die meisten dieser Gehirne aus offenkundigen Gründen von Männern stammten und man stillschweigend annahm, das weibliche Gehirn funktioniere genauso.

Jüngste Untersuchungen haben jedoch ergeben, daß die Funktionsweise des weiblichen Gehirns bedeutende Unterschiede zu der des männlichen aufweist. Und hier liegt die Quelle (fast) allen Übels in den Beziehungen zwischen Männern und Frauen. Das weibliche Gehirn ist unwesentlich kleiner als das männliche. Studien haben allerdings ergeben, daß das keinerlei Auswirkungen auf die Leistungsfähigkeit hat. Im Jahre 1997 wies der dänische Forscher Berte Pakkenberg von der Neurologie-Abteilung des Städtischen Krankenhauses in Kopenhagen nach, daß ein Mann durchschnittlich vier Milliarden mehr Gehirnzellen hat als eine Frau, eine Frau bei allgemeinen Intelligenzfragen dennoch um drei Prozent besser abschneidet.

Was ist wo im Gehirn?

Im folgenden finden Sie eine Übersicht über die heute allgemein akzeptierte Lage der Gehirnfunktionen in den beiden Gehirnhälften:

Linke Gehirnhälfte

Rechte Körperseite
Mathematik
Verbale
Äußerungen
Logik
Fakten
Deduktionen
Analysen
Praktisches
Ordnung
Liedtexte
Geradliniges
Denken
Detailwahr-
nehmung

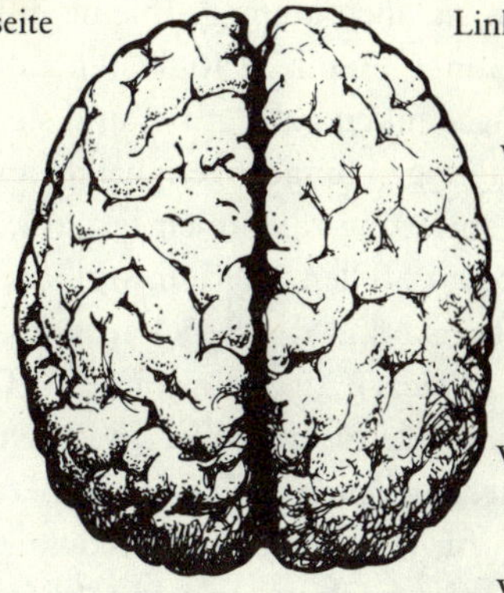

Rechte Gehirnhälfte

Linke Körperseite
Kreativität
Künstlerische
Anlagen
Visuelle Wahr-
nehmungen
Intuition
Ideen
Vorstellungs-
vermögen
Holistisches
Denken
Liedmelodien
Wahrnehmung
des »Großen
Ganzen«
Räumliche
Wahrnehmung
Gleichzeitige Bearbeitung
mehrerer Vorgänge

Tagtäglich kommt man bei der Erforschung des menschlichen Gehirns zu neuen, aufsehenerregenden Schlüssen; doch alle Forschungsergebnisse lassen sich unterschiedlich interpretieren. Es gibt aber auch Gebiete, bei denen die Meinungen der Wissenschaftler und Forscher nicht divergieren. Mit Hilfe der Kernspintomographie, bei der die Gehirnströme gemessen werden, ist es jetzt möglich, die exakte Stelle im Gehirn zu bestimmen und zu messen, die für ganz spezielle Funktionen zuständig ist. Unter einem Gehirn-Scanner sieht man, welcher Teil des Gehirns bei einer bestimmten

Aufgabe beansprucht wird. Wenn ein Gehirn-Scan einen Ort für eine bestimmte Fertigkeit oder Funktion sichtbar macht, bedeutet das, daß die betreffende Person in der Regel gut ausgebildete Fertigkeiten in dem Bereich hat, daß sie diese gerne anwendet und Tätigkeiten und Beschäftigungen bevorzugt, bei denen sie diese Fertigkeiten einsetzen kann.

Die meisten Männer verfügen über einen bestimmten Bereich in ihrem Gehirn, der sie Richtungen »spüren« läßt, und deswegen haben sie auch keine Probleme mit der Orientierung. Es macht ihnen Freude, Tätigkeiten zu planen, bei denen ihr Richtungsdenken gefragt ist, und sie fühlen sich zu Freizeitbeschäftigungen hingezogen, bei denen sie ihre Pfadfinder- und Orientierungstalente einsetzen können. Frauen haben an mehreren Stellen im Gehirn Sprachzentren. Ihre Sprachfertigkeiten sind in der Regel ausgezeichnet, sie sind selten um Worte verlegen, und es zieht sie zu Tätigkeiten hin, bei denen ihre besondere Stärke gefragt ist, wie beispielsweise therapeutische, beratende und lehrende Berufe. Wenn man bei einer Person für eine bestimmte Fertigkeit keine eindeutige Stelle im Gehirn nachweisen kann, bedeutet das in der Regel, daß sie dafür keine natürliche Begabung hat beziehungsweise keine besondere Freude empfindet, wenn sie die entsprechende Tätigkeit ausübt. Einen weiblichen Navigator aufzutreiben ist deswegen ebenso schwer, wie bei einem männlichen Berater Trost zu finden oder von einem männlichen Lehrer »gutes« Englisch oder Deutsch zu lernen.

Die Anfänge der Gehirnforschung

Die ersten wissenschaftlichen Untersuchungen von geschlechtsspezifischen Unterschieden wurden 1882 von Francis Gatton am Museum of London durchgeführt. Er fand heraus, daß Männer gegenüber »hellen« Tönen – also schrillen oder hohen Geräuschen – empfindlicher reagierten, fester zugreifen konnten und schmerzunempfindlicher waren als Frauen. Etwa zur gleichen Zeit fand man in Amerika in einer ähnlichen Untersuchung heraus, daß Männer die Farbe Rot lieber mochten als Blau, daß sie einen besser durchstrukturierten Wortschatz hatten als Frauen und sich lieber um technische als um häusliche Probleme kümmerten. Frauen dagegen hatten ein feineres Ohr, verwendeten häufiger unterschiedliche Wörter als Männer und arbeiteten am liebsten an einzelnen Aufgaben und Problemen.

Anfangs erforschte man die Lage bestimmter Gehirnfunktionen an hirngeschädigten Patienten. Man fand heraus, daß Männer, die eine Verletzung auf der linken Seite des Gehirns erlitten hatten, mehr oder weniger ihr ganzes Sprechvermögen und ihren Wortschatz eingebüßt hatten, während Frauen mit vergleichbaren Hirnschäden ihre Sprachfertigkeiten nicht in diesem Maße verloren hatten. Das deutet darauf hin, daß Frauen nicht nur ein, sondern mehrere Sprachzentren im Gehirn besitzen.

Männer erlitten drei- bis viermal häufiger Sprachverluste oder Sprachstörungen als Frauen und hatten sehr viel geringere Aussichten, diese jemals wieder zu kompensieren. Wenn ein Mann Verletzungen an der linken Gehirnhälfte erleidet, ist die Wahrscheinlichkeit sehr hoch, daß er stumm wird. Wenn eine Frau an der gleichen Stelle verletzt ist, wird sie höchstwahrscheinlich weiterplappern wie zuvor.

Männer mit Hirnverletzungen auf der rechten Seite verloren ihr räumliches Vorstellungsvermögen, also ihre Fähigkeit, dreidimensional zu denken und Gegenstände im Geist zu drehen und sich dabei vorzustellen, wie sie aus verschiedenen Winkeln betrachtet aussehen würden. Der Grundriß eines Hauses wird beispielsweise vom weiblichen Gehirn zweidimensional gesehen, das männliche Gehirn sieht ihn dagegen dreidimensional – Männer können also Tiefe sehen. Die meisten Männer können sich bei der bloßen Betrachtung eines Bauplans vorstellen, wie ein Bauwerk aussehen wird, wenn es einmal fertiggestellt ist. Frauen, die einen Hirnschaden an exakt der gleichen Stelle der rechten Schädelseite erlitten, hatten keine bis geringfügige Einbußen, was ihr räumliches Vorstellungsvermögen anbelangte.

Doreen Kimura, Professorin für Psychologie an der University of Ontario, hat herausgefunden, daß Sprachstörungen bei Männern auftreten, bei denen lediglich die linke Gehirnhälfte verletzt ist, während sie bei Frauen nur vorkommen, wenn der Vorderlappen beider Gehirnhälften von der Verletzung betroffen ist. Stottern ist eine beinahe ausschließlich männliche Sprachstörung, und auf ein Mädchen, das einen Leseförderkurs besucht, kommen drei bis vier Jungen. Zusammenfassend kann man sagen, daß Männer in gewisser Hinsicht »beschränkt« sind, was Sprache und Unterhaltung anbelangt. Dieses Ergebnis wird nur wenige Frauen überraschen. Geschichtsbücher beweisen, daß sich Frauen ob der Unlust der Männer, sich zu unterhalten, seit Jahrtausenden die Haare raufen.

Wie das Gehirn analysiert wird

In den neunziger Jahren dieses Jahrhunderts wurden die Gehirn-Scanner so weit verbessert, daß es heute möglich ist, Gehirnaktivitäten live auf einem Bildschirm zu verfolgen. Dazu werden PET-Scanner (Positronen-Emissions-Tomographen) und Kernspintomographen eingesetzt. Marcus Raichle von der School of Medicine an der Washington University hat gemessen, welche Gehirnbereiche eine erhöhte Stoffwechselaktivität aufwiesen, um die Regionen zu ermitteln, die für spezielle Fertigkeiten oder Tätigkeiten zuständig sind. Sie werden in folgender Abbildung dargestellt:

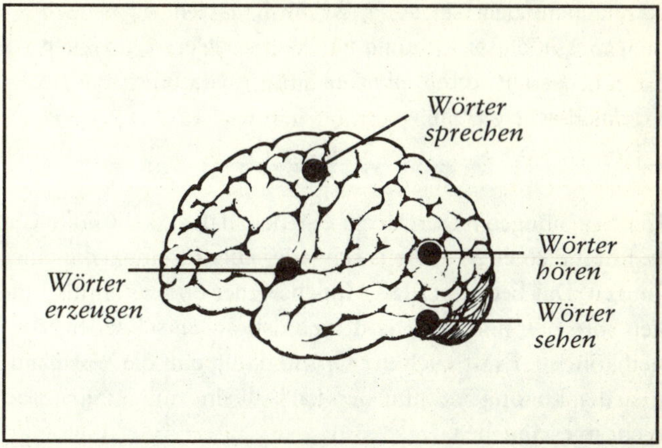

Bestimmte, durch Kernspintomographie ermittelte Gehirnregionen mit erhöhter Stoffwechselaktivität

Im Jahre 1995 führte an der Yale University ein von Dr. Bennett und Dr. Sally Shaywitz geleitetes Wissenschaftlerteam Tests an Männern und Frauen durch, um herauszufinden, in welchem Teil des Gehirns Reime gebildet werden. Unter Zuhilfenahme der Kernspintomographie, mit der minimale Änderungen in der Blutzufuhr zu den unterschiedlichen Teilen des Gehirns sichtbar gemacht werden können, fanden sie die Bestätigung dafür, daß bei Männern vor allem die linke Gehirnhälfte für die Sprache zuständig ist, während bei Frauen dafür beide Gehirnhälften eingesetzt werden. Diese und zahllose andere, ebenfalls in den neunziger Jahren durchgeführten Experimente zeigen deutlich, daß das weibliche und das männliche Gehirn unterschiedlich arbeiten.

> Fragen Sie Frauen und Männer doch einmal, ob sie glauben, daß das weibliche und das männliche Gehirn unterschiedlich arbeite. Männer werden antworten, daß sie glauben, dem sei so, tatsächlich hätten sie neulich etwas in dieser Richtung im Internet gelesen … Frauen dagegen antworten, ohne zu zögern: »Natürlich tun sie das! Nächste Frage!«

Untersuchungen haben ferner ergeben, daß sich die linke Gehirnhälfte eines Mädchens schneller entwickelt als die eines Jungen. Das bedeutet, daß Mädchen eher und besser als Jungen sprechen und lesen und Fremdsprachen schneller erlernen können. Es ist auch der Grund dafür, daß die Wartezimmer der Logopäden zum Bersten voll sind mit Jungen und nicht mit Mädchen.

Bei Jungen wiederum entwickelt sich die rechte Gehirnhälfte schneller als bei Mädchen, wodurch sich ihre räumlich-visuelle und logische Wahrnehmung besser entfalten kann. Jungen sind Asse in der Mathematik, im Bauen, bei Puzzles und beim Lösen von Problemen, alles Dinge, die sie viel früher als Mädchen beherrschen.

Es mag ja »in« sein vorzugeben, daß die Unterschiede zwischen den Geschlechtern nur minimal beziehungsweise irrelevant seien, die Tatsachen sprechen jedoch eindeutig dagegen. Leider leben wir heutzutage in einem gesellschaftlichen Umfeld, das auf Teufel komm raus darauf beharrt, daß Männer und Frauen gleich seien – obwohl es unzählige, erdrückende Beweise dafür gibt, daß wir unterschiedlich programmiert und im Laufe der Evolution mit deutlich unterschiedlichen angeborenen Fähigkeiten und Neigungen ausgestattet worden sind.

Warum die Verknüpfungen im weiblichen Gehirn besser sind

Die linke und die rechte Gehirnhälfte sind durch einen Nervenfaserstrang miteinander verbunden, der als Corpus callosum oder Balkenkörper bezeichnet wird. Dieser Balken ermöglicht die Kommunikation und den Informationsaustausch zwischen den beiden Gehirnhälften.

Stellen Sie sich vor, Sie haben zwei Computer auf den Schultern, die durch ein Schnittstellenkabel miteinander verbunden sind. Dieses Kabel heißt Corpus callosum.

Der Neurologe Roger Gorski an der University of California in Los Angeles hat bestätigt, daß das weibliche Gehirn ein dickeres Corpus callosum hat als das männliche, und daß beim weiblichen bis zu dreißig Prozent mehr Verbindungen zwischen der linken und der rechten Gehirnhälfte bestehen. Er hat auch nachgewiesen, daß bei Frauen und Männern, die gleiche Aufgaben ausführen, unterschiedliche Bereiche des Gehirns in Aktion treten.

Diese Forschungsergebnisse wurden seitdem von anderen Wissenschaftlern bestätigt.

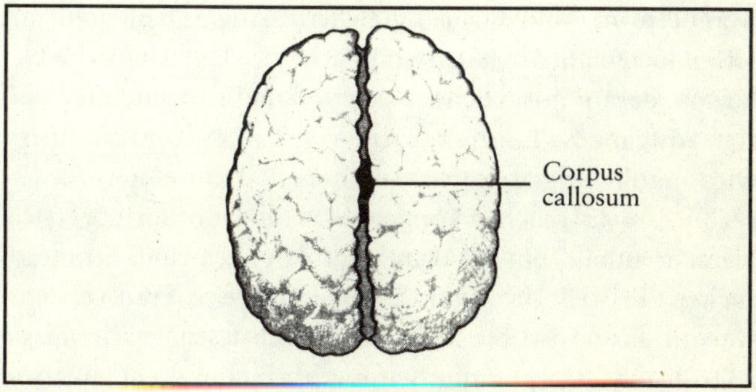

Das Corpus callosum

Untersuchungen haben ebenfalls ergeben, daß das weibliche Geschlechtshormon Östrogen Nervenzellen anregt, mehr Verbindungen in und zwischen den beiden Gehirnhälften herzustellen. Studien zeigen, daß man um so sprachfertiger ist, je mehr Verbindungen man im Gehirn hat. Die höhere Anzahl an Verbindungen erklärt auch die Fähigkeit der Frau, mehrere, in keinem Zusammenhang zueinander stehende Tätigkeiten gleichzeitig auszuführen. Sie wirft außerdem ein neues Licht auf die weibliche Intuition. Wie bereits oben beschrieben, verfügt eine Frau über ein größeres Sensorium als ein Mann, und das ist, zusammen mit der Vielzahl der Faserverbindungen zwischen den beiden Gehirnhälften für den raschen Informationsaustausch, der Grund dafür, daß eine Frau auf intuitiver Ebene in Sekundenschnelle so zahlreiche – und treffende – Urteile über Menschen und Situationen abgeben kann.

Warum Männer nur »eins nach dem anderen« machen können

Alle Untersuchungen kommen zu dem gleichen Schluß: Männerhirne sind hochspezialisierte Angelegenheiten mit vielen kleinen Schubladen und Fächern. Das männliche Gehirn ist darauf ausgerichtet, sich voll und ganz auf eine einzige Aufgabe zu konzentrieren. Von den meisten Männern wird man häufig zu hören bekommen, daß sie nur *eine Sache auf einmal* machen können. Was tut ein Mann als erstes, wenn er anhält, um auf dem Stadtplan nach einer Straße zu suchen? Er stellt das Radio leiser! Kaum eine Frau versteht, warum das so ist. Sie kann doch auch lesen, während sie zuhört und redet, warum kann er das dann nicht? Warum besteht er darauf, daß der Fernseher leiser gestellt wird, wenn das Telefon klingelt? »Warum hört er nicht, was ich ihm gerade sage, wenn er Zeitung liest oder fernsieht?« Solche oder ähnliche Klagen hört man von Frauen auf der ganzen Welt. Die Antwort lautet: Das Gehirn eines Mannes ist darauf programmiert, eins nach dem anderen zu erledigen und nicht mehrere Sachen gleichzeitig, denn in seinem Gehirn gibt es weniger Verbindungsfasern zwischen der linken und der rechten Gehirnhälfte – abgesehen davon, daß das männliche Gehirn auch stärker in Teilbereiche aufgeteilt ist als das weibliche. Wenn man einen lesenden Mann einem Gehirn-Scan unterzieht, wird man feststellen, daß er in dem Moment so gut wie taub ist.

Ein Mann kann entweder zuhören oder lesen – aber nicht beides gleichzeitig.

Das Gehirn einer Frau ist auf den Multitaskbetrieb ausgerichtet. Sie kann mehrere unterschiedliche Sachen gleichzeitig tun. Ihr Gehirn ist nie im Leerlauf, sondern immer aktiv. Sie kann telefonieren, während sie kocht, und nebenbei noch fernsehen. Sie kann auch gleichzeitig Auto fahren, das Make-up auflegen und Radio hören, während sie über die Freisprechanlage telefoniert. Wenn jedoch ein Mann ein neues Rezept ausprobiert und man ihn während des Kochens anspricht, wird er höchstwahrscheinlich ärgerlich, weil er nicht gleichzeitig das Rezept lesen und einem zuhören kann. Wenn man einen Mann anspricht, der sich gerade rasiert, kann man davon ausgehen, daß er sich schneidet. Die meisten Frauen werden auch schon die Erfahrung gemacht haben, daß ein Mann ihnen vorwirft, er habe eine Autobahnausfahrt verpaßt, weil sie ihn mit ihrem Geplapper abgelenkt hätten. Eine Frau hat uns erzählt, daß sie ihren Mann, weil sie sich mal wieder über ihn ärgerte, genau in dem Moment ansprach, als er einen Nagel in die Wand schlug.

Da bei Frauen stets beide Gehirnhälften aktiv sind, fällt es vielen schwer, die linke und die rechte Hand auseinanderzuhalten. Etwa fünfzig Prozent der Frauen können nicht ohne Zögern sagen, welches ihre rechte und welches ihre linke Hand ist, ohne zuerst nach einem Ring oder einer Sommersprosse gesucht zu haben. Männer dagegen, bei denen entweder die rechte oder die linke Gehirnhälfte aktiv ist, haben viel weniger Schwierigkeiten, ihre Hände auseinanderzuhalten. Das Ergebnis ist, daß Frauen auf der ganzen Welt von Männern kritisiert werden, weil sie ihnen gesagt haben, sie sollen rechts abbiegen – obwohl sie eigentlich links meinten.

Machen Sie den Zahnputztest

Machen Sie folgenden Test: Putzen Sie Ihre Zähne! Die meisten Frauen können ihre Zähne putzen, während sie in der Gegend herumlaufen und über die unterschiedlichsten Themen reden. Sie können gleichzeitig mit der Zahnbürste Auf- und-ab-Bewegungen ausführen und mit der anderen Hand in kreisförmigen Bewegungen einen Tisch abwischen. Die meisten Männer finden das schwierig bis unmöglich.

Wenn Männer ihre Zähne putzen, zwingt ihr eingleisiges Gehirn sie dazu, sich ausschließlich auf diese eine Aufgabe zu konzentrieren. Sie stehen im Normalfall vor dem Waschbecken, Füße etwa dreißig Zentimeter auseinander, Körper über das Becken gebeugt, und ihr Kopf wippt im Rhythmus des Putzens auf und ab. Das Wippen passen sie meistens auch noch an die Fließgeschwindigkeit des Wassers an.

Warum wir so sind, wie wir sind

Zu einer Zeit, in der wir Mädchen und Jungen erziehen, als ob es keine Unterschiede zwischen ihnen gäbe, erbringt die Wissenschaft immer neue Beweise dafür, daß die Geschlechter ganz im Gegenteil in ihrem Denken grundverschieden sind. Neurologen und Hirnforscher auf der ganzen Welt sind sich inzwischen sicher, daß wir hauptsächlich von unseren Hormonen gelenkt werden.

> Unsere Hormone bestimmen, was wir sind. Wir sind das Ergebnis unserer chemischen Zusammensetzung.

In diesem Jahrhundert lautete unsere Philosophie bislang, daß unser Gehirn bei der Geburt einer unbeschriebenen Tafel gleiche, in die Eltern, Lehrer und Umwelt unsere späteren Überzeugungen und Einstellungen einritzten. Jüngste Forschungsergebnisse haben aber ergeben, daß unser Gehirn etwa sechs bis acht Wochen nach der Empfängnis ähnlich wie ein Computer konfiguriert wird. Auf unser Gehirn wird ein »Betriebssystem« eingespielt, und zusätzlich werden ein paar »Programme« installiert, so daß wir bei der Geburt wie ein Computer mit Hardware- und Softwarekomponenten ausgestattet sind, denen man im Laufe der Zeit gewisse Erweiterungen hinzufügen kann.

Die Wissenschaft zeigt auch, daß am grundlegenden »Betriebssystem« und dessen Verbindungen nur wenige Änderungen möglich sind. Unsere Umwelt und unsere Lehrer können lediglich zusätzliche Daten einspeisen und kompatible Programme laufen lassen. Bis zum heutigen Tage sind so gut wie keine »Benutzerhandbücher« auf dem Markt erhältlich. Das heißt, daß bei unserer Geburt bereits unsere zukünftigen Entscheidungen und unsere sexuellen Vorlieben vorprogrammiert sind. Also wieder das Argument Natur versus soziales Umfeld? Klar! Die Natur hatte von Anfang an einen Riesenvorsprung. Wir wissen nun, daß Erziehung und Kinderpflege ein erlerntes Verhalten ist und daß Adoptivmütter genauso in der Lage sind, Kinder großzuziehen, wie biologische Mütter.

Der Fötus wird programmiert

Der Großteil aller auf der Erde wandelnder Menschen besitzt 46 Chromosomen, die man als genetischen Bauplan bezeichnen könnte. 23 Chromosomen haben wir von unserer Mutter und 23 von unserem Vater. Wenn das 23. Chromosom der Mutter ein X-Chromosom ist, also die Form eines X hat, und auch das 23. Chromosom des Vaters ein X-Chromosom ist, haben wir das vor uns, was man als XX-Baby bezeichnet – ein Mädchen. Wenn das 23. Chromosom des Vaters dagegen ein Y-Chromosom ist, ist das Ergebnis ein XY-Baby, ein Junge. Die Grundschablone für den Aufbau des menschlichen Körpers und Gehirns ist weiblich – anfangs sind wir alle Mädchen –, und das ist auch der Grund dafür, daß Männer einige weibliche Eigenheiten aufweisen, wie zum Beispiel Brustwarzen und Brustdrüsen.

**Die Wissenschaft beweist es:
Eva war vor Adam da!**

Zum entscheidenden Zeitpunkt, etwa sechs bis acht Wochen nach der Empfängnis, ist der Embryo mehr oder weniger geschlechtslos und kann genausogut weibliche als auch männliche Geschlechtsorgane ausbilden.

Der deutsche Wissenschaftler Dr. Günther Dorner, ein Vorreiter auf dem Gebiet der Sozialwissenschaft, war einer der ersten, der die Theorie vertrat, daß sich unsere sexuelle Identität sechs bis acht Wochen nach der Empfängnis herausbilde. Seine Untersuchungen zeigten, daß der Embryo, wenn es sich genetisch um einen Jungen (XY) handelt, spezielle Zellen entwickelt, die große Mengen männlicher Geschlechtshormone – insbesondere Testosteron – durch den Körper leiten. Nur so können Hoden gebildet und das Gehirn auf typisch männliche Eigenschaften und Verhaltensweisen programmiert werden, wie beispielsweise das spezielle Sehvermögen über weite Distanzen und das räumliche

Vorstellungsvermögen – beide unerläßlich, wenn es ums Werfen, Jagen und Verfolgen von Beutetieren geht.

Nehmen wir einmal an, ein männlicher Embryo (XY) benötigt mindestens eine Einheit männlicher Geschlechtshormone, um die männlichen Genitalien auszubilden, und drei weitere Einheiten, um das Gehirn mit einem männlichen Betriebssystem zu konfigurieren, doch aus Gründen, die wir noch untersuchen werden, erhält er nicht die erforderliche Dosis. Sagen wir, er bräuchte insgesamt vier Einheiten, erhält aber nur drei. Die erste Einheit wird für die Bildung der männlichen Geschlechtsorgane benötigt, weshalb dem Gehirn nur zwei weitere Einheiten zur Verfügung stehen, was bedeutet, daß das Gehirn zu zwei Dritteln männlich und zu einem Drittel weiblich ist. Das Ergebnis ist ein Baby, das später zu einer Person mit einem hauptsächlich männlichen Gehirn heranwachsen wird, der aber noch einige weibliche Denkmuster und Fähigkeiten anhaften werden. Wenn der männliche Embryo nun, sagen wir, zwei Einheiten männlicher Geschlechtshormone erhält, wird die eine für die Bildung der Hoden verwendet, und das Gehirn erhält nur eine Einheit statt der erforderlichen drei. Hier haben wir ein Baby, dessen Gehirn von der Struktur und dem Denken her hauptsächlich weiblich ist, sich aber in einem – genetisch gesehen – männlichen Körper befindet. Wenn dieses Kind in die Pubertät kommt, besteht eine große Wahrscheinlichkeit, daß der Junge sich als homosexuell entpuppt. Wie das abläuft, werden wir im achten Kapitel unter die Lupe nehmen.

Wenn der Embryo ein Mädchen (XX) ist, sind wenig bis gar keine männlichen Geschlechtshormone vorhanden. Also bildet der Körper weibliche Geschlechtsorgane aus, und die Gehirnschablone behält ihre weiblichen Eigenschaften bei. Das Gehirn wird weiter durch weibliche Geschlechtshormone bestimmt und entwickelt alle Attribute, die zum Nestbau und zur Nestverteidigung erforderlich sind, einschließlich der Zentren, die nötig sind, um verbale und nonverbale Signale zu entschlüsseln. Wenn das Baby zur Welt kommt, wird es mädchenhaft aussehen, und sein Verhalten wird aufgrund der »weiblichen« Verbindungen im Gehirn auch mädchenhaft sein. Gelegentlich – in der Regel aus Versehen – erhält der weibliche Embryo allerdings eine größere Dosis männlicher Geschlechtshormone. Das Baby kommt in diesem Fall mit einem mehr oder weniger stark ausgeprägten männlichen Gehirn auf die Welt. Wie das abläuft, werden wir ebenfalls im achten Kapitel untersuchen.

Man schätzt, daß zwischen 80 und 85 Prozent aller Männer hauptsächlich »männliche« Verbindungen im Gehirn aufweisen und daß 15 bis 20 Prozent aller Männer mehr oder weniger weibliche Gehirne haben. Viele aus dieser zweiten Gruppe werden im Erwachsenenalter homosexuell.

> 15 bis 20 Prozent aller Männer haben ein feminisiertes Gehirn, etwa zehn Prozent aller Frauen ein maskulinisiertes.

Wenn wir in diesem Buch vom weiblichen Geschlecht sprechen, beziehen wir uns auf die zirka neunzig Prozent der Frauen und Mädchen, deren Gehirne überwiegend auf typisch weibliches Verhalten programmiert sind. Etwa zehn Prozent aller Frauen haben ein Gehirn, das in mehr oder weniger starkem Ausmaß über einige männliche Fähigkeiten verfügt, weil es in dem Zeitraum von sechs bis acht Wochen nach der Empfängnis eine Dosis männlicher Geschlechtshormone erhalten hat.

Es folgt ein einfacher, aber faszinierender Test, der Ihnen zeigen kann, in welchem Ausmaß Ihr Gehirn auf weibliches oder männliches Denken programmiert ist. Die Fragen wurden aus mehreren anerkannten Untersuchungen zur Geschlechtsspezifität des menschlichen Gehirns zusammengetragen, der Wertungsschlüssel von der britischen Genetikerin Anne Moir entwickelt. In diesem Test gibt es keine »richtigen« und »falschen« Antworten. Aber er vermittelt Ihnen einige interessante Einsichten, warum Sie gewisse Entscheidungen treffen und so denken, wie Sie denken. Wenn Sie den Test gemacht haben, können Sie Ihre Punktzahl mit dem Diagramm auf Seite 112 vergleichen. Kopieren Sie den Test, und geben Sie ihn an Freunde und Arbeitskollegen weiter. Das Ergebnis wird für alle ein »Aha-Erlebnis« sein!

Wie ist Ihr Gehirn programmiert?

Mit dem folgenden Test können Sie feststellen, wie stark Ihre Gehirnmuster männlich beziehungsweise weiblich orientiert sind. Es gibt keine richtigen oder falschen Antworten, das Ergebnis ist lediglich ein Hinweis darauf, welche Konzentration an männlichen Geschlechtshormonen etwa sechs bis acht Wochen nach Ihrer Empfängnis aller Wahrscheinlichkeit nach in Ihrem Gehirn vorhanden war. Dies spiegelt sich nämlich in Ihren Wertvorstellungen, Verhaltensweisen, Einstellungen, Entscheidungen und Ihrem Lebensstil wider.

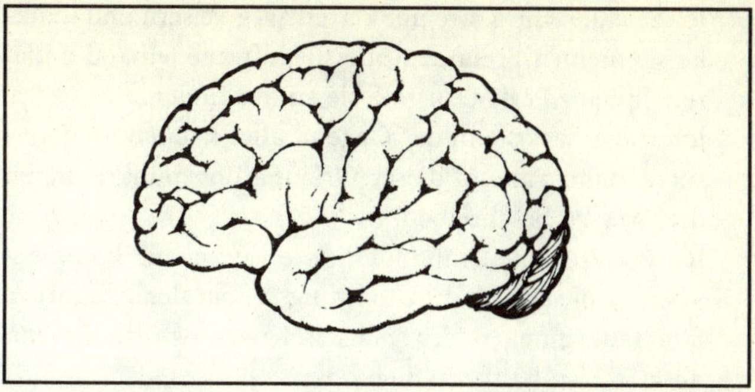

Kreuzen Sie die Antwort an, die am ehesten auf Sie zutrifft.

1. **Was tun Sie, wenn Sie eine Straßenkarte lesen müssen?**
a. Kartenlesen bereitet mir oft Schwierigkeiten, so daß ich jemanden um Hilfe bitte.
b. Ich drehe die Karte herum, so daß sie in Fahrtrichtung vor mir liegt.
c. Ich habe keinerlei Schwierigkeiten, den richtigen Weg zu finden.

2. **Sie probieren gerade ein kompliziertes Rezept aus. Das Radio dudelt vor sich hin, und dann klingelt auch noch das Telefon. Wie reagieren Sie?**
a. Ich lasse das Radio an und koche weiter, während ich telefoniere.
b. Ich schalte das Radio aus und telefoniere, während ich weiterkoche.
c. Ich gehe ans Telefon und sage dem Anrufer, daß ich zurückrufe, sobald ich mit dem Kochen fertig bin.

3. **Freunde wollen Sie in Ihrem neuen Haus besuchen. Sie bitten Sie um eine Wegbeschreibung. Wie erklären Sie den Weg?**

a. Ich zeichne eine Karte mit klaren Wegweisern und schikke sie meinen Freunden oder beauftrage jemand anderen, ihnen zu erklären, wie sie zu mir finden.
b. Ich frage, was sie in der Gegend alles kennen, und versuche dann anhand dieser Orientierungspunkte, ihnen den Weg zu beschreiben.
c. Ich erkläre ihnen mündlich, wie sie zu mir kommen: »Nimm die Autobahn Richtung X, bei der Abfahrt Y fährst du runter, an der nächsten Kreuzung rechts, wenn du in Z bist, hältst du dich links …«

4. Wie erklären Sie jemandem einen Gedanken oder ein Konzept?
a. Ich nehme Bleistift und Papier sowie Hände und Füße zu Hilfe.
b. Ich erkläre verbal und unterstreiche meine Erklärungen mit Händen und Füßen.
c. Ich erkläre verbal, so kurz und verständlich wie möglich.

5. Was tun Sie am ehesten, wenn Sie nach einem schönen Kinofilm nach Hause kommen?
a. Ich gehe einige der Szenen im Kopf noch mal durch.
b. Ich rede über die Szenen und das, was gesagt wurde.
c. Ich gebe hauptsächlich das wieder, was im Film gesagt wurde.

6. Wo sitzen Sie im Kino am liebsten?
a. Auf der rechten Seite des Kinosaals.
b. Ganz egal.
c. Auf der linken Seite des Kinosaals.

7. **Ein Freund/eine Freundin hat Probleme mit einem mechanischen Teil, das nicht mehr funktioniert. Wie verhalten Sie sich?**
a. Ich drücke Mitgefühl aus und rede mit ihm/ihr darüber, wie das für ihn/sie sein muß.
b. Ich empfehle einen zuverlässigen und kompetenten Handwerker.
c. Ich versuche zu verstehen, wie das Teil funktioniert, und probiere dann, es zu reparieren.

8. **Sie befinden sich an einem fremden Ort, und jemand fragt Sie, wo Norden ist. Wie reagieren Sie?**
a. Ich gestehe, daß ich keine Ahnung habe.
b. Nach ein wenig Hinundherüberlegen äußere ich eine Vermutung.
c. Ich zeige meinem Gegenüber ohne Zögern, wo Norden ist.

9. **Sie haben eine Parklücke gefunden, die allerdings recht eng ist und in die Sie rückwärts einparken müßten. Wie verhalten Sie sich?**
a. Ich fahre weiter und suche nach einem anderen Parkplatz.
b. Ich versuche vorsichtig einzuparken.
c. Ich parke ohne Schwierigkeiten rückwärts ein.

10. **Sie schauen gerade fern, und das Telefon klingelt. Wie reagieren Sie?**
a. Ich gehe ans Telefon und lasse den Fernseher an.
b. Ich drehe die Lautstärke herunter und gehe dann ans Telefon.
c. Ich schalte den Fernseher aus, bitte alle anderen um Ruhe und gehe dann ans Telefon.

11. Sie haben gerade einen neuen Song von Ihrem Lieblingssänger gehört. Können Sie das Lied nachsingen?

a. Ich kann einen Teil des Liedes ohne Schwierigkeiten nachsingen.

b. Ich kann einen Teil nachsingen, wenn es sich um ein wirklich einfaches Lied handelt.

c. Es fällt mir schwer, mich an die Melodie zu erinnern, obwohl mir ein Teil des Textes im Ohr geblieben ist.

12. Wie stellen Sie die besten Prognosen?

a. Rein intuitiv.

b. Indem ich die mir zur Verfügung stehenden Informationen, aber auch mein »Gefühl« gegeneinander abwäge.

c. Durch Abwägen von Fakten, Statistiken und ähnlichen Informationen.

13. Sie haben Ihre Schlüssel verlegt. Wie verhalten Sie sich?

a. Ich tue etwas anderes, bis mir wieder einfällt, wo ich sie hingelegt habe.

b. Ich tue etwas anderes, versuche jedoch, mich daran zu erinnern, wo ich sie hingelegt habe.

c. Ich gehe Schritt für Schritt meine Handlungen noch mal durch, bis mir wieder einfällt, wo ich sie gelassen habe.

14. Sie befinden sich in einem Hotelzimmer und hören in der Ferne eine Sirene.

a. Ich kann ohne Zögern die genaue Richtung angeben, aus der das Geräusch kommt.

b. Wenn ich mich konzentrieren würde, könnte ich wahrscheinlich in die Richtung zeigen, aus der das Geräusch kommt.

c. Ich kann die Geräuschquelle nicht identifizieren.

15. Sie nehmen an einem gesellschaftlichen Ereignis teil und werden sieben oder acht Fremden vorgestellt. Wie sieht es am nächsten Tag bei Ihnen aus?

a. Ich erinnere mich an jedes der neuen Gesichter.

b. Ich erinnere mich an das eine oder andere Gesicht.

c. Ich erinnere mich wahrscheinlich eher an die Namen als an die Gesichter.

16. Sie möchten Ihren Urlaub auf dem Land verbringen, doch Ihr Partner/Ihre Partnerin möchte gerne ans Meer. Wie versuchen Sie, ihn/sie davon zu überzeugen, daß Ihr Reiseziel das bessere ist?

a. Ich versuche ihn/sie mit schmeichelnden Worten zu überzeugen: Wie sehr ich das Land liebe, und wieviel Spaß die Kinder und wir dort immer haben.

b. Ich sage ihm/ihr, daß ich ihm/ihr sehr dankbar wäre, wenn er/sie sich diesmal für einen Urlaub auf dem Land entscheiden könne, und daß ich den nächsten Urlaub dann gerne mit ihm/ihr am Meer verbringen würde.

c. Ich ziehe Fakten heran: Mein Urlaubsziel auf dem Land ist näher, billiger und bietet ausgezeichnete Sport- und Freizeitaktivitäten.

17. Was tun Sie, wenn Sie Ihren Tag planen?

a. Ich schreibe eine Liste, damit ich sehe, was getan werden muß.

b. Ich überlege mir, was ich erledigen muß.

c. Ich sehe vor meinem geistigen Auge die Leute, mit denen ich zusammentreffen werde, die Orte, an die ich hinfahren muß, und die Dinge, die ich erledigen will.

18. Ein Freund/eine Freundin hat ein persönliches Problem und möchte es mit Ihnen besprechen. Wie reagieren Sie?

a. Ich zeige mich mitfühlend und verständnisvoll.

b. Ich sage, daß die Dinge immer schlimmer aussehen, als sie sind, und erkläre, warum das meiner Meinung nach so ist.

c. Ich gebe Anregungen und vernünftige Ratschläge, wie das Problem gelöst werden kann.

19. Zwei Bekannte – beide jeweils anderweitig verheiratet – haben eine Affäre miteinander, die sie geheimzuhalten versuchen. Wie groß ist die Wahrscheinlichkeit, daß Sie dahinterkommen?

a. Ich komme schnell dahinter.

b. Die Wahrscheinlichkeit, daß ich es mitbekomme, ist fifty-fifty.

c. Ich bemerke wahrscheinlich überhaupt nichts davon.

20. Was ist für Sie das Wichtigste im Leben?

a. Freunde zu haben und in Einklang mit den Leuten um mich herum zu leben.

b. Freundlich zu anderen zu sein, während ich gleichzeitig meine persönliche Unabhängigkeit wahre.

c. Sinnvolle Ziele zu erreichen, mir den Respekt der anderen zu verdienen, Prestige und Aufstieg.

21. Wenn Sie die Wahl hätten, wie würden Sie am liebsten arbeiten?

a. In einem Team, in dem alle Leute an einem Strang ziehen.

b. Mit anderen, doch unter Beibehaltung des eigenen Freiraumes.

c. Als Selbständige/r.

22. Was für eine Art Bücher lesen Sie am liebsten?
a. Romane und Unterhaltungsliteratur.
b. Zeitschriften und Zeitungen.
c. Sachbücher, Autobiographien.

23. Wie gehen Sie vor, wenn Sie einkaufen?
a. Ich kaufe häufig aus einem Impuls heraus, vor allem Sonderangebote.
b. Ich weiß in etwa, was ich kaufen will, lasse mich jedoch vom Angebot leiten.
c. Ich lese die Etikette und vergleiche die Preise.

24. Haben Sie einen täglichen Rhythmus, was das Zubettgehen, das Aufwachen und das Einnehmen der Mahlzeiten betrifft?
a. Ich lasse mich von meiner Tageslaune leiten.
b. Ich habe einen einigermaßen geregelten Tagesablauf, bin aber flexibel.
c. Ich habe einen relativ starren Tagesablauf.

25. Sie haben eine neue Stelle, wo Sie viele neue Leute kennengelernt haben. Eine/r ihrer neuen ArbeitskollegInnen ruft Sie nach der Arbeit zu Hause an. Wie leicht fällt es Ihnen, die Stimme einzuordnen?
a. Ich habe keinerlei Schwierigkeiten, die Stimme einzuordnen.
b. Die Wahrscheinlichkeit, daß ich die Stimme erkenne, liegt bei fünfzig Prozent.
c. Ich habe Schwierigkeiten, die Stimme einzuordnen.

26. Was regt Sie am meisten auf, wenn Sie mit jemandem streiten?
a. Wenn der andere schweigt oder keine Reaktion zeigt.

b. Wenn der andere meinen Standpunkt nicht verstehen will.
c. Die bohrenden oder herausfordernden Fragen und Kommentare des anderen.

27. Wie gut waren Sie in der Schule beim Diktat- und Aufsatzschreiben?
a. Beides fiel mir relativ leicht.
b. Das eine lief ganz gut, aber das andere war ziemlich katastrophal.
c. Beides fiel mir schwer.

28. Wie gut tanzen Sie?
a. Ich kann die Musik »fühlen«, wenn ich erst einmal die Schritte gelernt habe.
b. Ich kann ein paar Schritte, bei anderen wiederum habe ich Probleme.
c. Ich kann weder den Takt noch den Rhythmus halten.

29. Wie gut können Sie Tiergeräusche identifizieren und nachahmen?
a. Nicht besonders gut.
b. Einigermaßen gut.
c. Sehr gut.

30. Was tun Sie am liebsten am Ende eines langen Tages?
a. Ich unterhalte mich mit Freunden oder mit meiner Familie über meinen Tag.
b. Ich höre anderen zu, wie sie über ihren Tag berichten.
c. Ich lese lieber Zeitung oder schaue fern, statt mich zu unterhalten.

Wie man die Summe errechnet

Zählen Sie zunächst zusammen, wie oft Sie mit a, b und c geantwortet haben, und verwenden Sie dann folgende Tabelle, um Ihre Gesamtpunktzahl zu errechnen:

Frauen:

Anzahl der a-Antworten mal 15 Punkte	**=**	
Anzahl der b-Antworten mal 5 Punkte	**=**	
Anzahl der c-Antworten mal minus 5 Punkte	**=**	
Gesamtpunktzahl	**=**	______

Männer:

Anzahl der a-Antworten mal 10 Punkte	**=**	
Anzahl der b-Antworten mal 5 Punkte	**=**	
Anzahl der c-Antworten mal minus 5 Punkte	**=**	
Gesamtpunktzahl	**=**	______

Für jede Frage, die auf Sie nicht zutraf beziehungsweise die Sie nicht beantworten konnten, geben Sie sich fünf Punkte.

Bestimmung der Geschlechtsspezifität des Gehirns

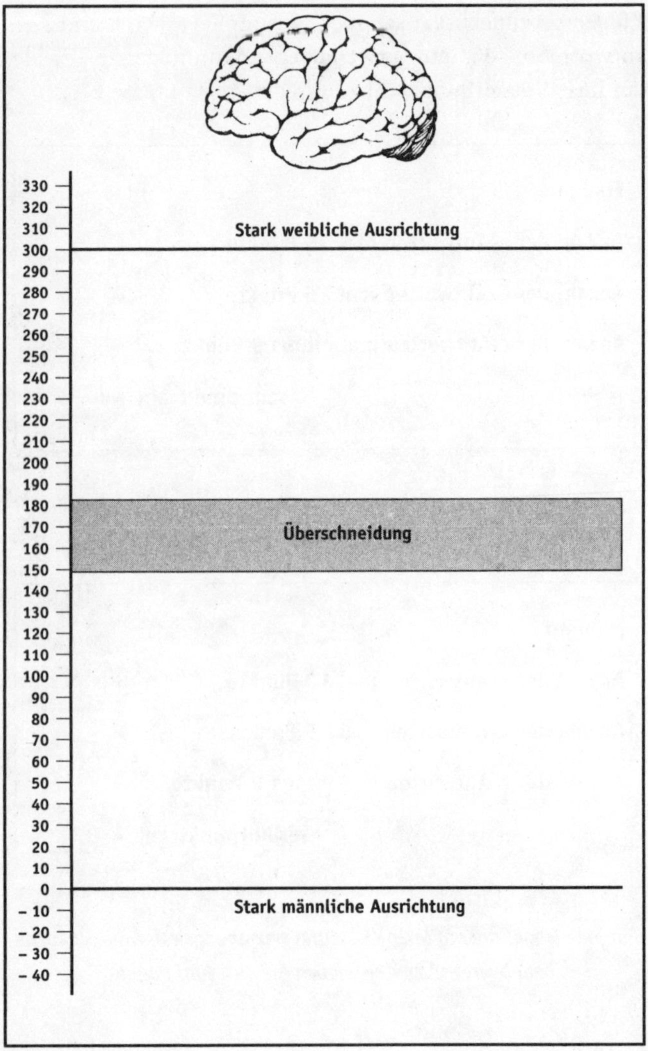

Analyse des Testergebnisses

Die meisten Männer werden eine Punktzahl zwischen 0 und 180 erreichen, die meisten Frauen eine Punktzahl zwischen 150 und 300. Ein Gehirn, dessen Denken hauptsächlich durch männliche Eigenschaften gekennzeichnet ist, erreicht in der Regel weniger als 150 Punkte. Je weiter die Punktzahl auf 0 zustrebt, desto männlicher ist das Gehirn und desto höher wird auch der Testosteronspiegel im Körper sein. Leute mit einem derartigen Gehirn verfügen normalerweise über streng logische, analytische und verbale Fähigkeiten und neigen zu diszipliniertem und gut organisiertem Verhalten. Je näher die erreichte Punktzahl bei 0 liegt, desto besser können diese Personen anfallende Kosten und die Ergebnisse von statistischen Daten berechnen, wobei Gefühle für sie so gut wie keine Rolle spielen. Der Minusbereich wird nur von extrem männlich orientierten Gehirnen erreicht. In diesen Fällen war der Embryo in seinen frühen Entwicklungsstadien großen Testosteronmengen ausgesetzt. Je niedriger die Punktzahl ist, die eine Frau erreicht, um so wahrscheinlicher ist es, daß sie lesbische Tendenzen hat.

Ein Gehirn, dessen Denken hauptsächlich durch weibliche Eigenschaften gekennzeichnet ist, erreicht in der Regel mehr als 180 Punkte. Je höher die Punktzahl, desto weiblicher die Orientierung des Gehirns und desto größer die Wahrscheinlichkeit, daß die betreffende Person über herausragende kreative, artistische oder musikalische Talente verfügt. Personen mit einem hauptsächlich weiblich orientierten Gehirn treffen die meisten Entscheidungen intuitiv oder »aus dem Bauch heraus«. Sie erkennen Probleme, die von anderen gar nicht wahrgenommen werden. Ebenso können sie Probleme gut mit Kreativität und Einfühlungsvermögen lösen. Je weiter die Punktzahl bei einem Mann über 180 liegt, desto größer ist die Wahrscheinlichkeit, daß er homosexuell ist.

Ein Mann mit einer Punktzahl unter 0 und eine Frau mit einer über 300 haben zwei Gehirne, die eine so grundverschiedene Orientierung aufweisen, daß sie wahrscheinlich nur eines gemeinsam haben, nämlich daß sie auf dem gleichen Planeten leben.

Die Überschneidung

Punktzahlen zwischen 150 und 180 deuten auf eine kompatible Denkweise für beide Geschlechter oder aber auf Bisexualität hin. Diese Personen legen keine eindeutig weiblichen oder männlichen Denkweisen an den Tag und lassen in der Regel eine Flexibilität in ihrem Denken erkennen, die überall dort von großem Vorteil sein kann, wo eine Gruppe auf die Lösung eines Problems hinarbeitet. Sie haben eine natürliche Veranlagung dafür, sowohl mit Frauen als auch mit Männern Freundschaft zu schließen.

Noch eine Anmerkung …

Seit Anfang der achtziger Jahre übersteigt unser Wissen über das menschliche Gehirn unsere wildesten Erwartungen. Der amerikanische Präsident George Bush erklärte die neunziger Jahre zum Jahrzehnt des Gehirns, und wir stehen unmittelbar davor, in das Jahrtausend des Geistes einzutauchen. In unseren Ausführungen zum menschlichen Gehirn und zu den unterschiedlichen Gehirnregionen haben wir gewisse neurowissenschaftliche Konzepte extrem vereinfacht, damit die Verständlichkeit nicht leidet. Doch am wichtigsten war es uns herauszuarbeiten, daß das Gehirn eine netzförmige Struktur aus Neuronen ist, die komplexe Zusammenschlüsse von Gehirnzellen bilden, aus denen sich wiederum die Gehirnregionen zusammensetzen.

Sie als Leser haben sicherlich nicht das Ziel, Neurowissenschaftler zu werden. Was Sie erwarten, ist ein grundlegendes Verständnis für die Gehirnfunktionen und ein paar Strategien, die im Zusammenleben mit dem anderen Geschlecht von Nutzen sein können. Es ist ziemlich einfach, die Region im Gehirn ausfindig zu machen, die für das räumliche Vorstellungsvermögen des Mannes zuständig ist, und entsprechende Strategien für den Umgang damit zu entwickeln. Hinter den genauen Ablauf von Gefühlen und ihrer Entstehung im Gehirn zu kommen ist viel schwieriger. Doch selbst ohne das entsprechende Wissen können wir relativ gut funktionierende Strategien für den Umgang mit unseren Gefühlen entwickeln.

4. Kapitel

Reden und Zuhören

Was Frauen sagen – was Männer hören

Allan und Barbara waren zu einer Cocktailparty eingeladen. Barbara hatte sich ein neues Kleid gekauft und wollte todschick auf der Party erscheinen. Sie hielt zwei Paar Schuhe hoch, ein Paar blaue und ein Paar goldene. Dann stellte sie Allan die gefürchtete Frage: »Liebling, welche Schuhe passen am besten zu meinem Kleid?«

Allan lief es eiskalt über den Rücken. Er wußte, daß er gleich in ziemlichen Schwierigkeiten stecken würde. »Äh … hmm … welche dir am besten gefallen, Liebling«, stammelte er.

»Also, nun sag schon, Allan«, forderte sie ihn ungeduldig auf, »welches Paar sieht besser zu meinem Kleid aus … das blaue oder das goldene?«

»Das goldene!« antwortete er nervös.

»Und was stört dich an den blauen Schuhen?« fragte sie. »Sie haben dir noch nie gefallen! Ich habe ein Vermögen dafür ausgegeben, und du findest sie fürchterlich, oder?«

Allans Schultern sackten nach vorne. »Wenn du meine Meinung nicht hören willst, Barbara, dann frag doch nicht!«

Er war der Meinung, daß er ein Problem lösen sollte, aber nachdem er es gelöst hatte, war sie alles andere als dankbar. Barbara hingegen hatte nichts anderes getan, als einer typisch weiblichen Tätigkeit nachzugehen: laut zu denken. Sie hatte sich bereits für ein bestimmtes Paar Schuhe entschieden und wollte keine andere Meinung dazu hören, sondern einfach nur die Bestätigung, daß sie gut aussieht. In diesem

Kapitel werden wir uns mit Verständigungsproblemen zwischen Männern und Frauen beschäftigen und ein paar neue Lösungsansätze vorstellen.

Die »Blaue-oder-goldene-Schuhe-Strategie«

Wenn sich eine Frau für eines von zwei Paar Schuhen entscheidet und fragt »blau oder golden?«, ist es wichtig, daß man als Mann keine Antwort gibt. Statt dessen sollte man es lieber mit einer Gegenfrage probieren: »Weißt du schon, welche du tragen willst, Liebling?«

Die meisten Frauen sind dann erst einmal verblüfft über diese Reaktion, weil die meisten Männer, die sie kennen, sofort ihre Vorlieben anmelden.

»Na ja ... ich dachte, ich ziehe vielleicht die goldenen an ...«, wird sie dann, leicht verunsichert, sagen.

In Wirklichkeit hat sie sich bereits für die goldenen Schuhe entschieden.

»Warum die goldenen?« sollte er dann fragen.

»Weil ich goldene Accessoires trage und mein Kleid ein goldenes Muster hat«, lautet ihre Antwort dann vielleicht.

Ein cleverer Mann wird sagen: »Wow! Eine gute Entscheidung! Du wirst einfach fabelhaft aussehen! Wirklich super! Gefällt mir!«

Und man kann sicher sein, daß er einen angenehmen Abend verleben wird.

Warum Männer nicht wirklich reden können

Wir wissen seit Jahrtausenden, daß Männer keine großen Gesprächskünstler sind, schon gar nicht im Vergleich zu

Frauen. Mädchen fangen nicht nur früher an zu sprechen als Jungen; ein dreijähriges Mädchen verfügt, verglichen mit einem dreijährigen Jungen, auch über einen doppelt so großen Wortschatz, und obendrein sind ihre Äußerungen praktisch zu hundert Prozent verständlich. Logopäden werden von Eltern belagert, die ihre kleinen Jungen zur Sprachtherapie bringen, weil sie »nicht richtig reden können«. Wenn der Junge eine ältere Schwester hat, wird dieser Unterschied in der Sprachgewandtheit noch deutlicher, besonders, weil ältere Schwestern und Mütter häufig für ihre Jungs das Reden übernehmen. Wenn man einen fünfjährigen Jungen fragt: »Wie geht es dir?«, wird man von seiner Mutter oder seiner Schwester die Antwort erhalten: »Gut, danke!«

> Mütter, Töchter und ältere Schwestern reden häufig für die männlichen Familienmitglieder.

Was Männer betrifft, ist die Sprache keine spezielle Fähigkeit des Gehirns. Für die Sprache ist bei ihnen ausschließlich die linke Gehirnhälfte zuständig, es gibt jedoch keine eigene Gehirnregion, die als Sprachzentrum fungieren würde. Studien an hirngeschädigten Menschen zeigen, daß die meisten Sprachstörungen bei Männern auftreten, wenn die linke/hintere Gehirnhälfte beschädigt ist, und bei Frauen, wenn es sich um die linke/vordere Gehirnhälfte handelt. Eine Kernspintomographie zeigt, daß bei Männern, wenn sie reden, die gesamte linke Gehirnhälfte aktiv wird, weil nach einem Sprachzentrum gesucht, aber keines gefunden wird. Die Folge davon ist, daß Männer keine besonderen Sprachgenies sind.

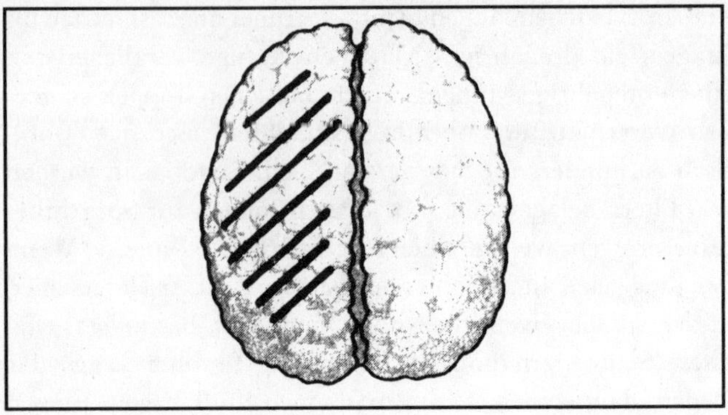

Dieser Bereich ist bei Männern für die Sprachfunktion zuständig.

Jungen neigen dazu zu nuscheln. Ihre Aussprache ist häufig unverständlicher als die von Mädchen. Sie füllen ihre Sätze mit »ähs« und »hms« und verschlucken eher als Mädchen die Endbuchstaben von Wörtern. Außerdem verwenden sie nur drei von den fünf Tonlagen, die Frauen beim Reden einsetzen. Wenn Männer sich zusammensetzen, um ein Fußballspiel im Fernsehen anzuschauen, dann tun sie auch genau das – ihre Unterhaltung beschränkt sich in der Regel auf »Wirf mir mal die Chips rüber« und »Hast du noch ein Bier?« Treffen sich dagegen Frauen, um sich gemeinsam ein Fernsehprogramm anzuschauen, dann ist das oft lediglich ein Vorwand, um mal wieder so richtig genüßlich zu quatschen. Bevorzugte Sendungen sind dann eher Seifenopern, deren Protagonisten und Handlungen bekannt sind, als Thriller mit kompliziertem Handlungsverlauf.

Wie unterschiedlich sich die beiden Geschlechter ausdrükken, wird nirgendwo so deutlich wie beim Sport. Man kann in jede beliebige Sportschau im Fernsehen reinschauen und wird feststellen, daß beispielsweise Basketballerinnen ihr Spiel in wenigen Worten exakt und hundertprozentig verständlich beschreiben können. Wenn dagegen männliche Spieler interviewt werden, ist es nicht nur schwer, den Sinn des wenigen, das sie von sich geben, zu erfassen – ihr Mund scheint sich auch kaum zu bewegen. Schon bei Teenagern ist der Unterschied auffällig. Als wir unsere halbwüchsige Tochter fragten, wie die Party war, zu der sie am Abend zuvor eingeladen gewesen war, lieferte sie uns einen ausführlichen Bericht über alles, was sich an dem Abend zugetragen hatte: wer was zu wem sagte, wie es den einzelnen Gästen ging und was sie trugen. Als wir unserem halbwüchsigen Sohn die gleiche Frage stellten, murmelte er nur: »Äh ... war in Ordnung.«

Am Valentinstag fordern Floristen Männer auf, »es mit Blumen zu sagen«, weil sie wissen, daß ein Mann Schwierigkeiten hat, es mit Worten auszudrücken. Eine Grußkarte zu kaufen ist für einen Mann nie das Problem. Seine Schwierigkeiten fangen erst an, wenn es darum geht, etwas daraufzuschreiben.

> Männer kaufen häufig Grußkarten, auf denen viel vorgedruckt steht. Dann müssen sie selbst nur noch wenig hinzufügen.

Männer haben sich zu Jägern und Nahrungslieferanten entwickelt, nicht zu Konversationsgenies. Während der Jagd waren nur wenige nonverbale Signale erforderlich, und die meiste Zeit saßen die Jäger schweigend nebeneinander und beobachteten ihre Beute. Weder redeten sie, noch mußten sie einander näherkommen. Wenn heutzutage Männer zusammen fischen gehen, können sie stundenlang nebeneinandersitzen, ohne ein einziges Wort von sich zu geben. Sie haben Spaß, freuen sich, daß sie Gesellschaft haben, aber es besteht für sie keine Notwendigkeit, das auch in Worte zu fassen. Wenn Frauen dagegen beisammen wären, ohne ein einziges Wort zu äußern, wäre das gleichbedeutend mit einem mittleren bis größeren Problem. Die einzige Gelegenheit, bei der sich Männer näherkommen, ist, wenn die Kommunikationssperre in ihrem stark in Schubladen unterteilten Gehirn aufgehoben wird – durch reichliche Mengen Alkohol!

Jungen und ihre Schulzeit

Wenn Jungen eingeschult werden, sind ihre Leistungen anfangs nicht besonders gut. Das liegt daran, daß ihre verbalen Fähigkeiten denen der Mädchen unterlegen sind. Häufig schneiden sie in Fremdsprachen, Deutsch und den künstlerischen Fächern schlecht ab. Sie kommen sich vor den redegewandteren Mädchen blöd vor, werden laut und stören den Unterricht. Der Gedanke, Jungen ein Jahr später einzuschulen, wenn ihre sprachliche Entwicklung auf dem Stand der um ein Jahr jüngeren Mädchen ist, scheint in diesem Zusammenhang recht sinnvoll. Dadurch würden sich Jungen wesentlich wohler fühlen und sehr viel weniger von der größeren Sprachgewandtheit gleichaltriger Mädchen eingeschüchtert sein.

In späteren Jahren fallen Mädchen in Physik und anderen wissenschaftlichen Fächern zurück, bei denen es auf das räumliche Vorstellungsvermögen ankommt. Doch während die Sprachförderkurse voller Jungen sind, deren besorgte Eltern hoffen und beten, daß ihr Sohn schließlich doch noch richtig lesen, schreiben und reden lernt, werden Mädchen nicht darin unterstützt, ein besseres räumliches Vorstellungsvermögen zu entwickeln. Irgendwann wählen sie einfach andere Fächer.

Männer waren noch nie große Konversationsgenies.

Mehrere Schulen in England trennen Jungen und Mädchen für gewisse Fächer wie zum Beispiel Englisch, Mathematik und die Naturwissenschaften. Die Shenfield High School in

Essex etwa ermöglicht es allen Schülern und Schülerinnen, in einer Umgebung zu lernen, in der sie keine Konkurrenz vom anderen Geschlecht zu befürchten haben. Bei Mathematikprüfungen werden den Mädchen Fragen gestellt, bei denen die Rahmenhandlung in einem Garten spielt, während die Prüfungsfragen für die Jungen als Rahmenhandlung eine Eisenwarenhandlung haben. Diese Art der Trennung setzt bei den natürlichen Vorlieben an, die sich aus der typisch männlichen und typisch weiblichen Programmierung des Gehirns ergeben. Die Resultate sind beeindruckend. In Englisch sind die Leistungen der Jungen viermal besser als der landesweite Durchschnitt, und die Leistungen der Mädchen in Mathematik und Naturwissenschaften sind beinahe doppelt so gut wie in anderen Schulen.

Warum Frauen so gut reden können

Bei Frauen gibt es einen abgegrenzten Gehirnbereich für die Sprache, der sich hauptsächlich in der vorderen linken Gehirnhälfte befindet, und einen kleineren Gehirnbereich in der rechten Hemisphäre. Diese Verteilung auf beide Gehirnhälften macht Frauen zu guten Gesprächspartnern. Sie reden gern und viel; da sie spezielle Sprachzentren im Gehirn haben, ist der Rest des Gehirns für andere Aufgaben frei. Frauen können deswegen gleichzeitig reden und etwas anderes tun.

Neuere Untersuchungen haben ergeben, daß ein Baby bereits im Mutterleib die Stimme seiner Mutter erkennt, wahrscheinlich aufgrund der Resonanz durch den Körper der Mutter. Ein vier Tage altes Baby kann die Sprachmuster der Muttersprache von denen einer Fremdsprache unterscheiden. Mit vier Monaten können Babys Lippenbewegungen

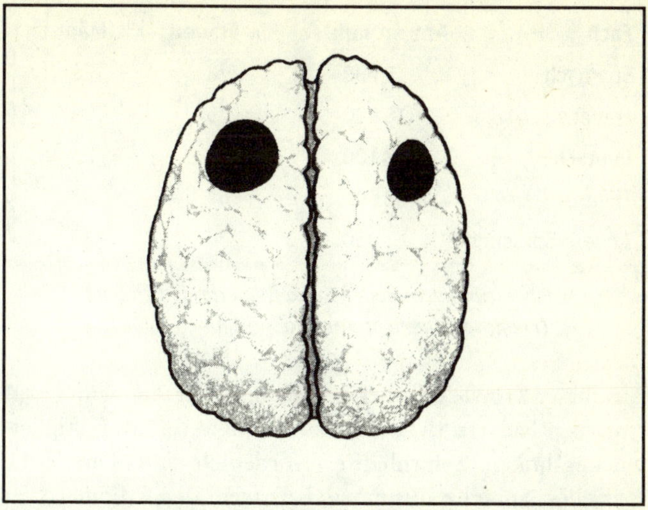

Diese beiden Bereiche sind bei Frauen für die Sprachfunktion zuständig.

erkennen, mit denen man Vokale formt. Noch vor ihrem ersten Geburtstag beginnen sie, ein Wort mit einer bestimmten Bedeutung zu verbinden. Wenn das Kind 18 Monate alt ist, verfügt es bereits über einen kleinen Wortschatz, der im Alter von zwei Jahren bei Mädchen auf bis zu 2 000 Wörter angewachsen ist. Sowohl intellektuell als auch körperlich gesehen ist das eine reife Leistung, wenn man es mit den Lernfähigkeiten eines Erwachsenen vergleicht.

Da es bei Mädchen ein eigenes Sprachzentrum im Gehirn gibt, lernen sie Fremdsprachen müheloser und schneller als Jungen. Es erklärt auch, warum Mädchen besser in Grammatik, Zeichensetzung und Rechtschreibung sind. In den 25 Jahren, die wir im Ausland Seminare gehalten haben, wurde uns nur selten ein männlicher Dolmetscher an die Seite gegeben – die meisten waren Frauen.

Fach	Anzahl Lehrer	% Frauen	% Männer
Spanisch	2 700	78	22
Französisch	10 200	75	25
Deutsch	8 100	75	25
Theater	8 900	67	33
Andere Sprachen	1 300	70	30

Fächer, für die verbale Fähigkeiten erforderlich sind (Fremdsprachenlehrer in Großbritannien 1998).

Aus dieser Tabelle geht hervor, wie hoch der Anteil an Frauen in den Fächern ist, für die ausgeprägte verbale Fähigkeiten der linken Gehirnhälfte erforderlich sind. Durch ihr spezielles Sprachzentrum sind Frauen den Männern in Sprachfertigkeit und Wortgewalt deutlich überlegen.

Die oben aufgeführten Zahlen zeigen, welch großen Einfluß selbst in den Bereichen mit der höchsten *political correctness* – Erziehungswesen und staatliche Einrichtungen – die weibliche und die männliche Ausrichtung des Gehirns auf die Fächerwahl hat. Vertreter der Chancengleichheit sind stolz darauf, daß die Hälfte *aller* Lehrer Männer und die andere Hälfte Frauen sind. Doch wie Sie sehen, unterrichten deutlich mehr Frauen als Männer in den Fächern, für die sprachliche Fähigkeiten erforderlich sind.

Die linke Gehirnhälfte steuert die Körperfunktionen der rechten Körperseite, was ein Grund dafür sein könnte, daß die meisten Menschen Rechtshänder sind. Das wäre auch eine Erklärung, weshalb die Handschrift der meisten Frauen leichter zu entziffern ist als die der Männer – das spezielle Sprachzentrum der Frauen ist auf den besseren Sprachgebrauch getrimmt, sowohl im mündlichen als auch im schriftlichen Bereich.

Warum Frauen nicht ohne Reden auskommen

Männergehirne sind stark in einzelne Bereiche unterteilt und können Informationen trennen und speichern. Am Ende eines problemreichen Tages kann ein Männergehirn die ganzen Probleme einfach in Schubladen ablegen. Das weibliche Gehirn dagegen kann Informationen nicht in der gleichen Weise ablegen – die Probleme spuken einer Frau unweigerlich weiter im Kopf herum.

> Männer können ihre Probleme in einen mentalen »Index« aufnehmen und in eine Warteschleife stellen. Die Probleme von Frauen hingegen laufen in ihrem Kopf Amok.

Die einzige Art und Weise, wie eine Frau ihre Probleme loswerden kann, ist, sie zur Kenntnis zu nehmen, indem sie darüber redet. Wenn eine Frau also am Ende eines Tages redet, sucht sie keine Lösungen und will auch keine Schlüsse ziehen, sie will sich einfach nur ihre Probleme von der Seele reden.

Die Hormonverbindung

Die Wissenschaftlerin Elizabeth Hanson von der University of Ontario hat eine Studie über den Zusammenhang zwischen der Leistungsfähigkeit einer Frau und dem Östrogenspiegel in ihrem Blut durchgeführt. Hanson fand heraus, daß ein niedriger Testosteronspiegel das räumliche Vorstellungsvermögen einer Frau ungünstig beeinflußt, während ein hoher Östrogenspiegel ihre Ausdrucksfähigkeit und ihre feinmotorischen Fähigkeiten positiv beeinflußt. Das erklärt, warum eine Frau während ihres Zyklus an den Tagen mit hohem Östrogenspiegel ruhig und gelassen ist und sich klar und verständlich ausdrücken kann. Umgekehrt ist ihre Ausdrucksfähigkeit an den Tagen mit hohem Testosteronspiegel nicht besonders gut, dafür ist ihr räumliches Vorstellungsvermögen besser. Sie schafft es dann vielleicht nicht, einen Mann mit einer wohlplazierten Bemerkung abzukanzeln. Dafür könnte sie ihn aus zwanzig Metern Entfernung mit einer Bratpfanne treffen.

Frauen reden einfach gern

Wenn Frauen beieinandersitzen, um sich einen Film anzuschauen, reden sie normalerweise alle gleichzeitig über eine Vielfalt von Themen, unter anderem über ihre Kinder, Männer, Karrieren und was sich sonst noch so in ihrem Leben ereignet. Wenn Männer und Frauen sich gemeinsam einen Film ansehen, endet das in der Regel damit, daß die Männer die Frauen verärgert auffordern, endlich mit dem Geschnatter aufzuhören. Männer können entweder reden *oder* einen Film anschauen, nicht beides auf einmal, und sie verstehen auch nicht, wie Frauen das können. Frauen ihrerseits sehen den Sinn des Beisammenseins darin, sich zu amüsieren und Beziehungen zu festigen, nicht darin, wie Fische stumm nebeneinanderzusitzen und mit weit aufgerissenen Augen auf einen Bildschirm zu glotzen.

Während der Werbung bittet ein Mann seine Frau häufig, ihm die Handlung des Films zu erklären und ihm zu sagen, in welcher Beziehung die Akteure zueinander stehen. Ein Mann ist unfähig, wie eine Frau die feinen Signale aufzufangen, die andere über ihre Gesten und ihre Mimik aussenden und die ihr enthüllen, wie sich die Personen fühlen. Da Frauen ursprünglich den ganzen Tag mit anderen Frauen und Kindern verbracht haben, haben sie gute kommunikative Fähigkeiten entwickelt, um Gemeinschaft herzustellen und Beziehungen zu festigen. Für eine Frau hat Reden immer noch den Sinn, Beziehungen zu pflegen und Freundschaften zu knüpfen. Männer dagegen sehen den Sinn des Redens darin, ihrem Gesprächspartner Fakten und Informationen zu übermitteln.

»... und da hat Jasmina Katharina gesagt, was Alex so treibt, weil ihr nicht klar war, daß Marie das schon wußte, weil Laura die Gerüchte bereits von Melissa erfahren und das Ganze Adam erzählt hatte, so daß Sam dachte ...«

Für Männer ist das Telefon ein Apparat, mit dessen Hilfe sie anderen Leuten Fakten und Informationen übermitteln; eine Frau sieht im Telefon ein Mittel, um Beziehungen zu pflegen. Eine Frau kann zwei Wochen mit ihrer besten Freundin im Urlaub gewesen sein, aber, sobald sie wieder zu Hause ist, nach dem Telefonhörer greifen, um mit derselben Freundin noch mal zwei Stunden am Telefon zu quatschen.

Es gibt keine hinreichenden Beweise dafür, daß Mädchen mehr reden als Jungen, weil sie durch ihre Umgebung darauf getrimmt wurden, etwa weil ihre Mütter mehr mit ihnen redeten. Der Psychiater Dr. Michael Lewis, Autor von *Social Behaviour and Language Acquisition*, hat Experimente durchgeführt, die ergaben, daß Mütter ihre kleinen Töchter häufiger als ihre kleinen Söhne anblicken und zu ihnen sprechen. Es gibt wissenschaftliche Beweise dafür, daß Eltern auf den geschlechtsspezifischen Unterschied im Gehirn ihrer Kinder reagieren. Da das Gehirn eines Mädchens besser dafür eingerichtet ist, Sprachsignale auszusenden und zu empfangen, reden wir auch häufiger mit dem Mädchen. Wenn Mütter aber versuchen, mit ihren Söhnen zu sprechen, werden sie in der Regel von deren kurzen, sich häufig in Grunzlauten erschöpfenden Antworten enttäuscht.

Männer reden stumm mit sich selbst

Männer haben sich zu Kriegern, Beschützern und Problemlösern entwickelt. Die Programmierung ihres Gehirns und ihre Konditionierung durch die Gesellschaft verhindern, daß sie Angst oder Unsicherheit zeigen können. Darum hört man häufig von einem Mann, den man um die Lösung eines Problems bittet, den Satz: »Gibst du mir ein paar Stunden?« oder »Ich werde darüber nachdenken.« Und genau das tut er dann auch – er denkt schweigend und mit ausdrucksloser Miene darüber nach. Erst wenn er die Lösung des Problems gefunden hat, wird er den Mund auftun, oder ein bestimmter Ausdruck wird über sein Gesicht huschen als Zeichen dafür, daß er jetzt bereit ist, seinen Lösungsvorschlag mitzuteilen. Männer debattieren hauptsächlich mit sich selbst, in ihren Köpfen, weil sie einfach nicht die Ausdrucksfähigkeit von Frauen haben, mit der diese mit ihrer Umwelt kommunizieren können. Wenn ein Mann dasitzt und aus dem Fenster starrt, enthüllt ein Gehirn-Scan, daß er eine Unterhaltung mit sich selbst führt, in seinem Kopf. Wenn eine Frau einen Mann bei eben dieser Beschäftigung antrifft, nimmt sie an, daß er gelangweilt oder faul ist, und versucht, mit ihm zu reden, oder gibt ihm etwas zu tun. Männer werden jedoch häufig ärgerlich, wenn man sie unterbricht. Wie wir bereits wissen, können sie nicht mehr als eine Sache gleichzeitig tun.

Die Nachteile stummen Redens

Treffen Männer aufeinander, ist es kein Problem, wenn einer von ihnen stumm mit sich selbst redet. Männer können über lange Zeiträume hinweg in einem Meeting sitzen, ohne daß viel gesprochen wird, und keiner fühlt sich dabei unwohl – wie beim Angeln. Männer gehen gerne mal abends nach der Arbeit zusammen fort, um »in Ruhe ein Bierchen« zu trinken, und genau das herrscht dann auch: Ruhe. Wenn ein Mann mit einer Frau oder einer Gruppe Frauen zusammen ist, denken die Frauen häufig, daß er sich absondert, schmollt oder einfach keine Lust hat, an ihren Gesprächen teilzunehmen. Wenn Männer besser mit Frauen auskommen wollen, müssen sie lernen, mehr zu reden.

Frauen denken laut

»Meine Frau macht mich wahnsinnig, wenn sie ein Problem hat oder darüber redet, was sie an diesem Tag alles vorhat«, berichtete ein Mann auf einem unserer Seminare. »Sie zählt laut die verschiedenen Möglichkeiten und die voraussichtlich Beteiligten auf, was sie noch machen muß und wohin sie noch gehen wird. Das lenkt so ungeheuer ab, daß ich mich auf überhaupt nichts mehr konzentrieren kann!«

> Eine Frau zählt ganze Listen mit den unterschiedlichsten Punkten in willkürlicher Reihenfolge laut auf, wobei sie alle Möglichkeiten und Eventualitäten einzeln nennt.

Das weibliche Gehirn ist auf das Verwenden von Sprache als wichtigstes Ausdrucksmittel programmiert, und darin liegt eine seiner Stärken. Wenn ein Mann fünf oder sechs Sachen zu erledigen hat, wird er sagen: »Ich habe noch ein paar Dinge zu tun. Wir sehen uns später!« Eine Frau dagegen wird jede Sache einzeln und in willkürlicher Reihenfolge aufzählen und dabei alle Möglichkeiten und Eventualitäten erwähnen, und das in voller Lautstärke. Das hört sich ungefähr so an: »Also, zuerst muß ich zur Reinigung und die Klamotten abholen. Das Auto muß gewaschen werden. Ach, übrigens, Peter hat angerufen, du sollst ihn zurückrufen. Dann hole ich das Paket von der Post ab. Eigentlich könnte ich auch ...« Und das ist einer der Gründe, warum Männer Frauen vorwerfen, daß sie zuviel reden.

Die Nachteile lauten Denkens

Frauen empfinden lautes Denken als freundliche Geste. Sie lassen damit andere an ihren Gedanken teilhaben. Doch Männer sehen das anders. Ein Mann meint, daß eine Frau ihm eine Liste mit Problemen vorlegt, die er für sie lösen soll, und so beginnt er sich Sorgen zu machen, regt sich auf oder versucht, ihr zu sagen, was sie tun soll. In einer geschäftlichen Besprechung halten Männer eine Frau, die laut denkt, für zerstreut, undiszipliniert oder dumm. Um einen Mann in derartigen Situationen zu beeindrucken, muß eine Frau ihre Gedanken für sich behalten und darf nur ihre Schlußfolgerungen laut äußern. In einer Beziehung müssen beide Partner lernen, mit der unterschiedlichen Art ihres Partners, Probleme zu lösen, umzugehen. Männer müssen lernen, daß eine Frau nicht unbedingt Problemlösungen von ihm erwartet, wenn sie ihm etwas erzählt. Und Frauen müssen lernen, daß durchaus alles in Ordnung sein kann, wenn ein Mann nicht den Mund aufmacht.

Frauen reden, Männer fassen es als Nörgeln auf

Beziehungen durch Reden aufzubauen und zu festigen hat absolute Priorität in der Programmierung des weiblichen Gehirns. Eine Frau kann mühelos zwischen 6 000 und 8 000 Wörter am Tag von sich geben. Außerdem setzt sie zwischen 2 000 und 3 000 Tongeräusche zur Kommunikation ein sowie 8 000 bis 10 000 Gesten, Gesichtsausdrücke, Kopfbewegungen oder andere Körpersignale. Zusammengerechnet sind das im Durchschnitt mehr als 20 000 »Kommunikationsträger« pro Tag, mit denen sie ihre Botschaften übermittelt. Das erklärt auch die kürzliche Nachricht der

British Medical Association, daß Frauen viermal so häufig an Kieferproblemen leiden wie Männer.

> »Einmal habe ich sechs Monate lang nicht mit meiner Frau gesprochen«, sagte der Komiker. »Ich wollte sie nicht unterbrechen.«

Vergleichen Sie das tägliche »Geplapper« einer Frau mit dem eines Mannes: Er gibt gerade mal zwischen 2 000 und 4 000 Wörter und 1 000 bis 2 000 Tongeräusche von sich, und die Signale seines Körpers beschränken sich auf 2 000 bis 3 000 pro Tag. Zusammengerechnet sind das im Durchschnitt nur etwa 7 000 »Kommunikationsträger« – etwas mehr als ein Drittel von dem, was eine Frau täglich von sich gibt.

Dieser Unterschied im Sprachverhalten wird vor allem am Ende eines Tages offensichtlich, wenn eine Frau und ein Mann sich zum Abendessen zusammensetzen. Er hat bereits sein tägliches Pensum von 7 000 Kommunikationsträgern erfüllt und verspürt keinerlei Bedürfnis mehr, sich zu unterhalten. Am liebsten würde er sich jetzt wie seine Vorfahren vor ein Feuer setzen und schweigend in die Flammen starren. Ihr Zustand dagegen hängt davon ab, was sie den Tag über gemacht hat. Wenn sie den ganzen Tag lang mit Leuten geredet hat, kann es sein, daß sie bereits ihre 20 000 »Wörter« aufgebraucht und ebenfalls wenig Lust zum Reden hat. Wenn sie dagegen kleine Kinder hat und den Tag über mit ihnen zu Hause war, kann sie froh sein, wenn sie 2 000 bis 3 000 »Wörter« losgeworden ist. Sie hat also noch über 15 000, die aus ihr raus müssen! Wir alle kennen nur zu gut den Ärger abends am Eßtisch.

Fiona: »Hallo, Liebling… schön, daß du wieder zu Hause bist. Wie war dein Tag?«

Michael: »Gut.«

Fiona: »Brian hat mir erzählt, daß du heute diesen wichtigen Vertrag mit Peter Gosper abschließen würdest. Wie ist es gelaufen?«

Michael: »Gut.«

Fiona: »Das freut mich! Er kann ein wirklich harter Kunde sein. Glaubst du, er wird sich an deine Ratschläge halten?«

Michael: »Ja.«

... und so weiter.

Michael fühlt sich wie in einem Verhör und wird ärgerlich. Er will einfach nur seine Ruhe. Um einem Streit aus dem Weg zu gehen, fragt er: »Und wie war dein Tag?«

Also erzählt sie es ihm. Und erzählt. Bis ins kleinste Detail. Alles, was am Tag so geschehen ist.

»Also ich hatte heute vielleicht einen Tag! Ich wollte nicht mit dem Bus in die Stadt fahren, weil der beste Freund meiner Cousine für die Busgesellschaft arbeitet und sie gewarnt hatte, daß es heute einen Streik geben würde, deswegen bin ich lieber zu Fuß gegangen. In der Wettervorhersage haben sie gesagt, daß es ein sonniger Tag werden würde, also habe ich mein blaues Kleid angezogen – du weißt schon, das Kleid, das ich mir damals in Amerika gekauft habe –, wo war ich gerade? Ach ja, ich bin also zu Fuß gegangen, und als ich da so langspazierte, ist mir Susan entgegengekommen und …«

Sie ist bemüht, ihr Pensum an noch nicht ausgesprochenen Wörtern zu erfüllen, während er sich fragt, warum sie nicht einfach den Mund halten und ihn in Ruhe lassen kann. Es kommt ihm vor, als ob er »zu Tode gequatscht« würde. »Ich will doch nichts weiter als ein bißchen Ruhe!« Diesen Satz hört man von Männern rund um die Welt. Ein Mann ist ein Jäger. Er hat den ganzen Tag nach Beute gejagt. Er will einfach nur am Feuer sitzen und in die Flammen starren. Die Probleme beginnen, wenn die Frau den Eindruck bekommt, daß er kein Interesse an ihr hat, und ärgerlich wird.

> Wenn ein Mann abschaltet, passiert es leicht, daß eine Frau sich ungeliebt fühlt.

Wenn eine Frau redet, geht es ihr hauptsächlich ums Reden. Ein Mann faßt ihr ständiges Gerede über Probleme allerdings als Bitte auf, ihr zu helfen und Lösungen für ihre Probleme zu finden. Mit seinem analytischen Gehirn verspürt er ständig das Verlangen, sie in ihrem Redefluß zu unterbrechen.

Fiona: »... und dann bin ich auf dem Gehweg ausgerutscht und habe mir den Absatz von meinem neuen Schuh abgebrochen, und dann ...«

Michael: (unterbricht sie): »Also wirklich, Fiona ... du solltest keine hochhackigen Schuhe zum Einkaufen anziehen! Ich habe mal eine Untersuchung darüber gelesen. Es ist einfach gefährlich! Zieh doch Halbschuhe an. Das ist sicherer!«

Er denkt: »Problem gelöst!«

Sie denkt: »Warum hält er nicht einfach den Mund und hört zu?«

Sie fährt fort.

Fiona: »... und als ich zum Auto zurückkam, war der hintere Reifen platt, und da ...«

Michael: (unterbricht sie erneut): »Wenn du das Auto an der Tankstelle volltankst, solltest du auch mal nach dem Reifendruck schauen, dann würde dir das nicht passieren!«

Er denkt: »Noch ein Problem, das ich für sie gelöst habe.«

Sie denkt: »Warum ist er nicht endlich ruhig und hört zu?«

Er denkt: »Warum ist sie jetzt nicht ruhig und läßt mich in Frieden? Muß ich denn wirklich *alle* Probleme für sie lösen? Warum kann sie es nicht gleich beim ersten Mal richtig machen?«

Sie ignoriert seine Unterbrechungen und redet weiter.

Wir haben mit Tausenden von Frauen überall auf der Welt gesprochen, und alle sind sich in einem Punkt einig:

> Wenn eine Frau am Ende eines Tages ihre ganzen unausgesprochenen Wörter endlich von sich gibt, will sie nicht mit Lösungsvorschlägen zu ihren Problemen unterbrochen werden.

Die gute Neuigkeit für die Männer: Sie müssen nicht antworten, sie sollen nur zuhören. Wenn eine Frau sich alles von der Seele geredet hat, fühlt sie sich erleichtert und glücklich. Obendrein wird sie auch noch denken, daß Sie ein wunderbarer Mann sind, weil Sie ihr zugehört haben, und so bestehen gute Chancen, daß Sie einen angenehmen Abend verbringen werden.

»Ich hoffe, ich habe nicht zuviel geredet!!«

Über die Probleme des Alltags zu reden, ist eine Art der modernen Frau, mit Streß umzugehen. Frauen empfinden diesen Austausch als beziehungsstärkend, er gibt ihnen Halt. Das ist auch der Grund, warum sich hauptsächlich Frauen an Beratungsstellen wenden und warum die meisten Lebensberater Frauen sind, die geschult wurden, zuzuhören.

Warum Beziehungen in die Brüche gehen

74 Prozent aller Frauen, die arbeiten, und 98 Prozent aller Frauen, die zu Hause bleiben, nennen als größten Fehler ihrer Ehemänner und Partner deren Widerwillen zu reden, besonders am Ende des Tages. Frühere Generationen von Frauen hatten dieses Problem nie, denn um sie herum waren ständig haufenweise Kinder und andere Frauen, mit denen

sie sich unterhalten konnten und die ihnen eine Stütze waren. Mütter, die heutzutage zu Hause bleiben, fühlen sich leicht isoliert und einsam, weil viele ihrer Nachbarinnen arbeiten. Berufstätige Frauen haben weniger Probleme mit schweigsamen Männern, weil sie während des Tages mit anderen Leuten Kontakt haben. An diesem Zustand ist niemand schuld. Wir sind die erste Generation, die über keine passenden Rollenmodelle für erfolgreiche Partnerschaften verfügt. Unsere Eltern kannten solche Probleme nicht. Doch man sollte nicht den Mut verlieren, denn die neuen Fertigkeiten, die man zum Überleben braucht, können erlernt werden!

Wie Männer reden

Die Sätze eines Mannes sind kürzer und klarer strukturiert als die einer Frau. Der Satzbeginn ist in der Regel unkompliziert, die Aussage klar, und am Ende gibt es eine Schlußfolgerung. Einem Mann kann man in aller Regel leicht bei seinen Ausführungen folgen. Wenn man jedoch mit einem Mann redet und mehrere Themen ineinander verflicht, wird er schon bald ratlos vor einem stehen. Frauen dürfen nie vergessen, daß sie nur einen klaren Gedanken oder ein klares Konzept auf einmal auf den Tisch bringen sollten, wenn sie einen Mann überzeugen oder zu etwas überreden wollen.

> Die erste Regel im Gespräch mit einem Mann lautet: Halten Sie es möglichst einfach! Man sollte einem Mann gegenüber nie mehr als eine Sache gleichzeitig ansprechen.

Wenn man einer gemischten Gruppe den eigenen Standpunkt erklären will, sollte man sicherheitshalber die männliche Satzstruktur wählen, um die Kernaussagen zu erläutern. Die Redeweise von Männern verstehen auch Frauen, während Männer es schwierig finden, dem auf mehreren Ebenen ablaufenden Sprechakt einer Frau zu folgen, und das führt unter Umständen dazu, daß Männer schnell jegliches Interesse am Gespräch verlieren.

Frauen sind mehrspurig veranlagt

Weil bei Frauen ein großer Informationsaustausch zwischen linker und rechter Gehirnhälfte stattfindet und sie darüber hinaus über eigene Sprachzentren im Gehirn verfügen, können sie in der Regel über mehrere Themen gleichzeitig reden – und das manchmal sogar in einem einzigen Satz. Diese Art des Redens gleicht ein wenig dem Jonglieren mit drei oder vier Bällen, und die meisten Frauen scheinen das mühelos zu beherrschen. Und nicht nur das – Frauen können mit den unterschiedlichsten Themen auch mit anderen Frauen zusammen jonglieren, die ihrerseits genau das gleiche tun – und keine von ihnen scheint jemals einen einzigen »Ball« zu Boden fallen zu lassen.

Nach dem Gespräch ist dann jede Frau über die unzähligen Themen, die betreffenden Ereignisse und deren Bedeutung voll im Bilde. Dieses Mehrspurfahren der Frau ist für einen Mann ziemlich frustrierend, denn das männliche Gehirn ist ein einspuriges System. Wenn ein paar Frauen zusammensitzen und die unterschiedlichsten Themen auf mehreren Ebenen bearbeiten, können sie damit einen Mann vollkommen verwirren und regelrecht benommen machen.

Eine Frau fängt manchmal an, über ein bestimmtes Thema zu reden, schaltet dann mitten im Satz zu einem gänzlich anderen um und kehrt, ohne Vorwarnung, zum ersten zurück, dem sie sicherheitshalber noch ein paar vollkommen neue Elemente hinzufügt. Männer sind spätestens bei der dritten unerwarteten Wendung total rat- und hilflos. Als Beispiel hier eine Unterhaltung aus dem Pease-Haushalt:

Allan:	»Moment mal – wer sagte was zu wem im Büro?«
Barbara:	»Ich rede nicht vom Büro, ich rede von meinem Schwager.«
Allan:	»Von deinem Schwager? Ich habe gar nicht mitgekriegt, daß du das Thema gewechselt hast!«
Barbara:	»Nun, dann mußt du eben besser aufpassen. Du bist der einzige, der mich nicht verstanden hat.«
Fiona: (Schwester)	»Ja, ich habe kapiert, wovon sie geredet hat.«
Jasmine: (Tochter)	»Und ich habe es auch kapiert. Papa, du bist so schwer von Begriff! Du kommst einfach nie mit!«
Allan:	»Ach, ihr Frauen, ich geb's auf!«
Cameron: (Sohn)	»Ich auch. Das kann ja lustig werden, wenn ich groß bin!«

> Männer können über labyrinthartig verlaufende Seitengäßchen von Punkt A nach Punkt B finden. Aber setzt man sie mitten unter Frauen aus, die alle gleichzeitig mehrere Themen diskutieren, wird man feststellen, daß sie in kürzester Zeit nicht mehr wissen, wo sie sind.

Die Leichtigkeit im mehrspurigen Umgang mit komplexen und vielschichtigen Aufgaben ist allen Frauen gemein. Ein schönes Beispiel sind Sekretärinnen. Für ihre Arbeit ist es unerläßlich, daß sie mehrere unterschiedliche Aufgaben gleichzeitig ausführen können. Entsprechend ist es auch nicht überraschend, daß 1998 von den 716 148 Büroangestellten und SekretärInnen in Großbritannien 99,1 Prozent Frauen waren; ganze 5 913 Männer waren darunter. Es gibt Leute, die diese Tatsache darauf zurückführen, daß Mädchen bereits in der Schule auf solche Berufe gepolt werden. Dabei wird jedoch leicht vergessen, daß Frauen im Vergleich zu Männern einfach überragende verbale und organisatorische Fähigkeiten sowie die Anlagen haben, um mehrere Aufgaben gleichzeitig zu erledigen. Selbst in Bereichen, in denen die Stellen streng nach Chancengleichheit vergeben werden – wie beispielsweise der Gemeinde, in Beratungseinrichtungen und im Wohlfahrtssystem –, waren 1998 in Großbritannien von insgesamt 144 266 Beschäftigten 43 816 Männer und 100 450 Frauen. Überall, wo kommunikative Fähigkeiten und verbale Gewandtheit gefragt sind, dominieren Frauen.

Was Gehirn-Scans zeigen

Gehirn-Scans belegen, daß bei Frauen, die reden, sowohl das Sprachzentrum der vorderen linken Gehirnhälfte als auch das der vorderen rechten Gehirnhälfte aktiv ist. Gleichzeitig sind die Hörfunktionen aktiv. Diese beeindruckende Tatsache versetzt eine Frau in die Lage, gleichzeitig reden und zuhören zu können, und zwar auch dann, wenn es um vollkommen unterschiedliche Themen geht. Männer waren baff, als sie zum ersten Mal erfuhren, daß Frauen diese Fähigkeit besitzen, dachten sie doch immer, Frauen wären nichts weiter als ein wild durcheinanderschnatterndes Volk.

> Frauen können simultan reden und zuhören, während sie gleichzeitig Männern vorwerfen, daß sie zu beidem nicht fähig seien.

Wegen ihres Redeflusses sind Frauen seit Jahrtausenden Zielscheibe männlichen Spotts. Rund um den Erdball hören wir Männer immer die gleichen Worte sagen: »Sieh dir nur die Frauen an, wie sie alle auf einmal reden, blablabla, und keine hört der anderen zu!« Chinesen, Deutsche und Norweger bekritteln das genauso wie Afrikaner und Eskimos.

Wie man am besten mit Männern redet

Männer unterbrechen einander normalerweise nur, wenn sie aggressiv werden oder sich gegenseitig zu übertrumpfen versuchen. Wenn man mit einem Mann reden will, ist die einfachste Strategie die, ihn nicht zu unterbrechen, während er spricht. Eine harte Aufgabe für eine Frau, denn für sie bedeutet gleichzeitiges Reden, daß sie Interesse an dem Gespräch hat und ihr an der Beziehung gelegen ist! Eine Frau hat das Bedürfnis, das Gespräch auf mehreren Ebenen zu führen, um den Mann zu beeindrucken oder ihm zu zeigen, wie wichtig er ihr ist. Tut sie das allerdings, wird sie auf taube Ohren stoßen, denn er kann sie schlicht nicht hören. Auch wird er ihr diese in seinen Augen unhöfliche Unterbrechung übelnehmen.

Männer reden nacheinander. Wenn also ein Mann mit Reden »dran« ist, dann lassen Sie ihn auch reden.

»Hör endlich auf, mich dauernd zu unterbrechen!« schreien Männer Frauen auf der ganzen Welt und in jeder Sprache an. Die Sätze eines Mannes sind problemorientiert aufgebaut, und der Satz muß zu Ende gesprochen werden, sonst ist das Gespräch für einen Mann sinnlos. Er kann nicht mit mehreren Bällen gleichzeitig jonglieren, und wenn er sich mit jemandem unterhält, der das tut, hält er ihn für unhöflich oder zerstreut. Diese Denkweise ist einer Frau fremd. Und so kommt es, daß sich in einer typischen Unterhaltung zwischen einer Frau und einem Mann die Gemüter so erhitzen, daß der Mann schließlich – am Ende seiner Geduld – verbal zurückschlägt: In 76 Prozent aller Fälle unterbricht ein Mann seine Redepartnerin mitten im Satz!

Warum Männer gern große Töne spucken

Da der Jäger über kein in einer bestimmten Gehirnregion verankertes Sprachzentrum verfügte, mußte er lernen, maximalen Informationsgehalt über eine minimale Anzahl von Wörtern zu übermitteln, und so entwickelte sein Gehirn spezielle Bereiche für das Vokabular. Diese befinden sich beim Mann im vorderen und hinteren Teil des Gehirns. Bei Frauen sind sie in beiden Gehirnhälften vorne und hinten, stellen allerdings keine stark ausgeprägten Regionen dar. Die Definition und die exakte Bedeutung der Wörter sind für eine Frau nicht so wichtig, weil sie sich stark auf die Intonation verläßt, wenn es um die Wortbedeutung und den Sinn geht, und auf die Körpersprache, wenn es um den emotionalen Gehalt der Botschaft geht.

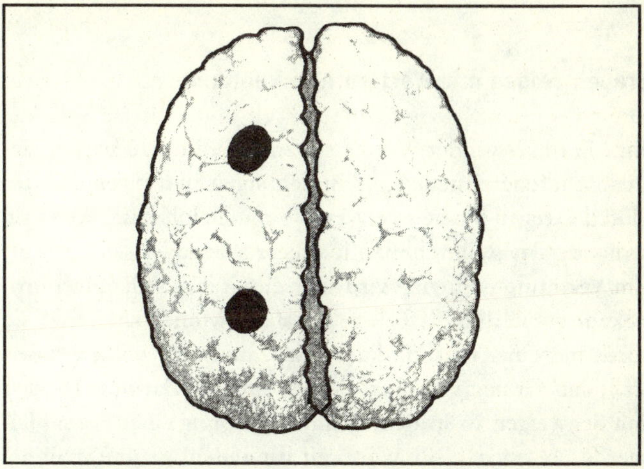

Bereiche für das Vokabular im männlichen Gehirn

Deshalb ist für Männer die exakte Bedeutung der Wörter so wichtig, und deshalb verwenden sie Definitionen, um einen Vorteil gegenüber einem anderen Mann oder einer Frau auszuspielen. Männer benutzen die Sprache, um miteinander zu wetteifern, und Definitionen werden bei diesem Spiel zu einer wichtigen Taktik. Nehmen wir an, jemand wirft mit schlagkräftigen Argumenten um sich und sagt schließlich etwas in der Art wie »Er hat von diesem und jenem geredet, das Entscheidende ist aber nicht rübergekommen, und eigentlich wußte keiner so recht, wovon er sprach«. Dann kommt es vor, daß ein anderer Mann ihn unterbricht und sagt: »Sie meinen, er hat sich nicht *klar genug artikuliert*?«, um den Sinn des Gesagten besser zu umschreiben und einen »Vorsprung« gegenüber seinem Konkurrenten zu ergattern.

Oder er verwendet den Ausdruck »artikulieren«, um den gesamten Satz seines Konkurrenten kurz und prägnant zusammenzufassen.

Frauen zeigen mit Wörtern Anerkennung

Eine Frau verwendet Wörter, um Anteilnahme zu zeigen, Gemeinschaft herzustellen und Beziehungen zu festigen. Wörter sind deswegen für sie so etwas wie eine Belohnung. Wenn sie jemanden mag, ihm abkauft, was er sagt, oder seine Freundin/Vertraute sein will, wird sie viel mit ihm reden. Der umgekehrte Fall gilt natürlich genauso. Manchmal redet sie nicht mit einer Person, die sie bestrafen oder wissen lassen will, daß sie sie nicht mag. Frauen sind gut darin, jemanden mit Schweigen zu strafen, und die Drohung einer Frau: »Ich werde nie wieder ein Wort mit dir reden!« sollte man als Mann unbedingt ernst nehmen!

> Wenn eine Frau sich viel mit Ihnen unterhält, mag sie Sie. Wenn sie kein Wort mit Ihnen wechselt, haben Sie ein Problem.

Der durchschnittliche Mann braucht zirka neun Minuten, um zu kapieren, daß eine Frau ihn durch Schweigen bestraft. Bis die Neun-Minuten-Grenze erreicht ist, betrachtet er ihr Schweigen noch als eine Art Bonus: Endlich bekommt er mal ein bißchen »Ruhe und Frieden«. Männer auf der ganzen Welt beklagen sich darüber, daß Frauen zuviel reden. Stimmt, im Vergleich zu Männern reden sie wirklich eine ganze Menge!

Frauen sind indirekt

Es begann als nette, entspannte Wochenendtour durch ein wunderschönes Tal, das nur wenige Stunden von ihrem Haus entfernt lag. Als die Straße sich in Biegungen und Kurven um die Berge zu schlängeln begann, schaltete John das Radio aus, um sich besser auf die Fahrt konzentrieren zu können. Er konnte schlecht auf die Kurven achten und gleichzeitig Musik hören.

»John«, sagte da seine Freundin Allison, »möchtest du vielleicht einen Kaffee?«

John lächelte.

»Nein danke, nicht jetzt«, antwortete er und dachte, wie nett es von ihr war zu fragen. Kurze Zeit später fiel John auf, daß Allison merkwürdig schweigsam war. Er befürchtete, etwas falsch gemacht zu haben. »Alles in Ordnung, Liebling?« fragte er.

»Alles *bestens*!« schnappte sie zurück.

Verwirrt fragte er: »Äh ... und wo liegt das Problem?«

Sie schnaubte spöttisch. »Du wolltest nicht anhalten!«

Johns analytisches Hirn versuchte, sich daran zu erinnern, zu welchem Zeitpunkt sie das Wort »anhalten« geäußert haben mochte. Er kam zu dem Schluß, daß sie es gar nicht geäußert hatte, und sagte ihr das. Sie erwiderte, daß ihm ein bißchen mehr Feingefühl nicht schaden könne, denn als sie ihn gefragt habe, ob er einen Kaffee wolle, habe sie in Wirklichkeit gemeint, daß sie selbst gerne eine Tasse Kaffee getrunken hätte.

»Woher soll ich das denn wissen? Bin ich Hellseher?« war seine entnervte Antwort.

»Red nicht so lange um den heißen Brei herum, sag endlich, was du meinst!« – noch so ein Satz, mit dem Männer auf der ganzen Welt gern Frauen anfahren. Die Ausdrucksweise einer Frau ist *indirekt*, das heißt, sie deutet das, was sie will, nur an oder redet eben »um den heißen Brei herum«. Diese indirekte Ausdrucksweise ist eine weibliche Spezialität und dient einem ganz bestimmten Zweck: Sie hilft, Beziehungen zu festigen, in dem Aggressionen, Konfrontationen und Unstimmigkeiten vermieden werden. Sie paßt perfekt zum allgemeinen Wesen der »Nesthüterin«, deren Harmoniebestreben gemeinschaftsfördernd ist.

> Zwischen Frauen schafft die indirekte Ausdrucksweise Harmonie. Meistens funktioniert sie jedoch nicht bei Männern, denn die verstehen die Spielregeln nicht.

Das Gehirn der Frau ist »vorgangsorientiert«. Frauen lieben den Vorgang des miteinander Redens. Männer finden diesen Mangel an Struktur und Zielstrebigkeit äußerst verwirrend und werfen Frauen vor, sie wüßten nicht, wovon sie sprächen. Im Arbeitsleben kann sich die indirekte Ausdrucksweise katastrophal für Frauen auswirken, weil Männer keiner auf mehreren Ebenen ablaufenden, indirekten Unterhaltung folgen können. Im schlimmsten Fall werden die Vorschläge, Anliegen oder Karrierebestrebungen einer Frau aus diesem Grunde abgelehnt. Für das Anknüpfen und Festigen von Beziehungen ist die indirekte Ausdrucksweise sicherlich hervorragend geeignet. Doch wenn erst einmal Autos zusammenstoßen oder Flugzeuge abstürzen, weil der Fahrer oder der Pilot sich nicht im klaren darüber war, was ihm eigentlich gesagt wurde, verkehrt sich dieser Vorteil schnell ins Gegenteil.

In der indirekten Ausdrucksweise werden in der Regel viele abschwächende Begriffe verwendet, wie beispielsweise

»oder so«, »also, na ja« und »ein bißchen«. Stellen Sie sich mal vor, was passiert wäre, wenn der britische Premierminister Winston Churchill, der während des Zweiten Weltkrieges in England an der Macht war, die indirekte Ausdrucksweise gewählt hätte, um die Alliierten gegen die Hitler-Bedrohung zu mobilisieren. Das hätte sich dann ungefähr so angehört: »Wir werden sie mal an den Stränden bekämpfen, oder so, wir werden sie ein bißchen auf dem Land bekämpfen, wir werden uns, also, na ja, nie ergeben, sozusagen.« Auf diese Art »mobilisiert«, hätten sie vielleicht sogar den Krieg verloren.

Wenn eine Frau diese indirekte Ausdrucksweise im Gespräch mit einer anderen Frau verwendet, gibt es keine Probleme. Frauen haben Antennen dafür, die versteckten Botschaften aufzufangen. Im Gespräch mit Männern hingegen kann diese Ausdrucksweise verheerende Auswirkungen haben, weil der Sprachstil von Männern sehr direkt ist und sie alles wörtlich auffassen. Doch mit Geduld und Übung können Frauen und Männer lernen, sich trotzdem zu verstehen.

Männer sind direkt

Die Sätze eines Mannes sind kurz, direkt, problemorientiert und konzentrieren sich aufs Wesentliche. Männer verwenden ein größeres Vokabular, und im Zentrum ihrer Sätze stehen Fakten. Sie verwenden Quantoren wie »kein/e«, »nie« und »absolut«. Mit dieser Ausdrucksweise kann man gut und schnell einen Deal aushandeln, sie ist ein Mittel, um anderen gegenüber Autorität zu demonstrieren. Wenn Männer diese direkte Ausdrucksweise aber in ihren persönlichen Beziehungen verwenden, erscheinen sie oft kurz angebunden und unhöflich.

Betrachten Sie einmal folgende Sätze:

1. Mach mir ein Omelett zum Frühstück!
2. Machst du mir ein Omelett zum Frühstück?
3. Könntest du mir bitte ein Omelett zum Frühstück machen?
4. Meinst du nicht, wir sollten ein Omelett zum Frühstück essen?
5. Was hältst du von einem Omelett zum Frühstück?
6. Ein Omelett zum Frühstück wäre schon was Feines!

Diese Bitten nach einem Omelett gehen von total direkt zu total indirekt. Die ersten drei Sätze werden am ehesten von Männern ausgesprochen und die letzten drei am ehesten von Frauen. In allen wird die gleiche Bitte ausgedrückt, nur eben mit anderen Worten. Man kann sich vorstellen, daß der Appetit auf ein Omelett leicht in Tränen enden kann, wenn sie ihm an den Kopf wirft: »Du ungehobelter Flegel! Mach dir dein dämliches Omelett doch selber!«, während er genervt vor sich hin knurrt: »Du kannst nicht mal eine so einfache Entscheidung selbst treffen! Ich gehe zu McDonald's!«

Was man dagegen tun kann

Männer müssen verstehen lernen, daß diese indirekte Ausdrucksweise Teil der weiblichen Gehirnstruktur ist und daß sie sich nicht darüber aufregen sollten. Um eine persönliche Beziehung zu einer Frau aufzubauen, muß ein Mann zuhören können, er muß »Zuhörgeräusche« von sich geben und Körpersprache verwenden lernen – mehr darüber weiter unten. Er braucht ihr keine Lösungsvorschläge zu unterbreiten oder gar ihre Motive zu hinterfragen. Wenn eine Frau ein

Problem zu haben scheint, ist die beste Methode für einen Mann, sie zu fragen: »Willst du, daß ich dir wie ein Mann zuhöre oder wie eine Frau?« Wenn sie will, daß er ihr wie eine Frau zuhört, muß er einfach zuhören und ihr Mut zusprechen. Wenn sie will, daß er ihr wie ein Mann zuhört, kann er Lösungsvorschläge machen.

> Wenn man will, daß ein Mann einem zuhört, sollte man ihn frühzeitig davon in Kenntnis setzen und ihm die Punkte, die man mit ihm diskutieren möchte, vorab mitteilen.

Wenn man größtmöglichen Eindruck bei einem Mann schinden möchte, sollte man ihm mitteilen, über was man mit ihm wann reden will. Beispiel: »Ich würde gerne mit dir über ein Problem reden, das ich mit meinem Chef habe. Hättest du nach dem Abendessen Zeit, so gegen sieben?« Eine derartige Anfrage spricht den logischen Aufbau des männlichen Gehirns an, der Mann merkt, daß die Frau ihn ernst nimmt, und ihr Problem kann durchgesprochen werden. Ein indirekter Ansatz wäre: »Niemand würdigt meine Arbeit!«, was Probleme hervorrufen würde, weil ein Mann eine derartige Aussage sofort auf sich beziehen und in die Defensive gehen würde. In westlichen Ländern nutzen Männer die direkte Ausdrucksweise, wenn sie mit anderen Männern über Geschäfte reden. In östlichen Ländern ist dies nicht der Fall. So ist die indirekte Ausdrucksweise in Japan beispielsweise in der Geschäftswelt gang und gäbe, und Leute, die die direkte Ausdrucksweise wählen, werden als kindisch oder naiv betrachtet. Ausländer, welche die direkte Ausdrucksweise verwenden, stuft man als unreif ein.

Wie man einen Mann zum Handeln bringt

Als Meisterin der indirekten Formulierung von Sätzen stellt eine Frau Kannst-du- und Könntest-du-Fragen: »Könntest du mal den Müll rausbringen?« »Kannst du die Kinder abholen?« Ein Mann versteht ihre Fragen wörtlich. Wenn sie also fragt: »Kannst du die Glühbirne auswechseln?« versteht er: »Bist du imstande, die Glühbirne auszuwechseln?«, Ein Mann deutet gerartige »Kannst du«-Fragen als Kontrolle seiner Fähigkeiten. Deswegen lautet seine logische Antwort auch Ja, er *könnte* den Müll rausbringen, und Ja, er *kann* die Glühbirne auswechseln. Diese Worte bedeuten für ihn allerdings keine Verpflichtung, es auch tatsächlich zu tun. Außerdem fühlen sich Männer manipuliert und genötigt, eine »Ja-Antwort« zu geben.

Wenn man einen Mann motivieren will, muß man Wirst-du- und Würdest-du-Fragen stellen, um eine verbindliche Antwort zu bekommen. Beispiel: »Wirst du mich heute abend anrufen?« fordert eine Verpflichtung für den Abend heraus, und ein Mann muß darauf mit Ja oder Nein antworten. Es ist besser, ein Nein auf eine Wirst-du- oder Würdest-du-Frage zu bekommen und zu wissen, woran man ist, als ein Ja auf jede Kannst-du- oder Könntest-du-Frage. Ein Mann, der eine Frau um ihre Hand bittet, fragt: »Willst du mich heiraten?« beziehungsweise »Möchtest du mich heiraten?« Niemals würde er fragen: »*Kannst* du mich heiraten?«

Die Sprache der Frauen ist emotional, die der Männer wörtlich

Da das Vokabular keinen übertrieben hohen Stellenwert im Gehirn einer Frau einnimmt, verleitet sie das häufig zu der

Annahme, die genaue Definition von Wörtern sei irrelevant. Und so nimmt sie sich dann dichterische Freiheiten heraus und scheut auch nicht davor zurück, mal ein wenig dick aufzutragen – des besseren Effekts wegen. Männer nehmen allerdings jedes Wort, das aus ihrem Mund kommt, für bare Münze und reagieren dementsprechend.

Bei einer Auseinandersetzung versucht der Mann, die von einer Frau verwendeten Wörter zu definieren, um so »gewinnen« zu können. Kommt Ihnen folgende Auseinandersetzung bekannt vor?

Robyn: »Du hast *immer* etwas auszusetzen an dem, was ich sage!«

John: »Was soll das heißen, *immer*? Deinen letzten beiden Argumenten habe ich doch zugestimmt, oder etwa nicht?«

Robyn: »Du bist *nie* meiner Meinung, und du willst *immer* recht haben!«

John: »Das ist überhaupt nicht wahr!Ich bin nicht *nie* deiner Meinung! Heute morgen war ich mit dir einer Meinung, gestern abend war ich mit dir einer Meinung, und letzten Samstag war ich auch einer Meinung mit dir, also kannst du nicht behaupten, daß ich *nie* deiner Meinung wäre!«

Robyn: »Das sagst du *jedes* Mal, wenn ich das Thema anschneide!«

John: »Das ist doch gelogen! Ich sage das nicht *jedes* Mal!«

Robyn: »Außerdem berührst du mich auch *nur*, wenn du Sex willst!«

John: »Jetzt hör endlich auf zu übertreiben! Ich berühre dich nicht *nur*, wenn ...«

Sie zählt weitere Argumente auf und versucht, ihn auf emotionaler Ebene zu schlagen. Er fährt fort, ihre Aussagen zu definieren. Die Auseinandersetzung nimmt dann irgendwann solche Ausmaße an, daß sie sich weigert, weiter mit ihm zu reden, oder aber er stampft wutschnaubend von dannen, um allein zu sein. Um erfolgreich argumentieren zu können, muß ein Mann sich darüber im klaren sein, daß eine Frau Wörter verwendet, die sie eigentlich gar nicht so meint, folglich sollte er sie auch nicht wörtlich nehmen oder definieren wollen. Wenn beispielsweise eine Frau sagt: »Wenn ich neben einer Frau säße, die das gleiche Kleid trägt wie ich, würde ich einfach sterben! Es gibt nichts Schlimmeres!«, dann meint sie natürlich nicht wirklich, daß es *nichts Schlimmeres* gäbe, oder daß sie damit rechnet, dann zu *sterben*. Ein Mann mit seiner Neigung, alles wörtlich zu nehmen, antwortet unter Umständen: »Nein, du wirst nicht daran sterben. Es gibt Schlimmeres, als das gleiche Kleid zu tragen wie eine andere Frau!«, was in den Ohren einer Frau sarkastisch klingt. Allerdings sollte eine Frau auch lernen, daß sie im Gespräch mit einem Mann logisch argumentieren muß, wenn sie gewinnen will, und daß sie ihm nie mehr als ein Argument gleichzeitig an den Kopf werfen darf, über das er nachdenken soll.

Wie Frauen zuhören

In aller Regel kann eine Frau innerhalb von zehn Sekunden durchschnittlich sechs verschiedene Gesichtsausdrücke annehmen, mit denen sie auf die Gefühle des Sprechers reagiert. Auf ihrem Gesicht spiegeln sich die Gefühle wider, die gerade ausgedrückt werden. Für einen unbeteiligten Zuschauer kann das so aussehen, als ob die Ereignisse, die eine Frau erzählt, beiden Frauen zustießen.

Hier ist eine typische Zehn-Sekunden-Folge vom Mienenspiel einer Frau, die zeigt, daß sie zuhört:

Trauer Erstaunen Ärger Freude Furcht Begehren

Eine Frau liest die Bedeutung dessen, was gesagt wird, aus dem Tonfall der Stimme und der Körpermimik des Sprechers heraus. Genau das muß ein Mann tun, der die Aufmerksamkeit einer Frau fesseln und sie zum weiteren Zuhören bewegen will. Die meisten Männer resignieren bei dem Gedanken, ihre Beteiligung beim Zuhören durch ihr Mienenspiel ausdrücken zu sollen. Es zahlt sich für den Mann jedoch aus, sich diese Kunst zu eigen zu machen.

Männer gleichen beim Zuhören Statuen

Evolutionsbiologisch gesehen war es wichtig, daß Krieger beim Zuhören die Kontrolle über ihr Mienenspiel behielten, damit keiner ihre Gedanken erraten konnte.
Hier ist die gleiche Zehn-Sekunden-Folge des Mienenspiels eines Mannes, der mit den gleichen Gefühlen konfrontiert wird:

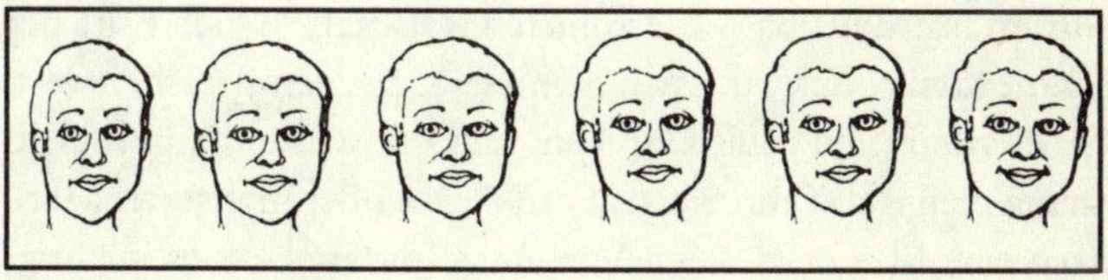

Trauer Erstaunen Ärger Freude Furcht Begehren

Dies ist eine amüsante Betrachtung der männlichen Zuhörtechnik, doch man darf nicht übersehen, welche Gemütsverfassung sich wirklich dahinter verbirgt. Die starre Maske, hinter der Männer sich verbergen, wenn sie jemandem zuhören, gibt ihnen das Gefühl, alles unter Kontrolle zu haben, was allerdings nicht heißt, daß Männer keine Gefühle hätten. Gehirn-Scans haben ergeben, daß Männer Gefühle genauso stark wie Frauen erleben und es lediglich vermeiden, sie offen zu zeigen.

Wie man Grunzlaute geschickt einsetzt

Frauen verfügen über eine Palette hoher und tiefer Zuhörlaute (insgesamt fünf), zu denen »Oh« und »Ah«, das Wiederholen von Wörtern oder dem Sinn des Gesagten sowie die »Verarbeitung« der Unterhaltung auf mehreren Ebenen gehören. Männern steht eine beschränktere Palette an Lauten (nur drei) zur Verfügung, und sie haben auch Schwierigkeiten damit, die Bedeutung von Tonlagenwechseln herauszuhören. Deswegen ist ihre »Sprechmelodie« relativ eintönig.

Um zu zeigen, daß sie zuhören, geben Männer Brummlaute von sich – eine Reihe von kurzen Hmmm-Tönen, die gelegentlich durch ein leichtes Kopfnicken unterstrichen werden. Frauen kritisieren Männer für diese Art des Zuhörens, was teilweise erklärt, warum Frauen Männern vorwerfen, sie würden nicht zuhören. Oftmals jedoch hört der Mann tatsächlich zu, auch wenn es nicht den Anschein hat. Geschäftsfrauen muß klar sein, daß mit Brummlauten Geld zu machen ist. Wenn Sie als Frau einem oder mehreren Männern eine Idee oder einen Vorschlag erklären, ist es wichtig, daß Sie, wenn dann der Mann am Reden ist, Ihre Gefühle nicht zeigen, wie Sie es bei einer Frau täten – sitzen Sie mit ausdrucksloser Miene da, nicken Sie, brummen Sie ab und an, und vor allem: Unterbrechen Sie ihn nicht! Unserer Erfahrung nach erhalten Frauen, die diese Technik anwenden, eine höhere Punktzahl auf der Glaubwürdigkeitsskala der Männer. Frauen, die die Gefühle der Männer (oder vielmehr das, was sie dafür halten) durch ihr Mienenspiel widerspiegeln, verlieren stark an Glaubwürdigkeit und Autorität. Einige Männer halten sie sogar für »plemplem« oder »konfus«.

Wie man einen Mann zum Zuhören bringt

Machen Sie eine Uhrzeit aus, erzählen Sie ihm, worum es geht, setzen Sie ein Zeitlimit, und sagen Sie ihm, daß Sie keine Lösungen oder Vorschläge zum weiteren Vorgehen von ihm erwarten. Sagen Sie einfach: »Ich möchte mich gerne mit dir über meinen Tag unterhalten, Allan. Paßt es dir nach dem Abendessen? Ich brauche keine Lösungen, ich hätte nur gerne, daß du mir zuhörst.« Die meisten Männer werden nichts gegen eine derartig formulierte Bitte einzuwenden haben, denn es wird eine Uhrzeit genannt, ein Ort und ein Ziel – all die Dinge also, die ansprechend auf das männliche Gehirn wirken. Obendrein wird von ihm auch nicht erwartet, daß er irgend etwas tut.

Die Schulmädchenstimme

Die wenigsten Frauen müssen Doktor der Evolutionsbiologie sein, um zu wissen, welche durchschlagende Wirkung es auf einen Mann haben kann, wenn sie in den höchsten

Tönen zu ihm säuseln. Eine hohe Stimme deutet auf einen hohen Östrogenspiegel im Blut hin, und ihr mädchenhafter Klang spricht den Beschützerinstinkt eines Mannes an. Frauen dagegen schätzen an Männern eine tiefe Baßstimme, weist diese doch auf einen hohen Testosteronspiegel hin, was wiederum auf hohe Potenz schließen läßt. Dieser Sprung in die tieferen Oktaven geschieht bei Jungen während der Pubertät, wenn ihre Körper mit Testosteron überschwemmt werden und sie in den Stimmbruch kommen. Wenn eine Frau plötzlich höher spricht als normal und ein Mann seine Stimme um noch ein paar Stufen tiefer rutschen läßt, ist das ein ziemlich eindeutiges Zeichen dafür, daß die beiden es aufeinander abgesehen haben. Wir wollen damit keineswegs andeuten, daß sich Frauen und Männer so verhalten *sollten*, sondern wir erklären nur, was tatsächlich geschieht.

> Sie meinen, jemand macht sie an? Dann achten Sie mal auf die Stimmlage der betreffenden Person.

Es ist wichtig zu wissen – und das wird auch in Studien laufend bestätigt –, daß eine Frau mit einer tieferen Stimme im Geschäftsleben für intelligenter, respekteinflößender und glaubwürdiger gehalten wird. Eine tiefere Stimme kann man erzielen, indem man sein Kinn senkt und langsamer und weniger moduliert redet. Viele Frauen, die mehr Autorität erlangen wollen, sprechen fälschlicherweise mit einer höheren Stimme, was sie aggressiv erscheinen läßt. Interessant zu beobachten ist, daß übergewichtige Frauen oft die »Schulmädchenstimme« einsetzen, um ihre Körperfülle zu kompensieren, und andere sie verwenden, um den Beschützerinstinkt bei den von ihnen begehrten Männern zu wecken.

5. Kapitel

Räumliches Vorstellungsvermögen, Ziele und das Einparken

»O nein! Ich glaub' es nicht, Mädels… schaut euch mal die Karte an!… Ich glaube, wir hätten an diesem großen, grünen Berg rechts abbiegen müssen…«

Wie eine Karte fast zur Scheidung geführt hätte

Ray und Ruth waren unterwegs in die Stadt zu einer Veranstaltung. Ray saß am Steuer, Ruth auf dem Beifahrersitz. Ray fuhr immer, wenn sie zusammen unterwegs waren – sie hatten noch nie darüber geredet, warum immer *er* fuhr, er tat es einfach. Und wie die meisten Männer wurde er am Steuer zu einem ganz anderen Menschen.

Ray bat Ruth, die Straße auf der Karte zu suchen. Sie öffnete den Stadtplan auf der richtigen Seite und drehte die Karte dann auf den Kopf. Sie drehte sie rechtsherum und dann wieder zurück. Dann saß sie schweigend da und starrte stumm darauf. Sie verstand zwar, was eine Karte war, aber wenn es darum ging, sie zu benutzen, kam ihr das Ding irgendwie spanisch vor. Es war ein wenig wie mit Erdkunde in der Schule. All diese rosaroten und grünen Formen hatten wenig Ähnlichkeit mit der wirklichen Welt, in der sie lebte. Manchmal kam sie mit der Karte klar, wenn sie Richtung Norden fuhren, in südliche Richtungen war es aber eine einzige Katastrophe – und sie befanden sich gerade in Richtung Süden. Sie drehte die Karte nochmals herum.

Nach einer geraumen Weile Schweigen blaffte Ray sie an: »Hör endlich auf damit, die Karte verkehrt herum zu halten!«

»Ich muß sie mir aber in der Richtung anschauen, in die wir fahren …«, erklärte Ruth ohne rechte Überzeugung.

»Ja, aber deswegen kannst du sie trotzdem nicht verkehrt herum lesen.«

»Schau mal, Ray, ich finde es ziemlich logisch, die Karte in der Richtung zu halten, in die wir fahren. So kann ich die Straßenschilder mit der Karte vergleichen!« verteidigte sich Ruth, und ihre Stimme hob sich dabei.

»Na klar, aber wenn man die Karte andersherum lesen sollte, dann würden sie sie ja auch andersherum drucken, oder nicht? Also hör mit dem Quatsch auf, und sag mir endlich, wo es langgeht!«

»Ich werde dir schon zeigen, wo es langgeht!« schrie Ruth wütend. Sie warf Ray die Karte an den Kopf und kreischte: »Schau doch selber nach!«

Kommt Ihnen dieser Wortwechsel irgendwie bekannt vor? Es ist eine der seit Jahrtausenden am häufigsten zwischen Männern und Frauen aller Rassen geführten Auseinandersetzungen. Bereits im 11. Jahrhundert ritt Lady Godiva ohne Bekleidung, nur in ihre Haare gehüllt, auf ihrem Roß die falsche Coventry-Straße hinunter, Julia verirrte sich nach einem Stelldichein mit Romeo auf dem Rückweg nach Hause, Kleopatra drohte Marcus Antonius mit Kastration, weil er sie zwingen wollte, seine Kriegskarten zu verstehen, und die Böse Hexe des Westens[1] schlug bisweilen südliche, nördliche oder östliche Richtungen ein.

Sexistisches Denken

Die Fähigkeit, Karten zu lesen, und das Verständnis dafür, wo man sich nun gerade befindet, hängt von dem räumlichen Vorstellungsvermögen einer Person ab. Gehirn-Scans

1 Anm. d. Ü.: Aus *Der Zauberer von Oz* von Lyman Frank Baum.

haben ergeben, daß es bei Männern und Jungen in der rechten vorderen Gehirnhälfte angesiedelt und eine der am stärksten ausgebildeten Regionen des männlichen Gehirns ist. Es hat sich zu Urzeiten herausgebildet, damit Männer – die Jäger – Geschwindigkeit, Bewegung und Entfernung von Beutetieren abschätzen konnten und wußten, wie schnell sie laufen mußten, um ihre Beute zu fangen, und wieviel Kraft sie anwenden mußten, um ihr Mittagessen mit einem Felsbrokken oder einem Speer zu erlegen. Das räumliche Vorstellungsvermögen ist bei Frauen in beiden Gehirnhälften angesiedelt, kennt allerdings keinen meßbaren Bereich, wie das bei Männern der Fall ist. Lediglich um die zehn Prozent aller Frauen haben ein gutes bis ausgezeichnetes räumliches Vorstellungsvermögen.

> Zirka neunzig Prozent aller Frauen haben ein beschränktes räumliches Vorstellungsvermögen.

Einigen Lesern werden diese Untersuchungen sexistisch vorkommen, weil wir die Stärken und Fähigkeiten beschreiben, bei denen Männer besser abschneiden, und die Tätigkeiten, bei denen die Natur ihnen einen deutlichen Vorteil gegenüber Frauen eingeräumt hat. Weiter unten werden wir jedoch auch auf die Bereiche zu sprechen kommen, wo die Frauen die Oberhand haben.

Der Beutejäger in Aktion

Das räumliche Vorstellungsvermögen schließt die Fähigkeit ein, sich die Form, die Maße, die Koordinaten, die Proportionen, die Bewegung und die Lage von Dingen vorzustellen. Weiterhin umfaßt es die Fähigkeit, sich vorzustellen, wie ein Gegenstand im Raum gedreht wird, wie man Hürden umgeht und wie man Dinge aus einer 3D-Perspektive wahrnimmt. Das ursprüngliche Ziel dabei war, die Bewegung eines Zielobjektes einzuschätzen, um zu wissen, wie man es erlegen kann.

Die Psychologieprofessorin Dr. Camilla Benbow von der Iowa State University hat zur Untersuchung des räumlichen Vorstellungsvermögens die Gehirn-Scans von mehr als einer Million Mädchen und Jungen analysiert und herausgefunden, daß bereits im zarten Alter von vier Jahren die geschlechtsspezifischen Unterschiede bemerkenswert sind. Ihre Untersuchungen ergaben, daß Mädchen hervorragend zweidimensionale Bilder in ihrem Gehirn wahrnehmen können, während Jungen außerdem noch über die Fähigkeit verfügen, eine dritte Dimension zu erkennen: die Tiefe. Bei dreidimensionalen Videotests waren die Jungen den Mädchen in puncto räumliches Vorstellungsvermögen in einem Verhältnis von 4:1 überlegen, und die besten Mädchen wurden noch häufig genug von den Jungen übertroffen, die bei den Tests am schlechtesten abgeschnitten hatten. Bei Männern ist das räumliche Vorstellungsvermögen eine eigene Gehirnfunktion, die in mindestens vier Bereichen der rechten vorderen Gehirnhälfte angesiedelt ist.

Da Frauen keinen eigenen Bereich für das räumliche Vorstellungsvermögen haben, bedeutet das, daß sie in der Regel über eher bescheidene räumlich-visuelle Fähigkeiten verfügen. Deswegen macht es Frauen auch keinen Spaß, sich mit Tätigkeiten zu beschäftigen, die eben diese Fähigkeiten erfordern, und sie wählen selten Berufe oder Freizeitbeschäftigungen, für die sie notwendig sind.

Ganz anders die Jungen und Männer: Sie haben einen eige-

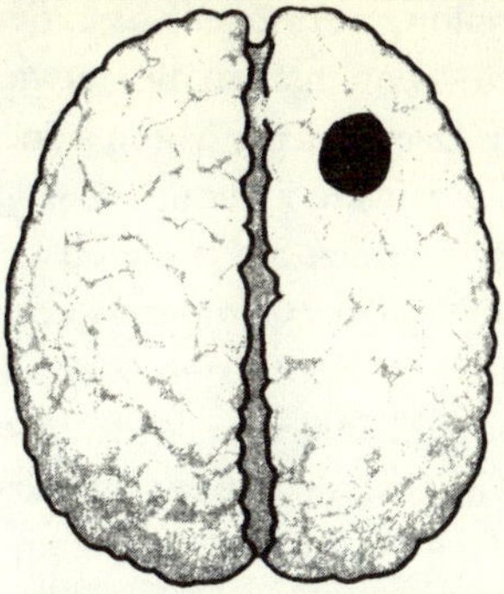

Visuell-räumlicher Gehirnbereich bei Männern

nen Bereich für das räumliche Vorstellungsvermögen und sind folglich auch gut in allen Tätigkeiten, bei denen diese Fähigkeiten benötigt werden. Deswegen wählen sie häufig Berufe und Sportarten, für die räumliches Denken erforderlich ist. Bei Männern handelt es sich dabei auch um den Gehirnbereich, mit dem sie Probleme lösen. Das räumliche Vorstellungsvermögen ist bei Mädchen und Frauen nicht besonders stark ausgeprägt, weil die Fähigkeit, Tiere zu jagen und den Weg zurück nach Hause zu finden, niemals zum Aufgabengebiet der Frauen gehörte. Deswegen haben auch viele Frauen Probleme, eine Straßenkarte oder einen Stadtplan zu lesen.

> Frauen haben keine guten räumlich-visuellen Fähigkeiten, weil sie von jeher kaum etwas anderes jagen mußten als Männer.

Es gibt Tausende von gut dokumentierten wissenschaftlichen Studien, welche die Überlegenheit der Männer hinsichtlich des räumlichen Vorstellungsvermögens bestätigen. Das ist auch nicht überraschend, wenn man an die Entwicklung des Mannes als Jäger denkt. Der moderne Mann jedoch muß sein Mittagessen nicht mehr fangen. Heutzutage setzt er sein räumliches Vorstellungsvermögen auf anderen Gebieten ein, wie beispielsweise beim Golf, bei Computerspielen, beim Fußball, Darts und allen anderen Sportarten oder Tätigkeiten, die in irgendeiner Form das Element des Jagens bzw. das Anvisieren eines Zieles zum Gegenstand haben. Die meisten Frauen halten Darts für ein langweiliges Spiel – hätten sie jedoch einen eigenen Bereich dafür auf der rechten Gehirnhälfte, würden sie nicht nur Spaß daran haben, sondern auch gewinnen.

Männer sind so besessen davon, einem anderen Mann zuzuschauen, wie er einen Ball in Richtung eines Ziels befördert, daß der eine oder andere Golfspieler, Fußballer, Basketballspieler und Tennisspieler zu den meistverdienenden Menschen der Welt gehört. Hier braucht man keinen Doktortitel, um respektiert zu werden; man muß nur gut darin sein, Geschwindigkeiten, Entfernungen, Winkel und Richtungen abzuschätzen.

Warum Männer wissen, wo es langgeht

Sein gutes räumliches Vorstellungsvermögen ermöglicht es dem Mann, in seinem Kopf eine Karte so zu drehen, daß er weiß, in welche Richtung er gehen muß. Wenn er zu einem späteren Zeitpunkt wieder an den gleichen Ort zurückkehren will, braucht er keine Karte mehr, denn alle relevanten Informationen sind bei ihm im Gehirn gespeichert. Die meisten Männer können nach Norden schauend eine Karte lesen, obwohl sie später nach Süden fahren müssen. Auch können viele Männer eine Karte lesen, sie beiseite legen und dann aus dem Gedächtnis den Weg zu ihrem Ziel finden. Untersuchungen haben ergeben, daß das Gehirn eines Mannes Geschwindigkeiten und Entfernungen mißt, um zu wissen, wann er die Richtung ändern muß. Die meisten Männer, die man in einen ihnen unbekannten Raum ohne Fenster führt, können ohne Zögern angeben, wo Norden ist. Als Beutejäger mußte der Mann seinen Weg zurück nach Hause finden, sonst hätten er und seine Familie wenig Chancen gehabt zu überleben.

> Die meisten Männer wissen immer und überall, wo Norden ist, auch wenn sie keine Ahnung haben, wo sie sich befinden.

Man kann sich in jedes beliebige Sportstadion setzen und beobachten, wie Männer ihre Plätze verlassen, um etwas zu trinken zu holen, und dann kurze Zeit später mühelos zurückfinden. Und man kann in jeder beliebigen Stadt der Welt beobachten, wie Touristinnen ratlos an Straßenkreuzungen stehen und ihre Stadtpläne wild in alle möglichen Richtungen drehen. In jedem beliebigen mehrstöckigen Parkhaus eines Einkaufszentrums kann man Frauen mit vollen Einkaufstüten und panischem Gesichtsausdruck herumirren sehen, weil sie verzweifelt ihr Auto suchen.

Warum Jungen in Spielhallen herumhängen

Man kann rund um die Welt in jede beliebige Spielhalle gehen – sie sind alle randvoll mit halbwüchsigen Jungen, die ihre räumlich-visuellen Fähigkeiten anwenden. Wir werden im folgenden einige wissenschaftliche Studien über das räumliche Vorstellungsvermögen erläutern. In den meisten geht es unter anderem auch um das Zusammensetzen dreidimensionaler, mechanischer Teile.

Eine Studie der Yale University ergab, daß nur 22 Prozent der Frauen derartige Aufgaben genausogut bewältigen wie Männer. Die Studie zeigte weiter, daß 68 Prozent der Männer einen Videorecorder oder ein ähnliches Gerät allein unter Zuhilfenahme der Bedienungsanleitung beim ersten Versuch programmieren können, während es nur 16 Prozent der Frauen schaffen. Jungen konnten diese Aufgaben besonders gut bewältigen, wenn ihr rechtes Auge zugebunden wurde, so daß nur das linke Informationen empfing. Das linke Auge leitet die Informationen an die rechte Gehirnhälfte weiter, in der sich das Zentrum für das räumliche Vorstellungsvermögen befindet. Bei Mädchen ist es egal, welches Auge man verdeckt, denn das weibliche Gehirn versucht, das Problem zu lösen, indem es beide Gehirnhälften aktiviert. Dies ist einer der Gründe, warum nur wenige Frauen Mechaniker, Ingenieure oder Flugzeugpiloten werden.

Dr. Camilla Benbow und ihr Kollege Dr. Julian Stanley untersuchten eine Gruppe hochbegabter Kinder und fanden heraus, daß auf 13 Jungen, die gut in Mathematik sind, nur ein einziges Mädchen kommt. Jungen können einen Gebäudeblock schneller und müheloser auf Basis eines zweidimensionalen Plans errichten als Mädchen, sie können Winkel genau einschätzen und erkennen, ob eine Oberfläche plan ist oder nicht. Bei diesen uralten Fähigkeiten läßt wieder einmal der frühzeitliche Jäger grüßen. Jetzt wird klar, warum man in Bereichen wie Architektur, Chemie, Konstruktion und Statistik vorwiegend Männer antrifft. Jungen können besser zwischen Hand und Auge koordinieren, wodurch sie in Ballsportarten überlegen sind. Deshalb sind Männer von Kricket, Fußball, Basketball und allen anderen Spielen besessen, bei denen es auf das Abschätzen von Flugbahnen, auf das Jagen, auf das Werfen und das Zielen auf ein Tor ankommt. Es erklärt ebenfalls, warum Spielhallen und Skateboard-Bahnen rund um die Welt mit Jungen gefüllt sind, man dort aber nur verhältnismäßig wenige Mädchen antrifft. Die meisten Mädchen sind nur dort, um den Jungs zu imponieren; oft stellen sie allerdings bald fest, daß die Jungen viel zu sehr mit ihrem Spiel beschäftigt sind, um sich um sie zu kümmern.

Das Gehirn von Jungen entwickelt sich anders

Eltern, die sowohl Söhne als auch Töchter haben, wissen, daß die Entwicklung von Jungen und Mädchen unterschiedlich schnell verläuft. Die rechte Gehirnhälfte wächst bei Jungen schneller als die linke. Rechts werden mehr Verbindungen innerhalb der Gehirnhälfte ausgebildet, und es bestehen weniger Verbindungen zur linken. Bei Mädchen wachsen die beiden Gehirnhälften gleichmäßiger, was ihnen den Vorteil einbringt, daß sie über mehr Fähigkeiten verfügen als Jungen. Da es im Gehirn von Mädchen auch mehr Verknüpfungen zwischen rechter und linker Hälfte gibt – ihr Corpus callosum ist dicker als das von Jungen –, gibt es auch mehr beidhändige Mädchen als Jungen, und weitaus mehr Frauen haben Schwierigkeiten, ihre rechte und ihre linke Hand auseinanderzuhalten.

Testosteron hemmt das Wachstum der linken Gehirnhälfte bei Jungen, dafür wächst ihre rechte Hemisphäre schneller und besser, wodurch sich das für die Jagd erforderliche räumliche Vorstellungsvermögen stärker entwickelt. Untersuchungen an Kindern und Jugendlichen zwischen fünf und 18 Jahren haben ergeben, daß Jungen wesentlich besser darin sind als Mädchen, ein Ziel mit einem Lichtstrahl zu treffen, ein Muster zu reproduzieren, indem sie es auf dem Boden »nachgehen«, eine Reihe von dreidimensionalen Gegenständen zusammenzusetzen und Probleme zu lösen, bei denen es auf mathematisches Denken ankommt. All diese Fertigkeiten sind bei mindestens achtzig Prozent aller Männer und Jungen in der rechten Gehirnhälfte angesiedelt.

Diana und ihre Möbel

Als die Möbel aus dem Umzugswagen gehievt wurden, lief Diana eifrig mit einem Maßband von einem Möbelstück zum anderen, um auszumessen, wo im Haus die Möbel hinpassen würden. Als sie die Maße für die Anrichte im Eßzimmer nahm, meinte ihr 14jähriger Sohn Cliff nur: »Vergiß es, Mama, die paßt nicht dahin, wohin du sie haben willst. Viel zu groß!« Diana maß die Stelle im Haus nach, an die sie sie hatte stellen wollen, und stellte fest, daß Cliff recht hatte. Sie konnte nicht verstehen, wie er sich ein Möbelstück anschauen und dann wissen konnte, wo es im Haus hinpassen würde und wo nicht. Wie war das möglich? Ganz einfach, er setzte sein räumliches Vorstellungsvermögen ein.

Wie kann man das räumliche Vorstellungsvermögen testen?

Der amerikanische Wissenschaftler Dr. D. Wechsler entwickelte eine Reihe von IQ-Tests, in denen bei räumlichen Tests keine geschlechtsspezifischen Probleme als Aufgabe gestellt wurden. Er ließ die Tests von Menschen aus primitiven Kulturkreisen bis hin zu Stadtbewohnern aus der ganzen Welt ausführen und kam – wie auch andere Forscher unabhängig von ihm – zu dem Schluß, daß Frauen Männern überlegen sind, was die allgemeine Intelligenz anbelangt, und zwar um durchschnittlich drei Prozent, obwohl sie ein etwas kleineres Gehirn haben. Wo es allerdings um labyrinthartige Tests ging, waren Männer den Frauen haushoch überlegen, unabhängig von der Kultur – 92 Prozent der richtigen Antworten entfielen auf Männer, acht Prozent auf Frauen. Kritische Stimmen könnten hier einwenden, daß Frauen einfach zu intelligent sind, um sich mit dummen Labyrinthspielen zu beschäftigen; dennoch macht der Test die Ausmaße des räumlichen Vorstellungsvermögens von Männern sehr deutlich.

Der folgende räumliche Test wurde an der University of Plymouth entwickelt und gehört zu denen, die als Eignungstest im Ausleseverfahren für Piloten, Navigationsoffiziere und Fluglotsen eingesetzt werden. Mit diesem Test wird die Fähigkeit der Person gemessen, sich gedanklich aus zweidimensionalen Informationen einen dreidimensionalen Gegenstand zu konstruieren.

Stellen Sie sich vor, daß die Vorlage in Test 1 aus Pappe wäre. Wenn man sie jetzt an den Trennlinien falten würde, erhielte man einen Würfel mit Symbolen auf den Seitenflächen. Stellen Sie sich vor, daß sich die Seitenfläche mit dem Kreuz rechts und die Seitenfläche mit dem Kreis links befindet. Mit welchem der abgebildeten Würfel A, B, C oder D würde er übereinstimmen? Machen Sie den Test!

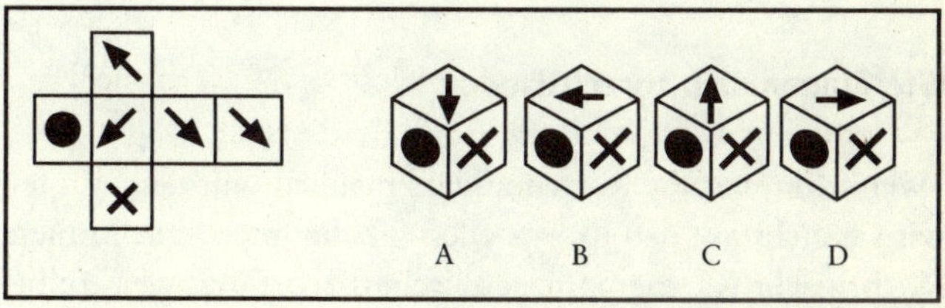

Test 1 *Mögliche Antworten für Test 1*

In diesem Test muß sich Ihr Gehirn das Abbild dreidimensional vorstellen und es dann gedanklich drehen, um den richtigen Winkel zu finden. Die hierfür erforderlichen Fähigkeiten sind die gleichen, die benötigt werden, um eine Karte oder einen Stadtplan zu lesen, ein Flugzeug zu landen oder einen Büffel zu jagen.

Die richtige Antwort lautet A. Es folgt eine kompliziertere Version des Tests, bei der Ihr Gehirn noch mehr räumliche Drehungen ausführen muß.

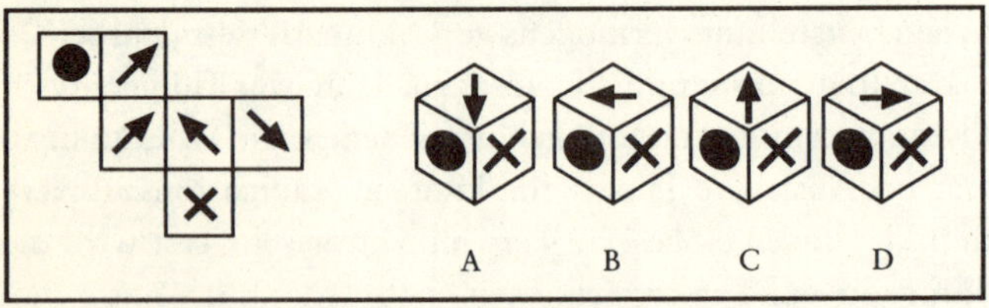

Test 2 *Mögliche Antworten für Test 2*

Zoologen haben Tests durchgeführt, die ergaben, daß männliche Säugetiere weiblichen Säugetieren im räumlichen Vorstellungsvermögen überlegen sind. Männliche Ratten sind viel geschickter darin, den Ausweg aus Labyrinthen zu finden als weibliche, und männliche Elefanten finden leichter zu einem Wasserloch zurück als weibliche. (Übrigens ist die richtige Antwort zu Test 2 Abbildung C.)

Wie Frauen sich zurechtfinden

»Wenn Männer die Karten anders machen würden, müßten wir sie nicht auf den Kopf stellen«, behaupten viele Frauen. Die britische Kartographiegesellschaft allerdings weiß zu berichten, daß fünfzig Prozent ihrer Mitglieder Frauen sind und fünfzig Prozent derer, die Karten zeichnen und an ihnen arbeiten, ebenfalls. »Das Zeichnen von Karten ist eine zweidimensionale Aufgabe, bei der Frauen ebenso gut abschneiden wie Männer«, sagt der führende britische Kartograph Alan Collinson. »Für die meisten Frauen liegt die Schwierigkeit darin, die Karten zu lesen und sich mit ihnen zurechtzufinden, weil sie eine dreidimensionale Perspektive brauchen, um einen Weg zu finden. Ich entwerfe Karten für Touristen mit einer dreidimensionalen Perspektive – sie zeigen Bäume, Berge und andere Orientierungspunkte. Mit dieser Art Karte haben Frauen viel weniger Probleme. Unsere Tests haben ergeben, daß Männer die Fähigkeit haben, eine zweidimensionale Karte in ihrem Kopf in eine dreidimensionale Ansicht umzuwandeln, die wenigsten Frauen allerdings scheinen dazu in der Lage zu sein.«

> Wenn Frauen perspektivisch gezeichnete Karten verwenden, verbessern sich ihre Navigationsfähigkeiten dramatisch.

Eine weitere höchst interessante Entdeckung war die, daß Männer sehr gut abschneiden, wenn sie mit einem Gruppenführer unterwegs sind, der ihnen an jedem Punkt einer bestimmten Route mündlich neue Richtungsanweisungen gibt. Wenn man dagegen Frauen mündliche Anweisungen gibt, führt das zu einer Katastrophe. Die Untersuchungen zeigen, wie Männer Lautsignale in dreidimensionale Karten umwandeln, mit denen sie sich vor ihrem inneren Auge die richtige Richtung und Route vorstellen können, während Frauen besser mit einer dreidimensionalen, perspektivischen Karte zurechtkommen.

Was, wenn Sie nicht wissen, wo Norden ist?

Die australische Seglerin Kay Cottee war die erste Frau, die ohne fremde Hilfe die Welt ohne Unterbrechung umsegelte. Eindeutig eine Frau, die weiß, wo es langgeht – oder vielleicht doch nicht?

Während eines Seminars erzählte sie uns, daß sie Schwierigkeiten habe, einen Stadtplan zu lesen. Verblüfft fragten wir: »Aber wie um Himmels willen sind Sie dann um die Welt gekommen?« – »Das ist Navigation«, antwortete Kay. »Man programmiert den Computer, und der gibt einem die richtige Richtung an. Ich steche nicht in See und sage ›He, ich denke, ich sollte hier mal links abbiegen ...‹ Ein Stadtplan ist ein intuitives Ding – man muß ›fühlen‹, wo man langgehen soll. Wenn ich in einer fremden Stadt bin, nehme ich immer ein Taxi, um herumzukommen. Ich habe es mit Mietautos probiert, aber ich habe mich ständig verfahren.«

Es ist für viele Leute unvorstellbar, daß sich Kay Cottee auf dem Weg zu ihrem Segelboot verfahren könnte, mit dem sie dann die Welt umrundet. Doch es zeigt deutlich, wie man mit Entschlossenheit, Organisation und Mut um die Welt kommt, auch wenn man keinen Stadtplan lesen kann – indem man sich an die richtigen Leute wendet und sich die entsprechende Ausrüstung zulegt.

Die fliegende Karte

Wir (die Autoren) sind neun Monate im Jahr rund um den Globus unterwegs, um Seminare zu halten, und einen Großteil unserer Zeit verbringen wir in Mietautos. Allan sitzt meistens am Steuer, denn sein räumliches Vorstellungsvermögen ist besser als Barbaras, während sie ihm die Richtung angibt. Barbara verfügt über so gut wie keine Navigationskenntnisse, und so streiten und kämpfen sich Allan und Barbara ihren Weg seit langen Jahren um die Welt – von Stadt zu Stadt, von Land zu Land. Barbara hat Allan schon Stadtpläne in praktisch allen Sprachen an den Kopf geworfen, und bei mehreren Gelegenheiten ist sie vor seinen Karten geflohen und in Busse oder Züge umgestiegen und hat ihn angeschrien: »Lies das blöde Ding doch selbst!«

> Barbara Pease hat keinen Orientierungssinn, dafür kann Allan Pease seine Socken in der Schublade nicht finden.

Zum Glück wurden ihnen durch ihre Untersuchungen zum Thema räumliches Vorstellungsvermögen die Probleme bewußt, mit denen man zu kämpfen hat, wenn ein Partner ein eher klägliches räumliches Vorstellungsvermögen hat und der andere das nicht verstehen kann. Heute schaut sich Allan die Karte an, bevor sie losfahren, und Barbara redet und weist ihn auf interessante Besonderheiten in der Landschaft hin, die er andernfalls übersehen würde. Sie sind immer noch glücklich verheiratet, und aus dem Fenster geworfene Karten stellen für vorbeifahrende Straßenteilnehmer mittlerweile kein ernstzunehmendes Unfallrisiko mehr dar.

Die etwas andere Karte

John und Ashley Sims aus England entwarfen 1998 eine zweigeteilte Karte, die für alle Reisen in nördliche Richtungen die Standardansicht zeigt, und außerdem eine zweite für alle Reisen in südliche Richtungen, bei der die Ansicht auf den Kopf gestellt ist und sich der Süden oben auf der Seite befindet. In der Wochenendausgabe einer britischen überregionalen Zeitung boten sie den ersten hundert Lesern, die sie anschrieben, eine Gratiskarte an. Mehr als 15 000 Frauen griffen zur Feder, aber nur eine Handvoll Männer. Sie erzählten uns, daß Männer keinen Sinn in einer auf den Kopf gestellten Karte sähen oder gar gedacht hätten, daß das Ganze ein Scherz wäre. Frauen dagegen zeigten sich beeindruckt, weil so endlich die ständige Kartenumdreherei entfällt.

Die ersten Autos, bei denen ein Autopilot (Satellitennavigationssystem) eingebaut wurde, mit dem man das Bild auf den Kopf stellen kann, um die Fahrtrichtung anzuzeigen, waren BMWs. Wie vorauszusehen, stellte sich diese Novität bei Frauen als Hit heraus.

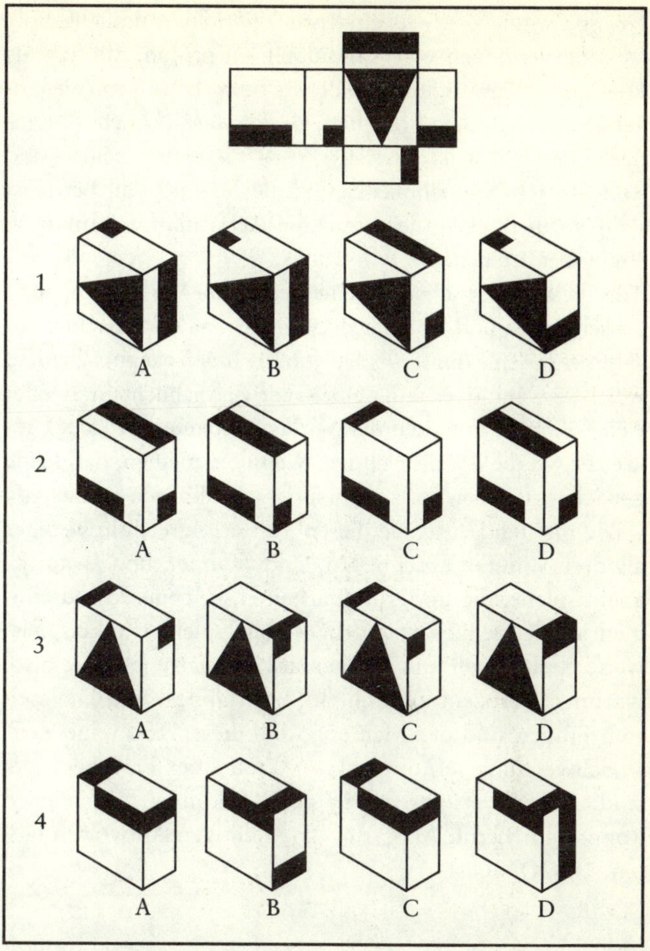

Ein ultimativer Test

Versuchen Sie sich einmal an obenstehendem Test, der von der Personal- und Forschungsfirma Saville & Holdsworth in

Großbritannien entwickelt wurde, um das räumliche Vorstellungsvermögen von Kandidaten zu prüfen, die sich als Fluglotsen oder für ähnliche Berufe bewerben. Wenn Sie länger als drei Minuten brauchen, gilt der Test als nicht bestanden. Dieser Test ist schwieriger als die ersten beiden und sollte – sofern Sie männlichen Geschlechts sind – die Betriebstemperatur Ihrer vorderen rechten Gehirnhälfte dramatisch nach oben treiben.

In diesem Test sehen Sie eine bedruckte Vorlage, die man ausschneiden und zu einer dreidimensionalen Schachtel zusammenfalten könnte. Es ist nun an Ihnen zu entscheiden, welche – wenn überhaupt eine – der vier Schachteln in jeder Reihe durch das Falten der Vorlage entstehen würde. Umkreisen Sie die jeweils richtige. Wenn Sie meinen, daß keine der Schachteln der Vorlage entspricht, umkreisen Sie nichts.

Die meisten Leute, die diesen Test erfolgreich in weniger als drei Minuten abschließen, sind Männer, und zwar vor allem solche, die in Berufen arbeiten, in denen das dreidimensionale Denken eine große Rolle spielt, wie beispielsweise Architekten und Mathematiker. Jetzt wissen Sie also, warum 94 Prozent aller Fluglotsen Männer sind! Die meisten Frauen sind der Meinung, daß dieser Test reine Zeitverschwendung sei, obwohl wir auch einer Frau begegnet sind, die ihn erfolgreich in neun Sekunden abschließen konnte. Ihr Beruf: Aktuarin. (Die richtigen Antworten lauten: 1B, 2D, 3C, 4–.)

Wie man Streit vermeidet

Männer fahren gerne schnell auf kurvenreichen Straßen, weil dabei ihre räumlichen Fähigkeiten gefordert werden: Übersetzungsverhältnis, Einsatz von Kupplung und Bremse, relative Kurvengeschwindigkeit, Winkel und Entfernungen.

Der moderne männliche Fahrer sitzt hinter dem Lenkrad, überreicht seiner Frau auf dem Beifahrersitz eine Karte und fordert sie auf, ihm den Weg zu weisen. Mit ihrem beschränkten räumlichen Vorstellungsvermögen wird sie ab dem Zeitpunkt, wo sie die Karte entfaltet, merkwürdig still, beginnt die Karte hin und her zu drehen und kommt sich dabei ziemlich bescheuert vor. Die wenigsten Männer verstehen, daß jemand, der keinen speziellen Gehirnbereich für das räumliche Drehen von Karten im Kopf hat, die Karte in den Händen drehen muß. Für eine Frau ist es absolut logisch, daß sie die Karte in der Richtung hält, in die sie fährt. Wenn ein Mann also Streit vermeiden will, sollte er seine Frau nicht bitten, eine Straßenkarte für ihn zu lesen.

> Wollen Sie ein glückliches Leben führen? Dann bestehen Sie niemals darauf, daß eine Frau eine Karte oder einen Stadtplan für Sie liest.

Da sich bei Frauen das räumliche Vorstellungsvermögen auf beiden Seiten des Gehirns befindet, tritt es in Konflikt zu ihrer Sprachfunktion. Wenn Sie also einer Frau einen Stadtplan in die Hand drücken, wird sie zu reden aufhören, bevor sie ihn hin und her zu drehen beginnt. Wenn man einem Mann eine Karte reicht, wird er weiterreden – aber das Radio ausschalten, weil seine Hörfunktionen nicht zusammen mit seinen Kartenlesefähigkeiten einsatzbereit sind.

Frauen bearbeiten mathematische Probleme hauptsächlich in der linken Gehirnhälfte, was sie nicht nur langsamer beim Rechnen macht, sondern auch erklärt, warum so viele Frauen und Mädchen vor sich hin murmeln, wenn sie über einer mathematischen Funktion brüten. Auf der ganzen Welt hört man Männer, die Zeitung lesen, verzweifelt ausrufen: »Könntest du bitte mal leise rechnen? Wie soll ich mich da konzentrieren?«

Wie streitet man am besten während des Fahrens?

Ein Mann, der seiner Frau das Autofahren beibringen will, befindet sich auf dem besten Weg zum Scheidungsrichter. Auf der ganzen Welt hören sich die Anweisungen, die ein Mann einer Frau gibt, gleich an: »Links abbiegen – langsamer! – schalt runter – siehst du die Fußgänger dort? – konzentrier dich – hör auf zu heulen!« Wenn ein Mann Auto fährt, testet er dabei, wie gut sein räumliches Vorstellungsvermögen in der jeweiligen Umgebung funktioniert. Für eine Frau liegt der Sinn des Autofahrens darin, sicher von Punkt A nach Punkt B zu kommen. Das beste, was ein Mann auf dem Beifahrersitz tun kann, ist, seine Augen zu schließen, das Radio lauter zu drehen und sich seine Kommentare zu verkneifen, denn Frauen fahren generell sicherer als Männer. Sie wird ihn schon ans Ziel bringen, auch wenn es vielleicht ein wenig länger dauert. Aber wenigstens kann er sich entspannt zurücklehnen und wird heil und wohlbehalten ankommen.

Eine Frau kritisiert die Fahrweise eines Mannes, weil ihm sein räumliches Vorstellungsvermögen Entscheidungen und Einschätzungen ermöglicht, die in ihren Augen gefährlich sind. Abgesehen von den Fällen, in denen er nachweislich ein schlechter Fahrer ist, sollte auch sie sich entspannt zurücklehnen und ihn in Ruhe fahren lassen, statt ihn zu kritisieren.

Sobald der erste Regentropfen auf die Windschutzscheibe fällt, schaltet eine Frau den Scheibenwischer ein – eine Reaktion, die Männern vollkommen unverständlich ist. Ein Mann wartet so lange, bis die richtige Menge Regentropfen im Verhältnis zur Geschwindigkeit der Scheibenwischer auf die Windschutzscheibe trifft, und schaltet dann erst die Scheibenwischer ein. Mit anderen Worten, er setzt seine räumlichen Fähigkeiten ein.

Wie man einer Frau etwas schmackhaft macht

Einer Frau sollte man nie Richtungsangaben wie »Fahren Sie Richtung Süden« oder »Halten Sie sich fünf Kilometer lang westlich« geben, weil bei ihr der eingebaute Kompaß fehlt. Statt dessen sollte man sich lieber auf bekannte Orientierungspunkte beziehen: »Fahren Sie am McDonald's vorbei, und halten Sie sich dann Richtung Kreissparkasse.« Mit ihrem peripheren Sehvermögen kann eine Frau diese Orientierungspunkte leicht ausmachen. Bauunternehmern und Architekten rund um die Welt entgehen Millionen an Gewinn, weil sie weiblichen Entscheidungsträgern zweidimensionale Pläne und Entwürfe vorlegen. Das Gehirn eines Mannes kann den Plan in ein 3D-Bild umwandeln und sich vorstellen, wie das fertige Gebäude aussehen würde. Für eine Frau dagegen ist so ein Plan nichts weiter als ein Blatt Papier, auf dem Gebilde mit mysteriösem Linienverlauf zu sehen sind. Mit dreidimensionalen Modellen oder Computerbildern dagegen kann man Frauen Häuser verkaufen. Eine Frau muß sich nie wieder wie ein Idiot fühlen, wenn sie eine Straßenkarte vor sich hat: Sie soll sie einfach einem Mann geben, denn das Kartenlesen ist eindeutig Aufgabe der Männer!

Für einen Mann ist es wesentlich entspannender, selbst den Weg zu suchen, während er Auto fährt, und seine Frau über die interessanten Dinge, die sie rundherum sieht, reden zu lassen. Wie Sie ja bereits wissen, sind die verbalen Fähigkeiten eines Mannes denen einer Frau unterlegen, und da scheint es fast wie ausgleichende Gerechtigkeit, daß er statt dessen einen besseren Orientierungssinn hat. Das bedeutet, daß er problemlos den Weg zur Wohnung seiner neuen Freundin findet – und, wenn er vor ihrer Haustür steht, nicht weiß, was er sagen soll.

Das verflixte Einparken

Wenn man Sie auffordern würde, in einer Straße alle am Randstein geparkten Autos zu betrachten, wären Sie dann in der Lage, die Autos, die von Männern abgestellt wurden, von denen zu unterscheiden, die Frauen eingeparkt haben? Eine Untersuchung, die von einer englischen Fahrschule mit defensivem Fahrstil in Auftrag gegeben wurde, hat ergeben, daß in Großbritannien im Durchschnitt 82 Prozent der Männer exakt am Randstein parken und 71 Prozent ihr Auto beim ersten Versuch in die Parklücke manövrieren. Bei Frauen lag die Zielgenauigkeit bei 22 Prozent, und nur 23 Prozent schafften das Einparken auf Anhieb. Eine ähnliche Untersuchung in Singapur ergab bei Männern 66 Prozent Zielgenauigkeit, 68 Prozent schafften das Einparken auf Anhieb. Von den Frauen hingegen parkten nur 19 Prozent exakt am Randstein, und lediglich zwölf Prozent schafften es beim ersten Versuch. Also aus dem Weg, wenn die Fahrerin aus Singapur ist! Die besten Einparker sind deutsche Männer: 88 Prozent schaffen es beim ersten Versuch.

Einparkstudien von Fahrschulen zeigen, daß Frauen während der Fahrstunden besser rückwärts einparken als Männer, doch Statistiken besagen, daß Frauen im »wirklichen Leben« schlechter abschneiden. Der Grund hierfür ist, daß Frauen leichter eine Aufgabe lernen und sie erfolgreich wiederholen können als Männer, vorausgesetzt, die Umgebung und die Bedingungen ändern sich nicht. Im normalen Straßenverkehr erfordert jedoch jede Situation eine neue Einschätzung der Lage, und das räumliche Vorstellungsvermögen der Männer ist besser für diese Aufgabe geeignet.

Die meisten Frauen ziehen es vor, ihr Auto in eine größere Parklücke einzuparken und dann zu ihrem Ziel zurückzulaufen, statt sich rückwärts in eine enge Lücke zu zwängen.

> Wenn Frauen im Gemeinderat das Sagen hätten, wären das rückwärts Einparken und das Parken am Randstein längst verboten!

In den letzten Jahren haben viele Städte Parkplätze geschaffen, in die man in einem Winkel von 45 Grad zum Randstein rückwärts einparkt, weil es sich erwiesen hat, daß es sicherer ist, wenn der Fahrer beim Ausparken vorwärts fährt. Leider wird damit das Problem nicht aus der Welt geschafft, daß man rückwärts einparken muß, denn auch bei dieser Art des Parkens benötigt man ein gutes räumliches Vorstellungsvermögen, um Winkel und Entfernungen abschätzen zu können. Wir haben Umfragen an zwanzig verschiedene Gemeinderäte verschickt, die diese Art des Parkens verabschiedet hatten, und festgestellt, daß so gut wie keine Frauen bei der Entscheidung mitgewirkt hatten. Fast überall waren es ausschließlich Männer. Wenn ein Gemeinderat nur aus Frauen bestünde, wären das rückwärts Einparken und das Parken parallel zum Randstein längst verboten! Frauen würden Parkplätze schaffen, bei denen man in irgendeiner Form einfach durchfahren könnte, ohne daß man rückwärts fahren oder Winkel und Entfernungen abschätzen müßte. Zwar wäre das weniger platzsparend, dafür würde man aber auch viele Unfälle vermeiden.

Wo Frauen auf den Holzweg geführt wurden

Was bedeutet nun diese Geschichte mit dem räumlichen Vorstellungsvermögen für Frauen konkret? Viele wohlmeinende Gruppen waren überzeugt davon, daß sich Frauen, wenn sie einmal von den angeblichen Ketten männlicher Unterdrükkung und Vorurteile befreit wären, rasch bis zu den Spitzenpositionen der hauptsächlich von Männern dominierten Berufszweige und Freizeitbeschäftigungen vorkämpfen würden. Doch wie Sie sehen, haben Männer nach wie vor ein regelrechtes Monopol auf Berufe und Tätigkeiten, die räumlich-visuelle Fähigkeiten erfordern. Millionen Frauen haben ihre natürlichen Neigungen für bestimmte Berufe und Tätigkeiten verleugnet, in denen sie mit ihren speziellen, von ihrem Gehirn vorgegebenen Fertigkeiten bis an die Spitze hätten kommen können, ohne sich dafür besonders anstrengen zu müssen.

Das räumliche Vorstellungsvermögen im Schul- und Bildungswesen

Wie wir bereits gesehen haben, führt uns unsere Biologie zu den Tätigkeiten und zu den Freizeitbeschäftigungen, die mit unserer Gehirnstruktur vereinbar sind. Wir wollen jetzt einen Bereich untersuchen, in dem die Chancengleichheit eine wichtige Rolle spielt, nämlich das Bildungswesen. Wir haben in Australien, Neuseeland und Großbritannien Beauftragte für das Schul- und Bildungswesen interviewt. Alle betonten, daß sie sich stets bemühten, immer ungefähr gleich viele Lehrer und Lehrerinnen zu beschäftigen, um die Chancengleichheit für beide Geschlechter zu gewährleisten. Im Jahre 1998 waren in Großbritannien 48 Prozent der Lehrer Männer und 52 Prozent Frauen. Das weibliche Gehirn ist besser fürs Lehren geeignet als das männliche, weil bei Frauen die Fähigkeiten für die Kommunikation und die zwischenmenschlichen Beziehungen höher entwickelt sind. Wir wollen uns einmal ansehen, welche Fächer bevorzugt von Lehrern und welche bevorzugt von Lehrerinnen unterrichtet werden.

Fach	Anzahl Lehrer	% Männer	% Frauen
Biologie	5 100	49	51
Wirtschaftslehre	6 400	50	50
Geschichte	13 800	54	46
Geographie	14 200	56	44
Sozialwissenschaften	11 000	52	48
Musik	5 600	51	49
Berufsbildung	1 900	47	53
Sozialkunde	75 200	47	53
Allgemeinbildung	7 900	53	47
Altphilologische Fächer	510	47	53
Sport	20 100	58	42
Religion	13 400	56	44
Kunsterziehung	9 400	44	56

Lehrer und Lehrerinnen 1998 in Großbritannien

Aus dieser Tabelle kann man zwei interessante Tatsachen ablesen: Bei den oben aufgeführten Fächern ist keine spezielle Dominanz der rechten oder der linken Gehirnhälfte erforderlich, um sie lehren zu können. Weder braucht man ein besonders ausgeprägtes räumliches Vorstellungsvermögen, noch werden die verbalen Fähigkeiten der linken Gehirnhälfte übermäßig gefordert. Wie Sie sehen, ist das Verhältnis zwischen Lehrern und Lehrerinnen ziemlich ausgewogen.

Fach	Anzahl Lehrer	% Männer	% Frauen
Physik	4 400	82	18
Informationstechnologien	10 700	69	31
Naturwissenschaften	28 900	65	35
Chemie	4 600	62	38

Fächer, für die ein ausgeprägtes räumliches Vorstellungsvermögen erforderlich ist

Diese Tabelle zeigt deutlich, daß Männer in den Fächern dominieren, in denen die Fähigkeit zum räumlichen Denken unabdingbar ist.

Berufe mit Anforderungen an das räumliche Denken

Im folgenden führen wir eine Liste mit Berufen auf, in denen ein stark ausgeprägtes Raumvorstellungsvermögen unerläßlich ist und in denen ein Mensch zu Schaden kommen kann, wenn dieses Vorstellungsvermögen fehlt. Sie müssen kein Raketenforscher sein, um die Bedeutung dieser Übersicht zu verstehen und einen Zusammenhang zu den Jagdfertigkeiten des Mannes zu erkennen, die ihren Sitz in der rechten Gehirnhälfte haben.

Es gibt Menschen, die hartnäckig weiter daran glauben, daß natürliche Fähigkeiten keinen Stellenwert haben. Sie behaupten, daß die Unterdrückung der Frauen durch die Männer, die »Boys-only-Haltung« der Männer und die traditionell männlich ausgerichteten Gewerkschaften Frauen daran gehindert hätten, Gleichheitsstatus in diesen Berufszweigen zu erlangen. Das Royal Institute of British Architects dagegen berichtet, daß fünfzig Prozent aller Studenten, die sich für Architektur entscheiden, Frauen sind, Frauen jedoch nur neun Prozent aller praktizierenden Architekten ausmachen. Sicherlich haben einige der Frauen, die keine Architekten wurden, ein Leben als Hausfrau und Mutter gewählt. Doch was ist mit dem Rest? Im Bereich Buchführung und Steuerberatungswesen sind 17 Prozent Frauen, zu Beginn der Ausbildung lag der weibliche Anteil allerdings noch bei 38 Prozent.

»Warum gibt es nicht mehr Flugzeugpilotinnen?« fragten wir bei den Fluglinien nach. »Sie bewerben sich nicht«, lautete die Antwort. »Frauen haben kein Interesse daran, Flugzeuge zu fliegen.« Die meisten Angestellten bei den Fluglinien waren sich – wenn überhaupt – nur vage bewußt, welche Bedeutung dem räumlichen Vorstellungsvermögen beim Fliegen zukommt. Viele fühlten sich auch nicht wohl dabei, Kommentare über geschlechtsspezifische Unterschiede abzugeben, und das trotz der unübersehbaren Tatsache, daß 98 Prozent der Cockpit-Besatzungen aus Männern bestehen. Eines ist klar: Man findet kaum Frauen in den unten aufgeführten Berufen, weil sie keine entsprechende Ausbildung anstreben. Die weibliche Gehirnstruktur ist mit diesen Berufen unvereinbar, und folglich haben Frauen auch kein Interesse daran, diese Berufe auszuüben.

Beruf	Anzahl	Männer	Frauen	% Män.	Quelle
Flugzeug-ingenieur	51	51	Keine	100	Ansett Airlines
Ingenieur	1 608	1 608	Keine	100	Inst. Engineers
Rennfahrer	2 822	2 818	4	99,8	Auto Racing Club
Kerntechniker	1 185	1 167	18	98,3	Inst. Nuclear Eng.
Pilot	2 338	2 329	9	99,6	Qantas
Pilot	808	807	1	99,9	Ansett Airlines
Pilot	3 519	3 452	67	98	British Airways
Fluglotse	1 360	1 274	86	94	Dept. Civil Aviation
Dragster-Rennfahrer	250	234	16	93,6	Drag-Racers
Architekt	30 529	27 781	2 748	91	Inst. Architects
Flugdeck-offizier	19 244	17 415	1 829	90,5	Govt. Statistics
Aktuar	5 081	4 578	503	90	Inst. Actuaries
Billard- & Snookerspieler	750	655	95	87	Billiards Assoc.
Buchhalter	113 221	93 997	19 224	83	Inst. Accountants

Prozentualer Anteil von Frauen und Männern in Berufen, bei denen ein gutes räumliches Vorstellungsvermögen erforderlich ist. (Die Zahlen wurden 1998 zusammengestellt. Sie stammen aus Australien, Neuseeland und Großbritannien.)

Billard und Kerntechnik

Im Laufe unserer Forschungsarbeit haben wir mit mehreren professionellen Billard- und Snookerspielern gesprochen. »Frauen, die von Berufs wegen Billard spielen, denken und verhalten sich wie Männer«, sagte ein ehemaliger Weltchampion. »Sie reden wie wir und ziehen sich auch an wie wir – Anzug und Fliege.« Die weiblichen Spieler glaubten, daß sie, wenn sie genauso viel übten wie die Männer, genauso gut wären wie sie. Viele hatten das Gefühl, daß die Haltung der Männer ihnen gegenüber wesentlich dazu beitrug, sie zu bremsen.

»Aber was ist mit dem räumlichen Vorstellungsvermögen?« fragten wir. »Einschätzen der relativen Geschwindigkeit und der Winkel, wie die Bälle zueinander liegen, Entfernung zu den Löchern und Plazierung der weißen Kugel am Schluß?«

»Nie davon gehört«, lautete die Antwort. Wieder wurde die Haltung der Männer dafür verantwortlich gemacht, daß es so gut wie keine weiblichen Champions und Spielerinnen gibt.

»Bei uns herrscht Chancengleichheit für beide Geschlechter«, wurde uns am Institut der Kerntechniker gesagt. »Allerdings richten sich unsere Einstellungskriterien nach Eignung und nicht nach Gleichheit.« 98,3 Prozent aller Kerntechniker sind Männer. Interessant ist, daß bei Forschungsarbeiten des Instituts herausgefunden wurde, daß weibliche Ingenieure geschickter mit den Buchstaben des Alphabets umgehen können, während sich männliche Ingenieure leichter mit Zahlen tun. Das ist auch logisch, denn Buchstaben werden mit Menschen, Beziehungen und verbalen Fähigkeiten verbunden, während sich Zahlen auf das räumliche Verhältnis von Dingen zueinander beziehen.

Man muß nur einmal auf die Geschichte zurückblicken, dann wird man feststellen, daß es praktisch keine herausragenden Frauen in Bereichen gibt, für die räumliche Fähigkeiten und mathematisches Denken erforderlich sind, wie z. B. beim Schach, beim Komponieren und in der Raketenforschung. Einige Leser werden einwenden, daß die sexistische, männliche Tyrannei die Frauen von diesen Tätigkeiten ferngehalten habe. Doch sehen Sie sich um, und Sie werden feststellen, daß es in unserer Welt der Chancengleichheit nur sehr wenige Frauen gibt, die Männern in Tätigkeiten überlegen sind, für die ein gutes räumliches Vorstellungsvermögen erforderlich ist. Der Grund hierfür ist, daß das weibliche Gehirn den Frauen einfach sagt, daß es viel wichtiger ist, das eigene Nest zu verteidigen, als andere Nester anzugreifen.

Frauen zeichnen sich in kreativen Bereichen aus wie beispielsweise den schönen Künsten, dem Lehren, dem Personalwesen und der Literatur – alles Bereiche, in denen abstraktes Denken nicht vorrangig ist. Während Männer Schach spielen, gehen Frauen tanzen und verschönern ihre Wohnung.

Die Computerindustrie

Die Computerwissenschaft basiert hauptsächlich auf der Mathematik, die sich wiederum auf das räumliche Vorstellungsvermögen stützt und folglich eine männliche Domäne ist. Einige Bereiche der Computerwissenschaft, wie beispielsweise das Programmieren oder das Entwerfen der Benutzeroberflächen, erfordern eher psychologisches Feingefühl als mathematisches Können. Und dies sind auch die Bereiche, in denen die meisten Frauen arbeiten.

Eine Untersuchung des Magazins *US Business Women In Computing* zeigt, daß zwischen 1993 und 1998 die Anzahl der Frauen, die im Bereich Informationstechnologie arbeiten wollen, stetig zurückgegangen ist, und nennt als Grund, daß Frauen immer weniger Interesse daran hätten, eine entsprechende Ausbildung zu absolvieren. Dieselbe Untersuchung ergab auch, daß Frauen zweimal so häufig wie Männer Computer am Arbeitsplatz verwenden. Während 84 Prozent der Frauen den Computer lediglich als Mittel zum Zweck oder Werkzeug betrachteten, das ihnen kreative Freiheiten ermöglicht, teilten nur 33 Prozent der Männer diesen Standpunkt. Die Untersuchung ergab, daß 67 Prozent der Männer die Technologie oder das Spielen mit Programmen oder dem Zubehör als das Wichtigste am Computer empfanden, ein Standpunkt, der nur von 16 Prozent der Frauen geteilt wurde.

Mathematik und Buchhaltung

Männer, die sich für Berufe und Tätigkeiten entscheiden, in denen es auf räumlich-visuelle Fähigkeiten ankommt, wechseln in der Regel nicht zu anderen Tätigkeiten, sondern bleiben und geben dort den Ton an. Die meisten Mathematiklehrer sind immer noch Männer, obwohl sich die Lücke zwischen den Geschlechtern auf diesem Gebiet stetig weiter schließt. Im Jahre 1998 waren 56 Prozent der Mathematiklehrer in Großbritannien Männer und 44 Prozent Frauen.

Wie erklären wir nun den steigenden Prozentsatz an Frauen, die dieses Fach unterrichten? Der wahrscheinlichste Grund ist, daß Frauen besser geeignet sind für Lehrberufe, für die Arbeit mit und die Organisation von Gruppen, und daß sie größeren Wert darauf legen, sich die Grundkenntnisse eines Faches anzueignen als Männer. Da sie den Schülern wieder und wieder den gleichen Lehrstoff vermitteln, sitzt der irgendwann so, daß sie unabhängig von der Fachrichtung gleich gute Arbeit leisten – selbst in Mathematik. Das würde auch erklären, warum auf dem Gebiet der Buchhaltung immer mehr Frauen tätig sind. Buchhaltung ist zu einer kundenorientierten Verkaufsrolle geworden, für die das weibliche Gehirn besser geeignet ist als das männliche und bei der die eigentliche Arbeit der Buchhaltung eher nebensächlich geworden ist. In großen Buchhaltungsfirmen ist es heutzutage gang und gäbe, daß sich weibliche Buchhalter um die Akquisition von Neukunden bemühen und diese dann weiter betreuen, während der rechnerische Teil der Buchhaltung an einen männlichen Kollegen im Hinterzimmer übergeben wird, der noch in der Probezeit ist. Wo immer eine Arbeit jedoch reines räumliches Vorstellungsvermögen und mathematisches Denken erfordert, sind weiterhin Männer am stärksten vertreten. Darum sind auch 91 Prozent der Aktuare und 99 Prozent der Ingenieure Männer.

Die vielgelobte Gleichheit

In Australien sind nur fünf Prozent aller im Ingenieurwesen tätigen Personen Frauen, und doch verdienen sie im Durchschnitt 14 Prozent mehr als ihre männlichen Kollegen. Dies ist ein deutlicher Fingerzeig, daß dort, wo das räumliche Vorstellungsvermögen gleich gut ist, Frauen höhere Leistungen erbringen als Männer. Bei professionellen Autorennen hat es seit der Erfindung des Automobils so gut wie keine weiblichen Champions gegeben, beim Dragster-Rennen dagegen sind etwa zehn Prozent der Fahrer und Sieger Frauen. Warum? Beim Dragster-Rennen sind *nicht* die gleichen räumlichen Fähigkeiten wie beim normalen Autorennen erforderlich, um Geschwindigkeiten, Winkel, Kurven, Überholvorgänge und komplizierte Übersetzungsverhältnisse einzuschätzen. Dragster-Rennfahrer rasen in einer geraden Linie, und Sieger ist derjenige, welcher die schnellste Reaktionszeit beim Aufleuchten des grünen Lichtes hat, und da haben Frauen gegenüber Männern einen Vorteil.

Wenn eine Frau ein gleich gutes räumliches Vorstellungsvermögen hat wie ein Mann, sind ihre Leistungen oftmals besser als die ihres männlichen Kollegen.

Obwohl die meisten Dragster-Fahrerinnen, die wir auf ihre geschlechtsspezifische Gehirnorientierung hin prüften, im großen und ganzen eine stärkere männliche Orientierung aufwiesen als Frauen, die keine Rennen fahren, lagen die Vorzüge beim Dragster-Rennen für sie hauptsächlich im Zwischenmenschlichen. »Mit den Jungs kann man wirklich klasse arbeiten«, sagten sie. »Alle ziehen am gleichen Strang.« Und: »Wir sind alle gute Freunde.« Für die männlichen Fahrer lag der Anreiz eher darin, Trophäen zu gewinnen, Fahrzeuge mit aufsehenerregenden technischen Daten zu fahren und mit Unfällen zu prahlen, die sie überlebt haben.

Jungs und ihre Spielzeuge

Jungs lieben ihre Spielzeuge. Darum werden auch 99 Prozent aller Patente von Männern eingereicht. Mädchen spielen ebenfalls gerne mit Spielsachen, doch in der Regel verlieren sie im Alter von zwölf Jahren, wenn sie langsam zu jungen Damen heranreifen, das Interesse daran. Männern bleibt die Faszination an unpraktischen, auf das räumliche Vorstellungsvermögen ausgerichteten Spielsachen ihr Leben lang erhalten – sie geben mit zunehmendem Alter nur immer mehr dafür aus. Männer lieben Mini-Fernseher, die in einer Tasche Platz haben, Handys, die wie Autos aussehen, Computer- und Videospiele, Digitalkameras, komplizierte elektronische Apparate, Lampen, die sich bei akustischen Signalen an- und ausschalten, und alles, was einen Motor hat. Wenn etwas piept, blinkt und mindestens sechs großkalibrige Batterien braucht, dann wollen es die meisten Männer haben.

Das Maß aller Dinge

Jegliche Diskussion über geschlechtsspezifische Unterschiede, wie wir sie in diesem Buch anstellen, löst zwangsweise großes Protestgeschrei von Feministinnen und »politisch korrekten« Aktivisten aus, die das als Unterwanderung ihrer Argumente für ein faireres Leben betrachten. Es ist zwar richtig, daß die Vorurteile der Gesellschaft gewisse stereotype Verhaltensweisen von Männern und Frauen sowie fundamentale Ungleichheiten verstärken und verschlimmern können. Doch solche Vorurteile sind nicht die Ursache dieser Verhaltensweisen. Unser Verhalten wird von unserer Biologie und unserer Gehirnstruktur bestimmt. Viele Frauen haben das Gefühl, daß sie bzw. Frauen im allgemeinen versagt haben, weil sie nicht die von Männern beherrschten Bereiche erobert haben. Doch das ist ein Irrtum. Frauen haben nicht versagt. Sie haben eben nicht die biologischen Anlagen, um in Bereiche vorzudringen, die einem Männergehirn von Natur aus viel besser liegen.

> Frauen haben nicht versagt – sie haben nur darin versagt, so zu sein wie die Männer.

Der Gedanke, daß Frauen in der Gesellschaft keinen Erfolg haben, ist nur dann richtig, wenn man davon ausgeht, daß »Erfolg« und »Nicht-Erfolg« ausschließlich an den Leistungen der Männer gemessen werden bzw. gemessen werden sollte. Wer aber sagt, daß es die größte Erfüllung auf Erden ist, als Geschäftsführer an der Spitze eines Unternehmens zu sitzen, einen Jumbo-Jet zu fliegen oder den Computer einer Raumfähre zu programmieren?

Männer tun das. Sie messen alles mit *ihrem* Maß, das jedoch keine universelle Gültigkeit besitzt.

Kann man seine räumlichen Fähigkeiten verbessern?

Ja, man kann. Es gibt mehrere Möglichkeiten. Sie können warten, bis der natürliche Vorgang der Evolution einsetzt, und in der Zwischenzeit immer wieder die Tätigkeiten üben, bei denen es auf das räumliche Vorstellungsvermögen ankommt, bis Ihr Gehirn genug Verbindungen hergestellt hat. Bei dieser Methode muß man allerdings sehr viel Geduld mitbringen. Biologen schätzen, daß dieser Prozeß einige Jahrtausende dauern könnte.

Eine andere Möglichkeit wäre die Einnahme von Testosteron, das ja das räumliche Denken fördert. Doch auch diese Möglichkeit ist nicht unbedingt der Weisheit letzter Schluß, denn unter anderem wären ein höheres Aggressionspotential, Glatzköpfigkeit und ein Bart die Folgen – demnach für die meisten Frauen kaum eine echte Alternative.

Es ist inzwischen erwiesen, daß Übung und beharrliches Wiederholen einer Tätigkeit dazu beitragen, dauerhafte Gehirnverbindungen für eine bestimmte Aufgabe zu bilden. So besitzen beispielsweise Ratten, die in Käfigen mit viel Spielzeug aufgezogen wurden, mehr Gehirnmasse als Ratten, die ohne Spielsachen aufwuchsen. Pensionäre, die in ihrem Ruhestand nur noch die Beine hochlegen, büßen an Gehirnmasse ein, während diejenigen, die geistig aktiv bleiben, ihre Gehirnmasse intakt halten bzw. sogar noch vergrößern.

Wenn Sie üben und lernen, wie man Straßenkarten liest, können Sie Ihre praktischen Fähigkeiten darin stark verbessern, ebenso wie das tägliche Üben auf dem Klavier irgendwann Früchte trägt. Außer in den Fällen, in denen der Klavierspieler mit den speziellen Gehirnwindungen geboren wurde, die intuitives Klavierspielen erleichtern, ist ständiges und ausdauerndes Üben erforderlich, um ein gewisses Niveau zu erreichen und nicht wieder einzubüßen. Mit anderen Worten, wenn Klavierspieler oder Kartenleser nicht ständig üben, werden ihre antrainierten Fähigkeiten schneller verkümmern, und es wird länger dauern, um sie wieder auf ein gewisses Niveau zu bringen, als das bei einem Menschen der Fall ist, dessen Gehirn für diese Aufgaben ausgerichtet ist.

> Ein Glatzkopf und ein Bart im Tausch gegen bessere räumliche Fähigkeiten sind für eine Frau wahrscheinlich ein zu hoher Preis.

Einige nützliche Strategien

Wenn Sie als Frau einen Sohn großziehen oder mit einem Mann zusammenleben, müssen Sie bedenken, daß Ihre Männer wohl ausgezeichnete räumliche Fähigkeiten haben, sie trotzdem aber immer nur eine Sache auf einmal verrichten können. Die meisten brauchen Hilfe dabei, ihre Hausaufgaben, ihren Tagesablauf und ihr Leben so zu organisieren, daß sie wirklich effektiv sind. Diese organisatorischen Fähigkeiten liegen eher Mädchen und Frauen. Albert Einstein war wohl ein Genie im räumlichen Denken, doch gesprochen hat er erst mit fünf Jahren, und er verfügte über so gut wie keine organisatorischen oder zwischenmenschlichen Talente – was auch in seiner chaotischen Haartracht deutlich zum Ausdruck kam.

Wenn Sie ein Mann und in einer Branche tätig sind, für die räumliches Vorstellungsvermögen wichtig ist – wie beispielsweise im Baugewerbe oder in der Architektur –, sollten Sie nie vergessen, daß die meisten Frauen sich nur von dreidimensionalen Plänen überzeugen lassen.

> Wollen Sie eine Frau von einem Entwurf oder einem Plan überzeugen? Dann zeigen Sie ihr ein dreidimensionales Modell.

Wenn ein Arbeitgeber Frauen für Berufe einstellen will, für die ein gutes räumliches Vorstellungsvermögen erforderlich ist – wie beispielsweise im Ingenieurwesen oder als Aktuare –, muß er bedenken, daß nur etwa zehn Prozent aller Frauen potentiell daran interessiert sind und er folglich nur diese Frauen als Zielgruppe anzupeilen braucht. Eine Marketingstrategie einzuschlagen, die auf alle Frauen abzielt, weil Frauen schließlich etwa die Hälfte der Gesamtbevölkerung ausmachen, wäre eine Verschwendung von Geld und Zeit.

Zusammenfassung

Ray und Ruth haben jetzt keine Probleme mehr miteinander, wenn sie zusammen im Auto sitzen. Er entscheidet, welche Strecke er fahren wird, und fährt ohne ihre Hilfe ans Ziel. Während der Autofahrt redet sie und weist ihn auf interessante Dinge in der Umgebung hin, und er hört zu, ohne sie zu unterbrechen. Sie kritisiert seinen Fahrstil nicht mehr, weil sie jetzt weiß, daß er wegen seiner guten räumlich-visuellen Fähigkeiten mehr riskieren kann als sie, daß er aber trotzdem sicher fährt.

Ray hat sich einen Fotoapparat für 3 000 Dollar gekauft, der über allen möglichen technischen Schnickschnack verfügt, und Ruth versteht jetzt, warum er das Teil so liebt. Wenn sie ein Foto schießen will, bereitet er alles für sie vor und zeigt ihr, wie sie ein gutes Foto machen kann, statt sie auszulachen, weil sie den Apparat mal wieder nicht richtig bedient.

Ray und Ruth – eine moderne Liebesgeschichte

Wenn Männer aufhören, Frauen darum zu bitten, ihnen den Weg zu weisen, wird sich allgemeine Zufriedenheit einstellen, und wenn Frauen aufhören, den Fahrstil von Männern zu kritisieren, wird es nur halb so viele Auseinandersetzungen geben. Wir alle haben unterschiedliche Stärken und Schwächen. Wenn Sie also eine bestimmte Aufgabe nicht gut bewältigen können, nehmen Sie sich das nicht zu Herzen! Mit Übung können Sie Ihre Fähigkeiten verbessern. Doch vermasseln Sie sich damit auf keinen Fall die gute Laune – oder die Ihres Partners!

6. Kapitel

Gedanken, Verhaltensweisen, Gefühle und andere Katastrophengebiete

Colin und Jill waren unterwegs zu einer Party, die in einer ihnen unbekannten Gegend stattfinden sollte. Laut Fahranweisungen, die ihnen gegeben worden waren, hätten sie in etwa zwanzig Minuten da sein sollen. Sie waren jedoch bereits seit fünfzig Minuten unterwegs, und immer noch war ihr Ziel nicht in Sicht. Colin verlor langsam die Geduld, und Jill wurde von einem Gefühl der Mutlosigkeit befallen, als sie zum dritten Mal an derselben Autowerkstatt vorbeifuhren.

Jill: »Liebling, ich glaube, wir hätten an der Werkstatt da rechts abbiegen sollen. Halt doch mal an und frag!«

Colin: »Ich weiß, wo es langgeht. Irgendwo hier muß es sein.«

Jill: »Wir sind aber schon eine halbe Stunde zu spät, und die Party hat bereits angefangen. Laß uns doch anhalten und jemanden nach dem Weg fragen!«

Colin: »Hör zu, ich weiß, was ich tue! Wenn du alles besser weißt, dann fahr doch selbst!«

Jill: »Ich will ja gar nicht fahren, aber ich will auch nicht die ganze Nacht im Kreis herumirren!«

Colin: »Okay! Warum drehen wir dann nicht um und fahren nach Hause?«

Den meisten Frauen und Männern wird diese Unterhaltung bekannt vorkommen. Eine Frau kann nicht verstehen, warum dieser wunderbare Mann, den sie so liebt, plötzlich total durchdreht, nur weil er sich verfahren hat. Wenn sie sich verfahren hätte, würde sie einfach nach dem Weg fragen. Wo liegt sein Problem? Warum kann er nicht einfach zugeben, daß er keine Ahnung hat?

> Warum ist Moses vierzig Jahre lang durch die Wüste geirrt? Er hat sich geweigert, nach dem Weg zu fragen.

Frauen haben kein Problem damit zuzugeben, daß sie einen Fehler gemacht haben, weil das Eingeständnis eines Fehlers in ihrer Welt als Zeichen der Freundschaft und des Vertrauens gewertet wird. Der letzte Mann, der zugab, einen Fehler begangen zu haben, war übrigens General Custer, der 1876 in einem Gefecht mit den Sioux unter Häuptling Sitting Bull fiel.

Unterschiedliche Formen der Wahrnehmung

Frauen und Männer nehmen ein und dieselbe Welt mit anderen Augen wahr. Ein Mann sieht Dinge und Gegenstände und ihre Beziehung zueinander durch die »räumliche« Brille, also etwa so, als ob er die Teile eines Puzzles zusammenlegen würde. Frauen nehmen ein größeres, weiter gestecktes Bild in sich auf, in dem sie auch winzige Details wahrnehmen können. Doch die einzelnen Teile des Puzzles und die Beziehung zwischen den einzelnen Teilen sind ihnen viel wichtiger als die räumliche Lage der Puzzleteile.

Männer wollen Ergebnisse, sie wollen Ziele erreichen, Status und Macht, die Konkurrenz schlagen und, ohne lange zu fackeln, zum Wesentlichen vordringen. Das Bewußtsein der Frauen konzentriert sich mehr auf Kommunikation, Zusammenarbeit, Harmonie, Liebe, das Miteinander und die Beziehungen der Menschen zueinander. Dieser Gegensatz ist so groß, daß es an ein wahres Wunder grenzt, daß sich Frauen und Männer überhaupt daran wagen, ein gemeinsames Leben zu versuchen.

Jungs sind objektbesessen, Mädchen subjektbesessen

Mädchengehirne sind darauf programmiert, auf Menschen und Gesichter zu reagieren, Jungengehirne dagegen reagieren auf Gegenstände und deren Formen. Studien an Babys, die zwischen ein paar Stunden und ein paar Monate alt waren, zeigen einen Punkt ganz deutlich: Jungs mögen Sachen, Mädchen Menschen. Wissenschaftlich meßbare Geschlechtsunterschiede zeigen, wie die Welt durch die unterschiedlich »vernetzten« Gehirne von Mädchen und Jungen ganz verschieden wahrgenommen wird. Weibliche Babys zieht es zu Gesichtern hin, und sie halten auch zwei- bis dreimal länger Augenkontakt als Jungen. Männliche Babys zeigen stärkeres Interesse an der Bewegung eines Mobiles mit unregelmäßigen Formen und Mustern.

Im Alter von zwölf Wochen können Mädchen Fotos von Familienangehörigen von Fotos von Fremden unterscheiden, Jungen nicht. Dafür können Jungen besser ein verlorenes Spielzeug wiederfinden. Diese Unterschiede sind offensichtlich, und sie treten auf, bevor eine Konditionierung durch die Gesellschaft hätte stattfinden können. Man ließ Vorschulkinder in eine fernglasähnliche Apparatur schauen, in der dem einen Auge Gegenstände gezeigt wurden und dem anderen Auge menschliche Gesichter. Die Kinder wurden danach gefragt, an welche Bilder sie sich erinnern konnten. Mädchen erinnerten sich vor allem an Menschen und daran, welche Gefühle sich auf ihren Gesichtern widerspiegelten, Jungen erinnerten sich eher an die Gegenstände und deren Formen. In der Schule sitzen Mädchen im Kreis, reden miteinander und spiegeln die Körpermimik und Gestik der ganzen Gruppe wider. Eine Anführerin ist nicht erkennbar.

Mädchen wollen Beziehungen und Teamarbeit, Jungen Macht und Status.

Wenn ein Mädchen etwas baut, dann ist das normalerweise ein langes, nur undeutlich umrissenes Gebäude, bei dem es vor allem um die Menschen geht, die sich das Mädchen in dem Gebäude vorstellt. Jungen machen dagegen einen regelrechten Wettbewerb daraus, bei dem jeder versucht, ein größeres und höheres Bauwerk als der Junge neben ihm zu errichten. Jungen laufen, springen, raufen miteinander und tun so, als ob sie Flugzeuge oder Panzer wären, während Mädchen sich darüber unterhalten, welche Jungen sie mögen oder wie blöd einige der Jungen doch aussehen. In der Vorschule wird ein neues Mädchen von den anderen Mädchen aufgenommen, und bald schon kennt jede den Namen der Neuen. Ein neuer Junge wird dagegen normalerweise von den anderen Jungen ignoriert und nur dann in die Gruppe eingegliedert, wenn die anderen in der Hierarchie der Meinung sind, er könnte einen sinnvollen Zweck erfüllen. Am Ende des Tages kennen die wenigsten der Jungen den Namen des Neuen oder andere Einzelheiten von ihm. Was sie allerdings wissen, ist, ob er ein guter oder schlechter Spielkamerad ist. Mädchen nehmen andere freundlich auf und akzeptieren sie, wobei sie zu jemandem mit einer Behinderung oder einem Handicap besonders nett sind, während Jungen ein in irgendeiner Form benachteiligtes Kind eher ächten und schikanieren.

»Ja, Isobel… Ich weiß, daß er ein geistesgestörter, sadistisch veranlagter Mörder ist, der seine Opfer mit dem Beil erschlägt… Aber es könnte doch sein, daß er ein geistesgestörter, sadistisch veranlagter Mörder ist, der seine Opfer mit dem Beil erschlägt und der Hilfe braucht!!«

Trotz der besten Absichten der Eltern, Mädchen und Jungen gleich zu erziehen, bestimmen schließlich doch die geschlechtsspezifischen Gehirnstrukturen die Vorlieben und das Verhalten der Kinder. Wenn man einem vierjährigen Mädchen einen Teddybär oder ein Spielzeug gibt, macht sie es zu ihrem besten Freund. Wenn man das gleiche Spielzeug einem Jungen gibt, wird er es auseinandernehmen, um zu verstehen, wie es funktioniert, es dann zerlegt liegen lassen und sich das nächste Spielzeug vorknöpfen.

Jungen interessieren sich für Gegenstände und dafür, wie diese funktionieren, Mädchen interessieren sich für Menschen und Beziehungen. Wenn sich Erwachsene an Hochzeiten zurückerinnern, reden die Frauen über die Zeremonie und über die Leute, die dabei waren – die Männer reden vom Polterabend.

Jungs konkurrieren, Mädchen kooperieren

Mädchengruppen sind kooperativ, und man kann keine klare Anführerin erkennen. Mädchen reden, um ihren Zugehörigkeitsgrad zu demonstrieren, und jedes Mädchen hat in der Regel eine »beste Freundin«, mit der sie all ihre Geheimnisse teilt. Mädchen gehen auf Distanz zu einem Mädchen, das sich als Anführerin aufspielt, indem sie sagen: »Sie glaubt, sie wäre was Besonderes!« oder »Sie glaubt, sie kann uns herumkommandieren!« Jungengruppen haben eine Hierarchie mit Anführern, die durch ihr bestimmendes Gerede und ihre Körpersprache klar identifiziert werden können, und jeder der Jungen kämpft um einen höheren Status in der Gruppe. Macht und Status haben in einer Jungenclique einen hohen Stellenwert. Ein Junge kann sie in der Regel durch besondere Fertigkeiten oder besonderes Wissen oder

Wie geschaffen für einen Lehrfilm über Männer und Frauen: Jan (Benno Fürmann), der Traum von einem Mann.

»Sie haben mein Auto … mein Auto …« – »Sie tun grad so, als hätte ich Ihren Schwanz beschädigt.« Wenn Welten aufeinander prallen: Jan (Benno Fürmann) trifft das erste Mal auf Katrin (Jessica Schwarz).

Die Biochemie des Verliebtseins: Jan geht Katrin (Jessica Schwarz) nach ihrer ersten Begegnung einfach nicht mehr aus dem Kopf.

»Wir sollten unbedingt was zusammen machen.« Der schüchterne Rüdiger (Matthias Matschke) schöpft Hoffnung: Melanie (Annika Kuhl) steigt auf seine Annäherung ein.

»Neandertaler? – Hab ich zu Hause.« Rüdiger (Matthias Matschke), Jan (Benno Fürmann) und ihre Freundinnen Katrin (Jessica Schwarz) und Melanie (Annika Kuhl) unternehmen einen kleinen Ausflug ins Naturkundemuseum.

Wie du mir, so ich dir! Katrin (Jessica Schwarz) vergreift sich an einer von Jans (Benno Fürmann) Lieblingsvideokassetten. Rüdiger (Matthias Matschke) und Melanie (Annika Kuhl) sind irritiert – solch eine Auseinandersetzung würde es bei ihnen nie geben!

Wenn die Unterschiede zwischen Mann und Frau unüberbrückbar scheinen: Jan (Benno Fürmann) und Katrin (Jessica Schwarz) sprechen einfach nicht die gleiche Sprache!

Jan (Benno Fürmann) wittert Gefahr: Der erfolgreiche Schriftsteller und Weltenbummler Jonathan Armbruster (Uwe Ochsenknecht) versucht, seiner Freundin Katrin (Jessica Schwarz) zu imponieren.

»Dann packte uns die Leidenschaft, und wir liebten uns mit der Unschuld wilder Tiere.« Erfolgsschriftsteller Jonathan Armbruster (Uwe Ochsenknecht) in seinem Element.

Jetzt wird es brenzlig: Jan (Benno Fürmann) und seine Sekretärin Angie (Nadja Becker) drohen aufzufliegen.

Wenn Männer fremdgehen: Jan (Benno Fürmann) in einer ganz prekären Lage!

Wenn Frauen Lügen durchschauen: Jan (Benno Fürmann) ist auf der Flucht – doch wird er vor Katrin (Jessica Schwarz) unentdeckt bleiben?

»Hinterher!« Nun hilft Jan (Benno Fürmann) nur die Flucht nach vorne.

Da scheint sich Jan (Benno Fürmann) mit dem Falschen angelegt zu haben: Sven (Sasha Schmitz) kennt keinen Spaß, wenn es um seine Freundin Angie geht. Katrin (Jessica Schwarz) und Jonathan Armbruster (Uwe Ochsenknecht) sind mehr als irritiert.

»Ich liebe alles an Dir. Sogar die Dinge, die ich an Dir hasse!« Jan (Benno Fürmann) und Katrin (Jessica Schwarz) schon fast im Tode wieder vereint?

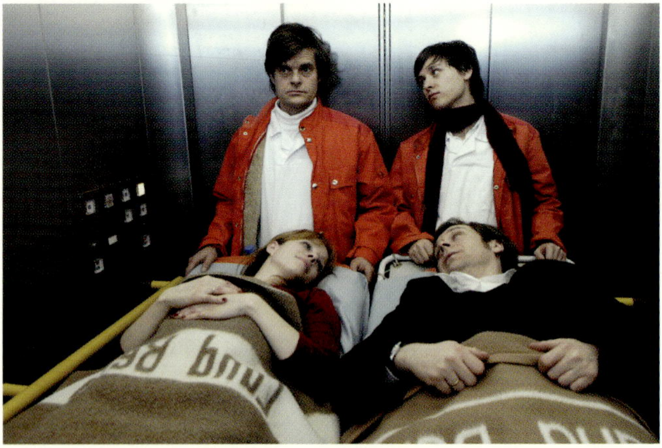

Der schwule Sanitäter Udo (Lars Rudolph, hinten links) und sein Kollege Krischl (Tom Schilling) bringen die schwangere Melanie (Annika Kuhl) gemeinsam mit ihren Mann Rüdiger (Matthias Matschke) zur Entbindung.

aber durch seine Fähigkeit erlangen, anderen Jungen mit großen Worten zu imponieren oder sie tätlich zu unterwerfen. Mädchen bauen gerne Beziehungen zu ihren Lehrern und Freunden auf, während Jungen die Autorität der Lehrer in Frage stellen und lieber die räumlichen Zusammenhänge in der Welt erforschen – und zwar möglichst allein.

Worüber wir reden

Man kann jeder beliebigen Gruppe von Frauen, Männern, Mädchen oder Jungen in jedem beliebigen Land zuhören und wird merken, wie die unterschiedliche Gehirnverkabelung der beiden Geschlechter Männer und Frauen über dieselben Dinge auf vollkommen unterschiedliche Weise sprechen läßt.

Mädchen reden darüber, wer wen mag und wer über wen verärgert ist, sie spielen in kleinen Gruppen und verraten sich »Geheimnisse« über andere als ein Zeichen ihrer Freundschaft. Im Teenageralter sprechen Mädchen über Jungen, ihr Gewicht, Kleidung und ihren Freund. Erwachsene Frauen reden über Diäten, Beziehungen, Heirat, Kinder, Liebhaber, Persönlichkeiten, Kleidung, das Verhalten anderer, Arbeitsbeziehungen und alles, was mit Menschen und persönlichen Fragen zu tun hat.

Jungen reden über Sachen und Tätigkeiten – wer was getan hat, wer gut worin ist und wie Dinge funktionieren. Im Teenageralter sprechen sie über Sport, Mechanik und die Funktion von Gegenständen. Männer diskutieren über Sport, ihre Arbeit, Neuigkeiten des Tages und darüber, was sie getan haben oder wohin sie gegangen sind, reden über Technologien, Autos und alle möglichen Geräte und Apparaturen.

Was moderne Frauen und Männer wollen

In einer kürzlich erschienenen Studie, die in fünf westlichen Ländern durchgeführt wurde, wurden Frauen und Männer gebeten, die Art Person zu beschreiben, die sie am liebsten sein würden. Männer verwendeten überwiegend Adjektive wie draufgängerisch, konkurrenzfähig, leistungsfähig, dominierend, entschlossen, bewundert und praktisch veranlagt. Aus der gleichen Liste wählten die Frauen Adjektive wie warmherzig, liebevoll, großzügig, mitfühlend, attraktiv, freundlich und wohltätig.

Ganz oben auf der Werteskala der Frauen lagen der Dienst am anderen und die Begegnung mit interessanten Menschen, während bei Männern Prestige, Macht und der Besitz von materiellen Gegenständen hoch im Kurs standen. Männer schätzen Dinge, Frauen Beziehungen. Die unterschiedlichen Vorlieben von Frauen und Männern werden von ihren unterschiedlichen Gehirnstrukturen bestimmt.

Gefühle im Gehirn

Die kanadische Forscherin Sandra Witleson hat an Frauen und Männern Untersuchungen durchgeführt, um den Sitz der Gefühle im Gehirn zu lokalisieren. Sie verwendete Bilder, die starke Gefühle hervorrufen. Zuerst wurden diese Bilder der rechten Gehirnhälfte über das linke Auge und das linke Ohr mitgeteilt und dann der linken Gehirnhälfte über das rechte Auge und das rechte Ohr. Witleson kam zu dem Schluß, daß der Sitz der Gefühle bei Männern wie in Abbildung 1 liegt und bei Frauen wie in Abbildung 2. Zwar lassen sich Gefühlswahrnehmungen nicht so leicht auf eine bestimmte Gehirnregion festlegen wie das räumliche Vorstellungsvermögen oder die Sprach- und Sprechfertigkeiten. Doch haben Kernspintomographien ergeben, daß Gefühle ungefähr in den Gehirnregionen verarbeitet werden, die auf den Abbildungen eingezeichnet sind.

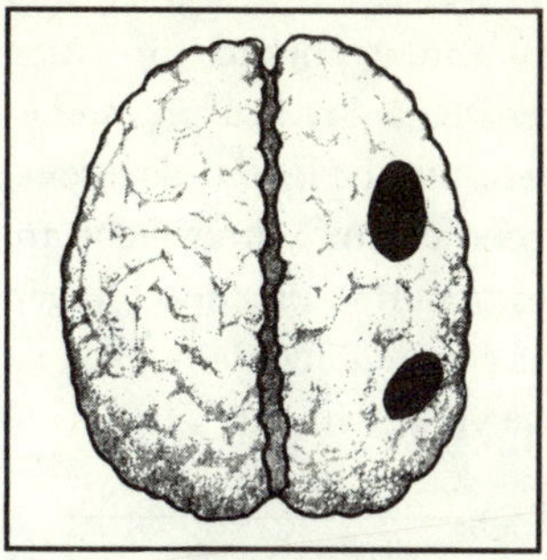

Abbildung 1: Gefühlswahrnehmung bei Männern

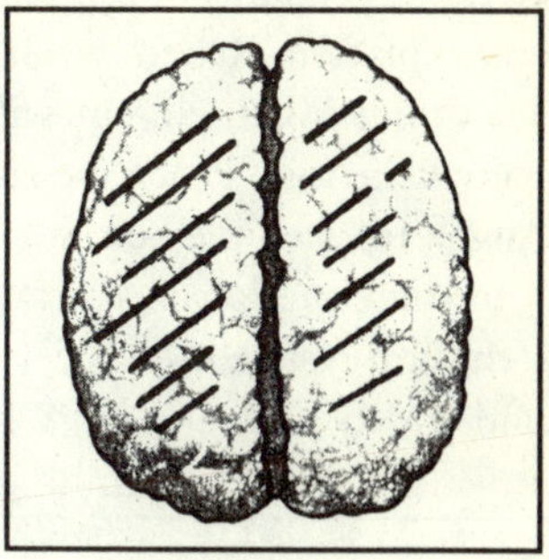

Abbildung 2: Gefühlswahrnehmung bei Frauen

Bei Männern befinden sich die Gefühle in der rechten Gehirnhälfte, was bedeutet, daß sie getrennt von anderen Gehirnfunktionen verarbeitet werden können.

Während einer Auseinandersetzung beispielsweise kann ein Mann logisch argumentieren und seine Argumentation verbal formulieren (linke Gehirnhälfte), um dann auf räumliche Lösungen umzuschalten (rechte vordere Gehirnhälfte), ohne daß er dabei emotional werden müßte. Es ist ungefähr so, als ob die Gefühle in einer kleinen dunklen Kammer eingesperrt wären. Das dünnere Corpus callosum eines Mannes verhindert auch, daß die Gefühle gleichzeitig mit anderen Gehirnfunktionen in Aktion treten. Eine Frau kann emotional werden, sobald sie über ein gefühlsbeladenes Thema spricht, während das bei einem Mann seltener vorkommt. Wenn es doch vorkommt, wird er sich in den meisten Fällen einfach weigern, weiter darüber zu sprechen. Auf diese Art und Weise kann er vermeiden, emotional zu werden oder den Anschein zu erwecken, nicht mehr Herr der Lage zu sein.

Im großen und ganzen können die Gefühle einer Frau gleichzeitig mit den meisten anderen Gehirnfunktionen aktiviert werden, was bedeutet, daß sie gleichzeitig weinen und einen platten Reifen wechseln kann, während für einen Mann das Wechseln eines Plattens eine Art Prüfung seiner Fähigkeiten ist, Probleme zu lösen, was bedeutet, daß seine Augen trocken bleiben, selbst wenn er um Mitternacht am Rand einer verlassenen Straße mitten im strömenden Regen steht und feststellt, daß der Reservereifen ebenfalls platt ist und er den Wagenheber zu Hause vergessen hat.

> Ein emotionaler Mann kann wie ein Reptil nach einem schnappen. Eine emotionale Frau redet lieber über ihre Gefühle.

Ruben Gur, Professor für Neuropsychologie an der University of Pennsylvania, leistete ebenfalls Pionierarbeit auf diesem Gebiet der Forschung und fand heraus, daß die stark in Fächer aufgeteilten Männergehirne mit Gefühlen auf wesentlich niedrigerer, fast könnte man sagen animalischerer Ebene umgehen – einem angreifenden Krokodil nicht ganz unähnlich –, während eine Frau sich eher mit jemandem zusammensetzt und dieser Person ihre Gefühle mitteilt. Wenn eine Frau eine gefühlsbetonte Unterhaltung führt, gibt sie über ihr Mienenspiel, ihre Körpersprache und eine Reihe von Sprechmustern ausdrucksstarke Signale von sich. Ein Mann, der seine Gefühle an die Oberfläche kommen läßt, schaltet eher in den »Reptilmodus« und wirft mit bissigen Worten um sich, oder er wird handgreiflich.

Frauen legen viel Wert auf Beziehungen, Männer auf ihre Arbeit

Unser modernes Gesellschaftsleben ist nicht mehr als ein kleiner leuchtender Punkt auf dem Bildschirm der menschlichen Entwicklungsgeschichte. Hunderttausende von Jahren haben Frauen und Männer ihr Leben nach traditionellen Geschlechterrollen gelebt und der modernen Frau und dem modernen Mann eine Gehirnstruktur vererbt, die heutzutage für die meisten Beziehungsprobleme und Mißverständnisse verantwortlich ist. Männer definieren sich seit jeher über ihre Arbeit und ihre Leistungen, während Frauen ihr Selbstwertgefühl aus der Qualität ihrer zwischenmenschlichen Beziehungen ableiten. Ein Mann ist Beutejäger und Problemlöser – das waren seine Prioritäten, um überleben zu können. Eine Frau ist Nesthüterin – ihre Rolle war es, das Überleben der nächsten Generation sicherzustellen.

Alle Studien über weibliche und männliche Wertvorstellungen, welche in den neunziger Jahren dieses Jahrhunderts durchgeführt wurden, zeigen, daß siebzig bis achtzig Prozent aller Männer auf der ganzen Welt immer noch ihre Arbeit als wichtigsten Lebensinhalt sehen, während siebzig bis achtzig Prozent aller Frauen die Familie am wichtigsten finden. Daraus kann man folgendes ableiten:

> Wenn eine Frau Probleme mit ihren zwischenmenschlichen Beziehungen hat, kann sie sich nicht auf ihre Arbeit konzentrieren. Wenn ein Mann an seinem Arbeitsplatz unzufrieden ist, kann er sich nicht auf seine zwischenmenschlichen Beziehungen konzentrieren.

Wenn eine Frau unter Druck steht oder gestreßt ist, empfindet sie es als Wohltat, einfach nur mit ihrem Mann darüber zu reden. Ein Mann dagegen empfindet das Reden als eine Störung bei seiner Suche nach Lösungen. Sie will reden und schmusen, er will auf seinem Felsblock sitzen oder in die Flammen des Lagerfeuers starren. Die Frau legt sein Verhalten als Desinteresse und Gleichgültigkeit aus, und der Mann empfindet ihr Verhalten als lästig und penetrant. Diese Form der Wahrnehmung spiegelt die unterschiedliche Gehirnstruktur und die unterschiedlichen Prioritäten von Frauen und Männern wider. Dies ist auch der Grund, warum eine Frau immer sagt, daß ihr die Beziehung wichtiger zu sein scheint als ihm – genauso ist es nämlich auch. Wenn Ihnen dieser Unterschied einmal bewußt ist, werden sich viele Probleme, die Sie mit Ihrem Partner haben, in Luft auflösen, und Sie werden aufhören können, das Verhalten des anderen voreilig zu verurteilen.

Warum Männer immer etwas tun müssen

Ein männliches Gehirn ist so aufgebaut, daß es Gegenstände, ihr Verhältnis zu anderen Gegenständen, ihre räumliche Lage und Funktionsweise einzuschätzen und zu verstehen versucht. Auch ist das männliche Gehirn ständig und überall auf der Suche nach Lösungen zu Problemen. Ein Männergehirn funktioniert nach dem Motto »Wie kann ich das wieder reparieren?«

Männer wenden dieses »Reparieren-Kriterium« auf nahezu alle Aktivitäten an. Eine Frau erzählte uns, daß ihr Mann, nachdem sie ihm einmal gesagt hatte, er solle ihr gegenüber eine etwas liebevollere Haltung an den Tag legen, den Rasen mähte. Damit drückte er seine Liebe zu ihr aus. Als sie ihm sagte, daß sie immer noch nicht glücklich mit seinem Verhalten sei, strich er die Küche neu. Als auch das nicht die gewünschten Resultate erbrachte, bot er ihr an, sie mit zu einem Fußballspiel zu nehmen. Wenn eine Frau sich über etwas aufgeregt hat, wird sie sich ihren Frust bei ihren Freundinnen von der Seele reden. Wenn ein Mann sich dagegen über etwas aufgeregt hat, wird er einen Motor auseinandernehmen oder einen tropfenden Wasserhahn reparieren.

> Um seine Liebe zu ihr zu beweisen, erklomm er die höchsten Berge, durchschwamm die tiefsten Meere und zog durch die weitesten Wüsten. Doch sie verließ ihn – weil er nie zu Hause war.

Während Frauen von Liebe und Romantik träumen, träumt ein Mann von schnellen Autos, leistungsstarken Computern, Booten und Motorrädern. All diese Dinge kann man benutzen, und alle hängen in irgendeiner Form mit dem räumlichen Vorstellungsvermögen zusammen und damit, »etwas zu tun«.

Warum sich Frauen und Männer trennen

Der biologische Drang eines Mannes ist es, eine Frau zu versorgen, und ihre Anerkennung seiner Bemühungen bestätigt seinen Erfolg. Wenn sie glücklich ist, ist das für ihn Erfüllung. Wenn sie unglücklich ist, fühlt er sich wie ein Versager, weil er glaubt, er versorge sie nicht richtig oder nicht ausreichend. Man hört ständig Männer zu ihren Freunden sagen: »Ich kann sie nicht glücklich machen«, und das kann eine ausreichende Motivation für ihn darstellen, seine Frau wegen einer anderen zu verlassen, die glücklich zu sein scheint mit dem, was er ihr bieten kann.

> Frauen verlassen einen Mann nicht, weil sie unglücklich mit dem sind, was er ihr zu bieten hat, sondern weil sie emotional nicht ausgefüllt sind.

Eine Frau braucht Liebe, Romantik und das miteinander Reden. Für einen Mann ist wichtig, daß ihm die Frau sagt, das, was er macht, ist klasse, und das, was er ihr bieten kann, genügt ihr. Ein Mann muß aber auch romantisch sein und vor allem zuhören können, wenn eine Frau mit ihm redet, ohne ihr ständig Problemlösungen anzubieten.

Warum Männer es hassen, unrecht zu haben

Wenn man verstehen will, warum Männer es so hassen, unrecht zu haben, muß man einen Blick auf die Geschichte werfen. Stellen Sie sich einmal folgende Szene vor: Die Höhlenfamilie hockt um ein Feuer herum. Der Mann sitzt am Höhleneingang und blickt hinaus. Er sucht mit dem Auge Landschaft und Horizont nach Bewegungen ab. Seine Frau und seine Kinder haben seit Tagen nichts gegessen, und er weiß, daß er beim ersten Nachlassen des schlechten Wetters auf die Jagd gehen und erst zurückkehren wird, wenn er eine Beute erlegt hat. Das ist seine Aufgabe, denn seine Familie ist von ihm abhängig. Sie sind zwar hungrig, haben aber Vertrauen in seine Fähigkeiten. Sein Magen knurrt, und er macht sich Sorgen. Wird er wieder Erfolg haben? Oder wird seine Familie verhungern? Werden andere Männer ihn töten, weil er vor Hunger geschwächt ist? Er sitzt mit ausdrucksloser Miene da und beobachtet. Er darf seiner Familie nicht zeigen, daß er Angst hat, denn dann würde sie verzweifeln. Er muß stark sein.

> Wenn ein Mann unrecht hat, fühlt er sich wie ein Versager, weil er nicht in der Lage war, seine Aufgabe zu erfüllen.

Millionen von Jahren Angst, ein Versager zu sein, scheinen fest im Gehirn des modernen Mannes verankert zu sein. Die wenigsten Frauen wissen, daß ein Mann, der allein im Auto unterwegs ist, wahrscheinlich anhalten und nach dem Weg fragen würde. Doch wenn eine Frau neben ihm sitzt, hieße das für ihn, ein Versager zu sein, weil er nicht in der Lage ist, sie ohne Hilfe an den gewünschten Ort zu bringen.

Wenn eine Frau sagt: »Halt doch an und frag nach dem Weg!«, dann hört ein Mann heraus: »Du bist unfähig – du kannst dich nicht mal zurechtfinden.« Wenn sie sagt: »Der Wasserhahn in der Küche tropft. Soll ich den Klempner rufen, damit er ihn repariert?«, dann hört er heraus: »Du bist nutzlos! Ich rufe einen anderen Mann, der deine Aufgabe für dich erledigt!« Das ist auch der Grund, warum Männer es schwierig finden zu sagen: »Es tut mir leid!« Für sie ist das, als ob sie zugäben, daß sie unrecht hatten, und unrecht zu haben ist für sie gleichbedeutend damit, ein Versager zu sein.

Eine Frau sollte also vor allem darauf achten, daß sie ihm nicht ungewollt auf die Füße tritt, wenn sie mit ihm ein Problem bespricht. Selbst wenn man einem Mann ein Selbst-

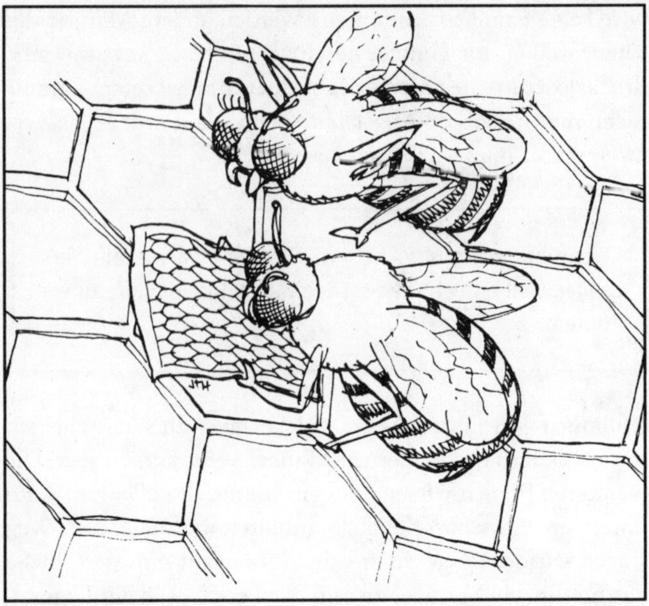

»Zum fünften Mal, Nathan ... halt endlich an, und frag nach dem Weg!«

hilfebuch zum Geburtstag schenkt, könnte er auf die Idee kommen, daß er so, wie er ist, nicht gut genug ist.

> Männer vertragen keine Kritik – deswegen heiraten sie am liebsten Jungfrauen.

Ein Mann muß lernen, daß es einer Frau nicht darum geht, ihm zu zeigen, daß er alles falsch macht. Meistens will sie ihm wirklich nur helfen, und er sollte nicht alles gleich persönlich nehmen. Eine Frau will dem Mann, den sie liebt, helfen, ein besserer Mensch zu werden; er deutet das jedoch oftmals so, daß er nicht gut genug für sie ist. Ein Mann gibt keine Fehler zu, weil er befürchtet, daß sie ihn dann nicht mehr liebt. In Wirklichkeit liebt eine Frau einen Mann nur um so mehr, wenn er zugibt, daß er Fehler macht.

Warum Männer ihre Gefühle verbergen

Der moderne Mann trägt in sich immer noch das alte Erbe, tapfer sein zu müssen und keine Schwächen zeigen zu dürfen. Überall auf der Welt fragen sich Frauen: »Warum muß er nur immer so stark sein? Warum kann er mir nicht einfach seine wahren Gefühle zeigen?« – »Wenn er sauer ist oder sich über etwas aufgeregt hat, frißt er es in sich hinein und wird ungenießbar, oder er läßt keinen mehr an sich heran.« »Ihn dazu zu bewegen, mit mir über seine Probleme zu reden, ist so, als ob man ihm einen Zahn ziehen wollte.«

Ein Mann ist von Natur aus mißtrauisch, konkurrenzorientiert, beherrscht, defensiv und ein Einzelgänger, der seinen Gefühlszustand vor seiner Umwelt verbirgt, um in jeder Situation »Herr der Lage« zu bleiben. Für Männer ist das Zeigen von Gefühlen gleichbedeutend mit Schwäche. Die Konditionierung durch unsere Gesellschaft verstärkt diese Verhaltensweisen in Männern noch, indem ihnen beigebracht wird, daß sie sich »wie ein Mann« verhalten sollen, »tapfer sein müssen« und daß »Jungen nicht weinen«.

Damit eine Frau ihrer Funktion als Nesthüterin nachkommen kann, ist ihr Gehirn darauf programmiert, offen, vertrauensvoll und kooperativ zu sein, Schwächen und Gefühle zu zeigen und zu wissen, daß man nicht zu jedem Zeitpunkt alles unter Kontrolle haben kann. Aus diesen Gründen sind Frauen und Männer, die ein Problem miteinander haben, auch so perplex über die Reaktionen des anderen.

Warum Männer sich am liebsten mit anderen Männern herumtreiben

Zu den Zeiten unseres Höhlenmannes war das Beutetier meistens viel größer und stärker als er, deshalb bildete er mit anderen Jägern eine Gruppe, um gemeinsam auf die Jagd zu gehen. Sein überlegenes Gehirn ermöglichte es ihm, eine Jagdstrategie zu entwickeln, die dem modernen Fußball in vielerlei Hinsicht nicht ganz unähnlich ist. Zur Verständigung untereinander verwendeten die Frühmenschen ein ausgeklügeltes System von Körpersignalen, um diese Jagdstrategie gemeinsam mit den anderen in die Tat umsetzen zu können.

Diese »Jagdmeuten« bestanden fast ausschließlich aus Männern, welche die »Männerarbeit« erledigten, das heißt, ihre Speere nach Beutetieren warfen. Die Frauen, die gewöhnlich schwanger waren, erledigten inzwischen die »Frauenarbeit«, die aus dem Großziehen der Kinder, dem Sammeln von Beeren und Wurzeln, der Hausarbeit und dem Verteidigen des »Nestes« bestand. Das Bedürfnis der Männer, sich zu Gruppen zusammenzurotten, um auf die Jagd zu gehen, hat sich über Jahrmillionen ins männliche Gehirn eingeprägt, und man kann schlecht erwarten, daß man es einem Mann über Nacht abgewöhnen kann. So rotten sich Männer heutzutage zu Jagdmeuten in Kneipen und Clubs zusammen, um sich Witze und Geschichten über ihre »Jagderlebnisse« zu erzählen. Wenn sie anschließend nach Hause zurückkehren, sitzen sie meistens gern noch eine Weile da und starren ins Feuer.

Warum Männer keine guten Ratschläge vertragen

Ein Mann muß das Gefühl haben, daß er in der Lage ist, seine Probleme selbst zu lösen. Sie mit anderen zu erörtern empfindet er als eine Zumutung gegenüber der anderen Person. Er wird nicht einmal seinen besten Freund mit einem Problem belästigen, es sei denn, er glaubt, dieser könnte eine bessere Lösung als er selbst parat haben.

> Geben Sie einem Mann nur Ratschläge, wenn er Sie ausdrücklich darum bittet! Machen Sie ihm klar, daß Sie Vertrauen in seine Fähigkeiten haben, das Problem zu lösen.

Wenn eine Frau versucht, einen Mann dazu zu bringen, über seine Gefühle oder Probleme zu reden, leistet er Widerstand, weil er das als Kritik auffaßt oder fürchtet, daß sie ihn für unfähig hält und eine bessere Lösung weiß. In Wirklichkeit will sie ihm ja nur helfen, damit er sich wieder besser fühlt, denn eine Frau bietet Ratschläge an, weil sie das Vertrauen innerhalb der Beziehung stärken will. Für sie ist es kein Zeichen von Schwäche, einen Ratschlag anzunehmen.

Warum Männer Lösungen anbieten

Männer haben einen logischen Kopf, der auf das Lösen von Problemen programmiert ist. Wenn ein Mann zum ersten Mal einen Raum in einem Konferenzzentrum oder ein Restaurant betritt, fallen ihm sofort Sachen auf, die gerichtet werden müssen, Bilder, die schief hängen, und wie man den Raum noch besser gestalten könnte. Sein Hirn ist eine Problemlösungs-Maschine, die er keine Sekunde ausschalten kann. Selbst wenn er auf seinem Totenbett in einem Krankenhaus läge, würde er darüber nachdenken, wie man die Abteilung umgestalten müßte, um das natürliche Licht und den schönen Ausblick besser zu nutzen. Deshalb bietet er seiner Frau, die doch eigentlich nur von dem erzählen möchte, was sie beschäftigt, Lösungen an. Er ist davon überzeugt, daß es ihr mit einer Lösung bessergeht.

Warum gestreßte Frauen das Bedürfnis haben, zu reden

Unter Streß oder Druck werden die Gehirnfunktionen des Mannes – räumliches Vorstellungsvermögen und Logik – aktiviert. Bei einer Frau ist es die Sprachfunktion, und so beginnt sie zu reden, unter Umständen nonstop. Wenn sie gestreßt ist, redet sie jedem, der bereit ist zuzuhören, die Ohren voll. Sie kann stundenlang mit ihren Freundinnen über ihre Probleme sprechen, in allen Details, und wenn sie damit fertig ist, wird alles noch mal gemeinsam ganz von vorne aufgerollt. Sie redet über aktuelle Probleme, frühere Probleme, mögliche Probleme und Probleme, für die es keine Lösung gibt. Während sie redet, sucht sie nicht nach Lösungen – das Reden selbst beruhigt und tröstet sie. Ihr Gerede ist unstrukturiert, und sie kann jederzeit mehrere Themen gleichzeitig erörtern, ohne daß sie jemals zu einem Ergebnis kommen würde.

> Für eine Frau ist es ein Zeichen von Vertrauen und Freundschaft, ihre Freundinnen in ihre Probleme einzuweihen.

Für einen Mann ist es ein hartes Stück Arbeit, einer Frau zuzuhören, die über ihre Probleme redet, weil er das Gefühl hat, daß sie für jedes Problem, das sie während des Redens auf den Tisch bringt, eine Lösung von ihm erwartet. Er will nicht nur einfach über Probleme *sprechen*, er will etwas dagegen unternehmen! Wahrscheinlich wird er an dem einen oder anderen Punkt ihren Monolog unterbrechen und einwerfen: »Was ist denn nun der springende Punkt?« Der springende Punkt ist, daß es keinen springenden Punkt geben muß. Das Wichtigste, was ein Mann lernen kann, ist das Zuhören, bei dem er gelegentlich ein paar Zuhörgeräusche von sich gibt und Zuhörgesten macht, aber keine Lösungen anbietet. Für einen Mann ist das allerdings ein befremdliches Konzept, denn er redet normalerweise nur, wenn er auch eine Lösung anzubieten hat.

> Wenn Sie es mit einer aufgeregten Frau zu tun haben, bieten Sie ihr keine Lösungsvorschläge an, und stellen Sie die Richtigkeit ihrer Gefühle nicht in Frage – zeigen Sie ihr nur, daß Sie zuhören.

Wenn sich eine Frau weigert, seine Lösungen anzunehmen, ist sein nächster Schritt, die Wichtigkeit ihrer Probleme herunterzuspielen – mit Sätzen wie: »Es ist doch nicht so wichtig!«, »Du übertreibst mal wieder«, »Vergiß es einfach!« und »So schlimm ist es nun auch wieder nicht!« Damit bringt ein Mann eine Frau nur auf die Palme, weil sie das Gefühl bekommt, er wolle ihr nicht zuhören. Und das ist für sie ein eindeutiger Beweis dafür, daß sie ihm nicht besonders wichtig sein kann.

Warum gestreßte Männer nicht reden wollen

Eine Frau spricht »außerhalb« ihres Kopfes, das heißt, man kann sie hören, während ein Mann »in« seinem Kopf redet.

Auf seinem einsamen Felsen sitzt er…

Er hat keine bestimmte Gehirnregion für die Sprachfunktion, deswegen entspricht das seinem Naturell. Wenn ein Mann ein Problem hat, bespricht er sich mit sich selbst, wenn eine Frau ein Problem hat, bespricht sie sich mit anderen.

Das ist der Grund, warum ein Mann, der unter Streß oder Druck steht, wie eine Auster zusammenklappt und keinen Ton mehr von sich gibt. Mit seiner rechten Gehirnhälfte sucht er nach Lösungen für seine Probleme, und in der Zwischenzeit stellt seine linke Gehirnhälfte, die er zum Zuhören und Reden bräuchte, vorübergehend ihren Betrieb ein. Das männliche Gehirn kann nicht mehr als eine Sache gleichzeitig tun. Ein Mann kann nicht gleichzeitig Probleme lösen und zuhören oder reden. Sein Schweigen ist für eine Frau oft bedrückend oder beängstigend. Frauen sagen ihren Männern, Söhnen und Brüdern: »Nun komm schon, du mußt darüber reden! Danach geht es dir bestimmt besser!« Sie sagen das, weil es für sie die richtige Methode ist. Er dagegen will einfach nur in Ruhe gelassen werden und in die Flammen starren, bis ihm eine Lösung und eine Antwort zu seinem Problem einfällt. Er will mit niemandem darüber reden, schon gar nicht mit einem Therapeuten, weil das für ihn ein eindeutiges Zeichen von Schwäche wäre.

Die berühmte Skulptur »Der Denker« von Rodin stellt einen Mann dar, der grübelt. Er will auf seinem Felsen sitzen und über mögliche Lösungen nachdenken, und er will dabei allein sein. Das Schlüsselwort hier lautet *allein* – niemand darf ihn auf den Felsen begleiten, nicht einmal seine besten Freunde. Seine männlichen Freunde würden nicht im Traum daran denken, ihn da oben zu stören. Einer Frau dagegen ist es ein Bedürfnis, zu ihm hochzuklettern und ihn zu trösten, und sie kriegt den Schock ihres Lebens, wenn er sie mit einem kräftigen Tritt wieder hinunterbefördert!

> Männer klettern auf ihren einsamen Felsen, um ihre Probleme zu lösen – Frauen, die ihnen dorthin folgen, werden unsanft wieder hinunterbefördert.

Wenn Rodin ein weibliches Gegenstück zu dieser Skulptur geschaffen hätte, wäre ihr Name wahrscheinlich »Die Redende«. Frauen müssen lernen, einen Mann, der auf seinen einsamen Felsen klettert, allein und in Ruhe denken zu lassen. Viele Frauen haben aber das Gefühl, daß sein Schweigen bedeutet, daß er sie nicht liebt oder sauer auf sie ist. Der Grund dafür ist, daß eine Frau, die nicht redet, sehr wohl verärgert oder gekränkt ist. Wenn sie den Mann auf seinem Felsen mit einer Tasse Tee und ein paar Keksen in Frieden sitzen läßt und ihn nicht zum Reden drängt, ist für ihn alles in Butter. Wenn er sein Problem gelöst hat, kommt er wieder herunter und ist glücklich und zufrieden, so daß er dann auch wieder mit ihr reden kann.

Probleme mit Hilfe des räumlichen Vorstellungsvermögens lösen

Zu den vielen unterschiedlichen Arten, wie Männer »auf ihrem einsamen Felsen sitzen«, gehören auch folgende Tätigkeiten: Zeitung oder Zeitschrift lesen, Squash spielen, Angeln gehen, Tennis oder Golf spielen, etwas reparieren oder fernsehen. Ein Mann, der unter Druck steht, lädt häufig einen anderen Mann zum Golfspielen ein, und wenn sie dann miteinander spielen, fällt nur hin und wieder ein Wort. Der Mann mit dem Problem schaltet auf seine rechte vordere Gehirnhälfte und setzt sein räumliches Vorstellungsvermögen ein, um Golf zu spielen, während er gleichzeitig denselben Gehirnbereich verwendet, um Lösungen für sein Problem zu finden. Es scheint, als ob das Stimulieren des räumlichen Gehirnbereiches gleichzeitig auch den Problemlösungsprozeß beschleunigen würde.

Warum Männer zappen

Ein Mann, der mit der Fernbedienung durch die Fernsehkanäle zappt, wirkt auf die meisten Frauen wie ein rotes Tuch. Er sitzt in seinem Sessel wie ein Zombie und schaltet wahl- und ziellos von einem Kanal zum anderen, ohne sich ein bestimmtes Programm anzuschauen. Wenn ein Mann dieser Beschäftigung nachgeht, sitzt er im Geist auf seinem einsamen Felsen und sieht in den meisten Fällen nicht einmal, was auf den einzelnen Kanälen gesendet wird. Er versucht nur, das Geschehen in groben Umrissen zu begreifen, bevor er weiterschaltet. Wenn er beim Zappen ist, kann er seine eigenen Probleme vergessen und nach Lösungen für die anderer Leute suchen. Frauen zappen nicht durch die Kanäle – sie schauen sich eine Sendung an und versuchen, der Handlung zu folgen und die Gefühle und Beziehungen der Akteure zueinander zu begreifen.

Ähnlich ist es mit der Sucht der Männer, Zeitung zu lesen. Frauen muß klar sein, daß Männer, wenn sie einmal beim Zeitunglesen sind, nicht viel hören bzw. sich auch nicht an viel erinnern, folglich ist es schwierig, sich in dem Moment mit ihnen zu unterhalten. Machen Sie lieber einen festen Termin aus, und sagen Sie ihm, worüber Sie dann mit ihm reden wollen. Und denken Sie daran: Seine Urahnen verbrachten Millionen von Jahren damit, ausdruckslos auf einem Felsen zu hocken und den Horizont abzusuchen, und auch für ihn ist das noch etwas ganz Natürliches.

Wie man Jungs zum Reden bringt

Auf der ganzen Welt beklagen sich Mütter darüber, daß ihre Söhne nicht mit ihnen reden wollen. Ihre Töchter kommen von der Schule nach Hause und sprudeln nur so über vor Neuigkeiten, egal, ob sie wichtig sind oder nicht. Männer dagegen sind darauf programmiert, etwas zu tun, und das ist auch der Schlüssel, wie man einen Jungen zum Reden bringt. Eine Mutter, die sich mehr mit ihrem Sohn unterhalten möchte, sollte mit ihm etwas tun – mit ihm malen, in den Sportverein gehen oder Computerspiele mit ihm spielen. Während sie gemeinsam etwas mit ihm unternimmt, kann sie mit ihm reden.

Jungen mögen – im Gegensatz zu ihren Müttern – keinen übertriebenen Blickkontakt.

Auf diese Art und Weise kann er zuviel Blickkontakt vermeiden. Hin und wieder wird die Unterhaltung ins Stocken geraten, weil er erst seine Aktivität unterbrechen muß, um eine Frage zu beantworten. Es ist für ihn schwierig, zwei Dinge gleichzeitig zu tun, doch das Hauptziel bei der ganzen Aktion ist, ihn zum Reden zu bringen. Die gleiche Methode funktioniert auch mit einem erwachsenen Mann. Allerdings sollten Sie nicht versuchen, sich mit ihm während eines kritischen Momentes zu unterhalten, wie beispielsweise genau in dem Augenblick, in dem er eine neue Glühbirne in die Fassung dreht!

Wenn beide gestreßt sind

Gestreßte Männer trinken Alkohol und rücken in anderen Ländern ein. Gestreßte Frauen essen Schokolade und rücken in Einkaufszentren ein. Wenn sie unter Druck stehen, reden Frauen, ohne zu denken, und Männer handeln, ohne zu denken. Das ist auch der Grund dafür, daß neunzig Prozent aller Gefängnisinsassen Männer und neunzig Prozent aller Menschen, die zum Psychotherapeuten gehen, Frauen sind.

Wenn Männer und Frauen gleichzeitig unter Druck stehen, kann sich daraus ein emotionales Minenfeld entwikkeln, wenn jeder damit auf seine Art umzugehen versucht. Männer reden nicht mehr, und Frauen machen sich deswegen Sorgen. Frauen fangen zu reden an, und Männer wissen nicht, wie sie damit umgehen sollen. Die Frau versucht, den Mann dazu zu bringen, über sein Problem zu reden, damit er sich besser fühlt, dabei ist das das Verkehrteste, was sie tun kann. Seine Reaktion darauf ist, ihr zu sagen, sie soll ihn gefälligst in Ruhe lassen, und die Tür hinter sich zuzuschlagen.

Wenn sie auch unter Druck steht, will sie über ihre Probleme reden, was ihn nur noch mehr frustriert. Wenn er sich dann auf seinen einsamen Felsen zurückzieht, fühlt sie sich zurückgewiesen und ungeliebt und ruft ihre Mutter, Schwester oder Freundin an.

Wenn Männer sich komplett abschotten

Dies ist einer der größten Unterschiede zwischen gestreßten Frauen und gestreßten Männern, den auch nur die wenigsten verstehen. Ein Mann schließt generell jeden aus, wenn er extrem gestreßt ist oder die Lösung zu einem ernsten Problem sucht. Er schaltet den Teil seines Gehirns ab, der für die Gefühle zuständig ist, wechselt in den Problemlösungsmodus und hört auf zu reden.

Wenn ein Mann alle anderen so vollständig ausschließt, kann das ein beängstigendes Erlebnis für eine Frau sein, weil sie selbst nur dann so reagiert, wenn sie schwer gekränkt ist, man sie belogen oder mißhandelt hat. Sie geht dann davon aus, daß das auch bei ihrem Mann der Fall sein muß – daß sie ihn verletzt hat und er sie nicht mehr liebt. Sie versucht, ihn zum Reden zu bringen, doch er weigert sich und denkt, daß sie kein Vertrauen in seine Fähigkeiten habe, mit Problemen fertig zu werden. Wenn eine Frau verletzt ist und alle Schotten dichtmacht, denkt ein Mann, daß sie mehr Raum zum Atmen braucht, und geht mit seinen

Kumpels in eine Kneipe oder reinigt den Vergaser seines Autos.

Wenn ein Mann sich komplett abschottet, lassen Sie ihn! Es ist alles in Ordnung! Wenn eine Frau alle Klappen dichtmacht, dann ist etwas am Brodeln, und die Zeit wäre mal wieder reif für eine ausführliche Diskussion.

Wie Männer Frauen vor den Kopf stoßen

Wenn ein Mann zu verstehen glaubt, daß eine Frau gestreßt ist oder ein Problem hat, dann tut er das, was er mit einem anderen Mann machen würde – er geht, weil er ihr den nötigen Raum geben will, damit sie ihre Probleme lösen kann. Seine Worte sind: »Alles in Ordnung, Liebling?«, ihre Antwort lautet: »Ja, alles bestens…«, was in ihrer indirekten Art soviel heißt wie: »Wenn du mich liebst, dann fragst du mich jetzt, was los ist!« Er aber sagt nur: »Schön!« und setzt sich an seinen Computer, um zu arbeiten. Sie denkt dann: »Er ist gefühl- und herzlos« und ruft ihre Freundinnen an, denen sie erzählt, wie schlecht sie sich fühlt und wie unmöglich ihr Mann ist.

In früheren Zeiten waren Männer nie mit den Problemen konfrontiert, denen sie sich heutzutage stellen müssen. Ein Mann zeigte seiner Frau und seiner Familie seine Liebe so, wie Männer das seit jeher getan haben: Er ging zur Arbeit und verdiente seinen und ihren Lebensunterhalt. So war es seit Jahrtausenden, und für die meisten Männer ist das immer noch ganz selbstverständlich. Doch in den meisten Ländern besteht die arbeitende Bevölkerung inzwischen bis zu fünfzig Prozent aus Frauen, das heißt, von vielen Männern wird überhaupt nicht mehr erwartet, daß sie ihre Familien allein versorgen. Heutzutage erwartet man von einem Mann, daß er kommuniziert: eine Fertigkeit, die für ihn alles andere als selbstverständlich ist. Doch keine Panik: Das kann man lernen!

Warum Männer nicht mit Frauen umgehen können, die emotional werden

Wenn sich eine Frau aufregt oder wenn ihre Gefühle sie übermannen, fängt sie unter Umständen zu weinen an, gestikuliert wild in der Gegend herum und redet ohne Unterlaß, wobei sie mit gefühlsstarken Adjektiven ihren Gemütszustand beschreibt. Sie will bemuttert und getröstet werden, und sie will, daß man ihr zuhört. Ein Mann jedoch deutet ihr Verhalten, wie er das eines anderen Mannes deuten würde, und was er aus dem Ganzen heraushört, ist: »Rette mich – hilf mir, meine Probleme zu lösen!«

Statt sie nun zu beruhigen und ihr Trost zu spenden, bietet er ihr Rat an, stellt bohrende Fragen oder sagt ihr, daß sie sich nicht so aufregen soll. »Hör mit dem Weinen auf!« bittet er mit erschrockenem Gesichtsausdruck. »Du reagierst total überzogen! So schlimm ist das Ganze doch nicht!« Statt sie zu bemuttern, benimmt er sich wie ihr Vater. Er hat dieses Verhalten bei seinem Vater und bei seinem Großvater gesehen, und genau so haben sich Männer verhalten, seit sie von den Bäumen heruntergeklettert sind. Für eine Frau ist das Zurschaustellen ihrer Gefühle eine Art der Kommunikation, doch ihr Gefühlsausbruch kann genauso schnell vorbei sein, wie er gekommen ist. Ein Mann fühlt sich jedoch verantwortlich dafür, eine Lösung für sie zu finden, und wenn er damit nicht aufwarten kann, kommt er sich wie ein Versager vor. Wenn eine Frau also emotional wird, regt sich ein Mann deswegen auf bzw. wird ärgerlich und sagt, sie solle mit dem Theater aufhören. Männer haben auch Angst, daß eine Frau, wenn sie mal zu weinen angefangen hat, so schnell nicht mehr damit aufhört.

Männer und Weinen

Frauen weinen häufiger als Männer. Aufgrund ihrer Entwicklungsgeschichte weinen Männer nur selten und vor allem nicht in der Öffentlichkeit, und die Konditionierung durch die Gesellschaft verstärkt dieses Verhalten noch. Wenn ein Junge Fußball spielt und sich verletzt, läßt er sich beim ersten Mal vielleicht noch schreiend zu Boden fallen, doch ein erbost dreinblickender Trainer wird ihn alsbald eines Besseren belehren: »Steh sofort auf! Zeig dem Gegner nicht, daß du verletzt bist! Sei ein Mann!«

Vom sensiblen New-Age-Mann erwartet man hingegen, daß er jederzeit und überall in Tränen ausbricht. Er wird zum Weinen ermutigt, von Therapeuten, Lebensberatern, Artikeln in Zeitschriften und auf Selbstfindungsseminaren, bei denen sich Männer in den Wald zurückziehen, um dicht um ein Lagerfeuer zusammenzusitzen und sich gegenseitig zu umarmen. Dem modernen Mann wird vorgeworfen, er sei kalt oder würde unter einer Funktionsstörung leiden, wenn er seine Gefühle nicht bei jeder Gelegenheit heraushängen läßt. Das weibliche Gehirn kann Gefühle mit anderen Gehirnfunktionen verbinden, und so kommt es auch, daß die Frau unter den verschiedensten Umständen weinen oder emotional werden kann.

> Ganze Männer weinen auch, allerdings nur, wenn ihr Gefühlssegment in der rechten Gehirnhälfte aktiviert ist.

»Ganze Männer« weinen auch, allerdings nur, wenn ihr Gefühlssegment in der rechten Gehirnhälfte aktiviert ist, und das wird ein Mann nur selten in der Öffentlichkeit zulassen. Seien Sie also auf der Hut vor einem Mann, der so etwas regelmäßig in aller Öffentlichkeit tut! Frauen haben im Vergleich zu Männern überlegene sensorische Fähigkeiten – sie empfangen detailliertere Informationen als Männer und sind besser in der Lage, verbal und emotional auszudrücken, wie sie sich fühlen. Eine Frau, die man beleidigt, kann unter Umständen in Tränen ausbrechen, denn eine Beleidigung ist in der Regel emotional geladen. Ein Mann hingegen ist sich womöglich noch nicht einmal bewußt, daß man ihn gerade beleidigt hat. Für ihn ist das Ganze eine Lappalie.

Ausgehen

Für eine Frau ist das Ausgehen in ein Restaurant eine Art, Beziehungen zu festigen, Probleme zu diskutieren oder einer Freundin Mut zuzusprechen. Für Männer ist es eine praktische Art und Weise, mit Essen umzugehen – kein Kochen, kein Einkaufen oder Abspülen. Wenn Frauen sich zum Essen treffen, reden sie sich gegenseitig mit dem Vornamen an, weil das Intimität erzeugt, Männer hingegen vermeiden jegliche Intimität mit anderen Männern. Wenn Barbara, Robyn, Lisa und Fiona zusammen Mittagessen gehen, nennen sie sich Barbara, Robyn, Lisa und Fiona. Wenn dagegen Ray, Allan, Mike und Bill sich auf ein Gläschen in einer Kneipe treffen, bezeichnen sie sich gegenseitig als alter Gauner, Wichser, Holzkopf und Depp. Das sind Bezeichnungen, mit denen jegliche Form der Intimität bereits im Keim erstickt wird.

Wenn dann die Rechnung gebracht wird, zücken die Frauen ihre Taschenrechner und rechnen aus, wer was gehabt hat. Die Männer dagegen werfen alle einen Hunderter auf den Tisch und bedeuten damit, daß sie alle zahlen wollen, denn jeder will im Rampenlicht stehen, wobei sie so tun, als ob ihnen das Wechselgeld völlig egal wäre.

Einkaufen gehen – ihre Freude, seine Qual

Für Frauen ist Einkaufen wie Reden – es muß keinen speziellen Anlaß oder Grund dafür geben, sie müssen auch kein Ziel im Auge haben, und es kann sich durchaus über mehrere Stunden hinziehen. Auch ist das Ergebnis dabei nicht das Wichtigste. Frauen finden einkaufen gehen erfrischend und entspannend, ganz gleich, ob sie etwas kaufen oder nicht. Diese Art des Einkaufens führt beim Mann nach spätestens zwanzig Minuten zu einem Kurzschluß im Gehirn. Damit ein Mann das Einkaufen als befriedigend empfinden kann, muß das Ganze einen Sinn haben, ein Ziel und einen Zeitrahmen. Schließlich ist er ein Beutejäger – das ist seine Aufgabe. Er will seine Beute schnell und schmerzlos erlegen und nach Hause bringen.

> Die meisten Männer rasten bereits nach zwanzig Minuten, die sie mit einer Frau beim Einkaufen verbringen, total aus.

In einer Frauenboutique bekommt ein Mann Beklemmungen und ist frustriert, wenn er dabeistehen muß, während die Frau einen Fetzen nach dem anderen überzieht, ihn nach seiner Meinung fragt und am Ende doch nichts kauft. Frauen lieben es, unzählige Kleider anzuprobieren, das entspricht nämlich ihrem Gehirnmuster: eine ganze Palette an Emotionen und Empfindungen, und jedes Kleidungsstück ein Spiegel der speziellen Stimmung, die es hervorruft. Die Kleidung eines Mannes spiegelt das männliche Gehirnmuster wider: vorhersehbar, konservativ und lösungsorientiert. Darum ist es auch so leicht, einen Mann zu erkennen, dessen Frau für ihn Kleidung kauft. Ein Mann, der sich gut kleidet, hat in der Regel eine Frau, die die Klamotten für ihn aussucht, oder aber er ist homosexuell. Einer von acht Männern reagiert farbenblind auf blau, rot oder grün, und die wenigsten haben ein Gespür dafür, welche Muster und Schnitte sich gut kombinieren lassen. Einen männlichen Single kann man deswegen meistens schon an seiner Kleidung erkennen.

Um einen Mann dazu zu bringen, mit einer Frau zum Einkaufen zu gehen, muß man ihm klare Kriterien geben – Farbe, Größe, Marke, Stil – und ihm mitteilen, wo man einkaufen will und wie lange es ungefähr dauern wird. Wenn Sie klare Ziele gesteckt haben (auch wenn diese frei erfunden sind), werden Sie erstaunt darüber sein, wieviel Enthusiasmus ein Mann plötzlich beim Einkaufen zeigen kann.

Wie man einer Frau ein ehrlich gemeintes Kompliment macht

Wenn eine Frau ein neues Kleid anprobiert und einen Mann fragt: »Wie steht mir das?«, wird sie in den meisten Fällen eine Antwort wie »Gut« oder »Hm« erhalten. Dafür bekommt er mit Sicherheit keine Bonuspunkte bei ihr. Wenn ein Mann sich einschmeicheln möchte, muß er auf eine derartige Frage reagieren, wie eine Frau es täte, nämlich indem er *Details anführt.*

Einige Männer zucken bei dem Gedanken zusammen, eine detaillierte Antwort geben zu sollen. Wenn sie sich aber endlich dazu aufraffen, wird das bei den meisten Frauen irrsinnig gut ankommen.

Wenn er zum Beispiel antwortet: »Wow! Eine tolle Wahl! Dreh dich mal um – laß mich es von hinten sehen – also die Farbe steht dir wirklich unheimlich gut! – deine Figur kommt bei dem Schnitt toll zur Geltung – diese Ohrringe passen einfach super zu deinem Kleid – du siehst wundervoll aus«, würden die meisten Frauen dahinschmelzen.

7. Kapitel

Unser chemischer Cocktail

»Habe ich Sie da richtig verstanden, Mrs. Goodwin? Sie sagten, Sie leiden gerade unter dem PMS und hätten Ihren Mann gewarnt, daß Sie ihm, wenn er nicht augenblicklich das Herumzappen mit der Fernbedienung einstellen würde, das Hirn wegpusten würden? Äh, und was war seine Reaktion?«

Peter führt Paula zum Abendessen aus, und sie amüsieren sich köstlich. Sie verstehen sich sogar so gut, daß sie beschließen, ein Paar zu werden. Ein Jahr später sind sie auf dem Rückweg vom Kino, und Paula fragt Peter, was er gerne tun würde, um ihren ersten Jahrestag zu feiern. Peter sagt: »Wir könnten uns eine Pizza bestellen und uns das Golfspiel im Fernsehen anschauen!« Paula erwidert nichts. Peter ahnt, daß irgend etwas nicht stimmt, und sagt: »Na ja, also wenn du keine Pizza magst, können wir auch beim Chinesen bestellen.« Paula sagt nur: »Okay« und gibt dann keinen Ton mehr von sich.

Peter denkt: »Schon ein Jahr! Also war es Januar, als wir uns zusammengetan haben, und da habe ich auch das Auto gekauft, das heißt, die erste Jahresinspektion ist jetzt fällig. Dieser Mechaniker hatte mir gesagt, daß er das flackernde Öllämpchen auf dem Armaturenbrett reparieren würde ... und das Getriebe funktioniert immer noch nicht einwandfrei!«

In der Zwischenzeit denkt Paula: »Viel kann er von unserer Beziehung nicht halten, wenn er an unserem ersten Jahrestag Fernsehen schauen und Pizza essen will ... fehlt nur noch, daß er seine Freunde einlädt! Ich hätte gern ein romantisches Abendessen mit Kerzenlicht, ein wenig Tanzen und eine kleine Unterhaltung über unsere Zukunft. Unsere Beziehung ist ihm offensichtlich nicht so wichtig wie mir. Vielleicht fühlt er sich eingeengt? Ich will, daß er sich stärker für unsere Beziehung einsetzt, er aber fühlt sich in die Enge getrieben. Wenn ich es recht bedenke, dann wünschte ich mir auch manchmal, daß ich ein wenig mehr Freiraum für mich hätte, dann könnte ich wieder mehr Zeit mit meinen Freundinnen verbringen. Ich glaube, ich brauche wirklich mehr Zeit, um darüber nachzudenken, wohin diese Beziehung führen soll... Ich meine, wo führt uns das Ganze eigentlich hin? Soll das immer so weitergehen, oder werden wir mal heiraten? Kinder kriegen? Oder was? Bin ich dazu schon bereit? Will ich wirklich den Rest meines Lebens mit ihm verbringen?«

Peter fällt wieder das flackernde Öllämpchen ins Auge, er runzelt die Stirn und denkt: »Diese Idioten in der Werkstatt haben mir versprochen, daß sie sich um das Lämpchen kümmern, und jetzt ist die Garantie so gut wie abgelaufen!«

Paula beobachtet ihn, und da kommt ihr ein anderer Gedanke. »Er runzelt die Stirn... er ist nicht glücklich... Ich wette, er hält mich für zu dick und hätte gern, daß ich mich besser anziehe. Ich weiß, ich sollte weniger Make-up auflegen und mehr Sport machen. Er redet ja auch die ganze Zeit davon, wie fit meine Freundin Carrie ist und daß ich mal mit ihr ins Fitneßcenter gehen sollte. Ich habe darüber mit meinen Freundinnen gesprochen, und sie meinen, daß Peter mich so lieben sollte, wie ich bin, statt mich ändern zu wollen... vielleicht haben sie recht!«

Peters Gedanken sind jedoch meilenweit von ihren entfernt. »Ich werde diesen Mechanikern sagen, wo es langgeht! Ich werde ihnen sagen, daß sie gefälligst...«

Paula, die immer noch Peters Gesicht beobachtet, denkt: »Er regt sich jetzt wirklich auf... Ich sehe es ihm an und spüre richtig, wie angespannt er ist. Vielleicht irre ich mich aber auch... vielleicht will er mehr Verpflichtung von mir und spürt, daß ich etwas unsicher bin, was meine Gefühle für ihn anbelangt... Ja, das muß es sein! Deswegen redet er auch nicht mehr mit mir... er will nicht mit mir über meine Gefühle reden aus Angst, ich stoße ihn zurück. Ich sehe es ihm an den Augen an, daß er verletzt ist.«

Inzwischen denkt Peter: »Diesmal lasse ich mich nicht mehr so leicht abwimmeln! Ich habe ihnen schließlich gesagt, daß es da ein Problem gibt, und sie haben das Ganze auf den Hersteller geschoben. Wenn denen jetzt einfällt zu behaupten, daß die Garantie das nicht abdeckt, dann können sie was erleben! Ich habe ein Vermögen für diesen Wagen gezahlt, und dann können die wohl auch ...«

»Peter?«

»Was?« blafft Peter, irritiert wegen der Störung.

»Quäl dich doch nicht so! Ich weiß, ich sollte ... aber ... Oh, ich fühle mich so mies! Vielleicht brauche ich nur ein wenig mehr Zeit ... Ich meine, das Leben ist einfach ziemlich kompliziert und ...«

»Soviel ist sicher!« knurrt Peter.

»Du mußt mich jetzt für ziemlich kindisch halten ...«

»Äh, nein, warum denn?« stammelt Peter, inzwischen leicht verwirrt.

»Na ja, es ist nur ... ach, ich weiß auch nicht ... Ich bin so durcheinander ... Ich glaube, ich brauche einfach etwas Zeit, um mir darüber klarzuwerden«, sagt sie.

Peter denkt: »Wovon, zum Teufel, redet sie überhaupt? Am besten sage ich einfach ›Ja‹, morgen wird sie das Ganze vergessen haben! Wahrscheinlich ist es mal wieder die Zeit im Monat ...«

»Danke, Peter ... du hast keine Ahnung, wieviel mir das bedeutet!« sagt sie. Sie blickt ihm in die Augen und denkt, was für ein besonderer Mensch er doch ist und daß sie sich wirklich Gedanken über diese Beziehung machen muß.

Die ganze Nacht dreht und wirft sie sich im Bett herum, und am nächsten Morgen ruft sie ihre Freundin Carrie an, um über ihr Problem zu reden. Sie beschließen, zusammen zum Mittagessen zu gehen. Inzwischen ist Peter nach Hause gekommen, hat eine Bierdose geöffnet und den Fernseher eingeschaltet. Er nimmt an, daß Paula irgendein Problem hat, wahrscheinlich PMS.

Paula und Carrie treffen sich am nächsten Tag und reden bis spät in die Nacht hinein. Ein paar Tage später trifft Peter Carries Freund Mark, der ihn fragt: »Soso, zwischen Paula und dir läuft es also nicht mehr?« Peter ist total verwirrt. »Ich habe keine Ahnung, wovon du sprichst!« meint er und grinst dämlich. »Aber schau dir doch mal dieses Öllämpchen an und sag mir, was du davon hältst …«

Wie uns die Hormone beherrschen

In der Vergangenheit war man der Überzeugung, daß Hormone nur unseren Körper, nicht aber unser Gehirn beeinflussen. Heute wissen wir, daß unser Gehirn bereits vor der Geburt von Hormonen programmiert und unser Denken und Verhalten von ihnen beherrscht wird. Der Testosteronspiegel von halbwüchsigen Jungen ist etwa fünfzehn- bis zwanzigmal höher als der von gleichaltrigen Mädchen. Die Hormonausschüttungen bei den Jungen werden vom Gehirn gesteuert und reguliert, je nachdem, welche Mengen der Körper gerade braucht.

Während der Pubertät wird der Körper des heranwachsenden Jungen mit Testosteron überschüttet, was zu einem Wachstumsschub und einem Verhältnis von 15 Prozent Fett zu 45 Prozent Eiweiß im Körper führt. Dabei ändert sich sein Aussehen und nähert sich immer weiter seinem biologischen Soll-Zustand (magere, muskulöse Beutejagdmaschine). Jungen sind hervorragende Sportler, weil ihre Körper durch die Hormone auf optimales Atmen ausgerichtet sind und über die roten Blutkörperchen optimal mit Sauerstoff versorgt werden. Dadurch fällt ihnen das Laufen, Springen und Kämpfen leicht. Steroide sind männliche Hormone, die den Muskelaufbau anregen und Athleten bessere »Jagdfähigkeiten« und einen unfairen Vorteil gegenüber denen verleihen, die keine Steroide zu sich nehmen.

Die Wirkung der weiblichen Geschlechtshormone auf den heranwachsenden Mädchenkörper ist ganz anders. Bei den Mädchen wird die Hormonausschüttung anders geregelt als bei den Jungen. Sie überschwemmen sie wogenartig in Zyklen von etwa achtundzwanzig Tagen. Für viele Mädchen und Frauen ist es nicht leicht, damit umzugehen, vor allem auch wegen der Achterbahn der Gefühle, die durch die Hormonschwankungen ausgelöst wird. Die weiblichen Geschlechtshormone bewirken im Körper eines Mädchens ein Verhältnis von 26 Prozent Fett zu 20 Prozent Eiweiß – sehr zum Leidwesen der weiblichen Bevölkerung! Die Portion Extrafett ist ein zusätzliches Energiedepot für die Zeit des Stillens und stellt gleichzeitig eine Art Lebensversicherung für den Fall dar, daß die Nahrung einmal knapp werden sollte. Weibliche Geschlechtshormone regen das Deponieren von Fett im Körper an, was auch erklärt, warum sie bei der Viehmast eingesetzt werden. Im Gegensatz dazu verringern männliche Hormone den Fettanteil im Körper und regen statt dessen den Muskelaufbau an. Deswegen sind sie auch denkbar ungeeignet für die Viehmast.

Die Biochemie des Verliebtseins

Sie sind gerade Ihrer Traumfrau/Ihrem Traummann begegnet – Ihr Herz hämmert in der Brust, Ihre Hände sind feucht, in Ihrem Bauch fliegen Schmetterlinge herum, und Ihr ganzer Körper kribbelt. Sie gehen zusammen essen und erleben einen absoluten Höhenflug. Am Ende des Abends küßt Sie Ihr Traum, und Sie schmelzen dahin wie Butter in der Sonne. Noch Tage danach können Sie nichts essen, doch Sie haben sich noch nie besser gefühlt, und Sie bemerken, daß Ihre Erkältung wie durch Magie verschwunden ist.

Aus der Nervenforschung ist bekannt, daß das Phänomen des »Sich-Verliebens« aus einer Reihe von chemischen Reaktionen im Gehirn besteht, welche ihrerseits geistige und körperliche Reaktionen auslösen. Das Kommunikationsnetzwerk des Gehirns besteht aus Milliarden von Neuronen. Candice Pert vom American National Institute of Health leitete die Forschungsgruppe, die das Vorhandensein von Neuropeptiden entdeckte, einer Kette von Aminosäuren, die über den Körper verteilt sind und an aufnahmebereite Rezeptoren andocken. Bislang wurden sechzig verschiedene Neuropeptide entdeckt, und diese lösen emotionale Reaktionen im Körper aus, wenn sie sich an die Rezeptoren ankoppeln. Mit anderen Worten: Alle unsere Gefühle – Liebe, Kummer, Glücklichsein – sind biochemische Reaktionen. Als man dem englischen Wissenschaftler Francis Crick und seinen Kollegen den Nobelpreis für Medizin für die Entschlüsselung des DNA-Codes, mit dem Gene festgelegt werden, verlieh, verblüffte er die medizinische Fachwelt mit den Worten: »Sie, Ihre Freude und Ihr Leid, Ihre Erinnerungen, Ihr Ehrgeiz, Ihr Identitätsgefühl, Ihr freier Wille und Ihre Liebe sind nichts anderes als das Mit- und Gegeneinander einer riesigen Ansammlung von Nervenzellen.«

Die chemische Substanz, die hauptsächlich für die erhabenen körperlichen Gefühle des Verliebtseins verantwortlich ist, heißt PEA (Phenylethylamin), ein Stoff, der mit den Amphetaminen verwandt ist und auch in Schokolade vorkommt. PEA ist eine der chemischen Substanzen, die Ihre Herzfrequenz hochschrauben, Ihre Hände feucht werden lassen, Ihre Pupillen weiten und Ihnen Schmetterlinge in den Bauch setzen. Auch Adrenalin wird freigesetzt, was Ihr Herz zum Rasen bringt, Sie wachrüttelt und Ihnen zu euphorischen Gefühlen verhilft. Gleichzeitig werden Endorphine produziert, die Ihr Immunsystem aufpeppen und Ihre Erkältung vertreiben. Wenn Sie einen Kuß ausgetauscht haben, erstellt Ihr Gehirn eine flotte chemische Analyse der Speichelflüssigkeit des anderen und zieht Schlüsse bezüglich der genetischen Kompatibilität bzw. Inkompatibilität. Das weibliche Gehirn zieht außerdem Schlüsse, in welchem Zustand sich das Immunsystem des Mannes befindet.

Diese ganzen positiven chemischen Reaktionen erklären, warum verliebte Menschen generell gesünder sind und viel weniger dazu neigen, krank zu werden, als diejenigen, die nicht verliebt sind. Verliebtsein stärkt in der Regel die Gesundheit.

Die Chemie der Hormone

Östrogen ist das weibliche Geschlechtshormon, das einer Frau ein allgemeines Gefühl von Zufriedenheit und Wohlbefinden verleiht und einen großen Einfluß auf ihr Nesthüterverhalten hat. Aufgrund seiner beruhigenden Wirkung wird Östrogen gelegentlich aggressiven Zellinsassen in Gefängnissen verabreicht, um deren gewalttätiges Verhalten in den Griff zu bekommen. Ferner unterstützt es das Gedächtnis, weshalb auch so viele Frauen nach der Menopause, wenn ihr Östrogenspiegel sinkt, an Gedächtnisproblemen leiden. Das Erinnerungsvermögen von Frauen, die sich einer Hormonbehandlung unterziehen, ist wesentlich besser.

Progesteron ist das Hormon, das Muttergefühle auslöst, und sein Zweck ist es, einer Frau dazu zu verhelfen, ihre Rolle als Mutter erfolgreich auszuführen. Progesteron wird ausgeschüttet, sobald eine Frau ein Baby sieht. Untersuchungen haben ergeben, daß die Proportionen eines Babys die Freisetzung des Hormons bewirken. Ein Baby hat kurze, pummelige Ärmchen und Beinchen, einen runden, plumpen Oberkörper, einen im Verhältnis zum übrigen Körper übergroßen Kopf und große Augen – alles Formen, die als Auslöser für die Ausschüttung von Progesteron wirken. Die Reaktion auf diese speziellen Formen ist so stark, daß das Hormon auch dann freigesetzt wird, wenn eine Frau ihnen in einem Gegenstand wie einem Stofftier begegnet. Das ist auch der Grund, warum Spielzeuge wie Teddybären und Kuscheltiere so reißenden Absatz bei Frauen finden, während sie längliche, klapprige Spielfiguren links liegenlassen. Häufig kann man beobachten, wie ein Mädchen oder eine Frau

1. Baby *2. Teddybär* *3. Klapprige Spielfigur*

einen Teddybären in den Arm nimmt und seufzt: »Oh ... wie nieeedlich!« Gleichzeitig wird Progesteron in ihren Blutkreislauf ausgeschüttet.

Die meisten Männer, bei denen ja Progesteron keine Rolle spielt, können diese übertriebene Reaktion einer Frau angesichts eines überteuerten, ausgestopften Plüschtiers nur schwer verstehen. Progesteron könnte auch der Grund dafür sein, warum der mütterliche Typ Frau eher kleine, pummelige Männer mit runden Wangen heiratet.

Betrachten Sie die drei Abbildungen. Wenn eine Frau dieses Baby ansieht, wird bei ihr Progesteron ausgeschüttet, ebenso, wenn sie den Spielzeugbären (2) anguckt. In Abbildung 3 dagegen fehlen die auslösenden Formen, folglich wird auch kein Progesteron freigesetzt.

Warum Blondinen sehr fruchtbar sind

Blondes Haar ist ein Zeichen für einen hohen Östrogenspiegel, was die starke Anziehung von Blondinen auf Männer erklärt. Es ist ein Indikator für Fruchtbarkeit und eine mögliche Erklärung für das geflügelte Wort »blond und blöd«. Wie es im Volksmund heißt, bedeutet blond und blöd hohe Fruchtbarkeit, gleichzeitig allerdings auch logisch-mathematische Unterbelichtung. Studien haben ergeben, daß heranwachsende Mädchen, deren Mütter während der Schwangerschaft männliche Geschlechtshormone eingenommen haben, bessere Leistungen in wissenschaftlichen Disziplinen erbringen als andere Mädchen und auch höhere Chancen haben, Zulassungsprüfungen an Universitäten zu bestehen. Die Kehrseite der Medaille ist allerdings, daß diese jungen Frauen weniger weiblich sind und oftmals eine stärkere Körperbehaarung haben als andere Frauen.

Wenn eine Blondine ihr erstes Kind zur Welt gebracht hat, wird ihr Haar dunkler, denn ihr Östrogenspiegel nimmt ab. Nach dem zweiten Kind wird das Haar noch dunkler. Der Abfall des Östrogenspiegels ist auch der Grund dafür, daß es nur wenige natürliche Blondinen gibt, die älter als dreißig sind.

PMS und Libido

Das Prämenstruelle Syndrom (PMS) ist ein nicht zu unterschätzendes Problem für die moderne Frau. Ihre Vorfahrinnen dagegen kamen praktisch nie damit in Berührung. Bis vor kurzem waren die meisten Frauen den größten Teil ihres fruchtbaren Lebens schwanger, was bedeutete, daß eine Frau im Durchschnitt nur zehn- bis zwanzigmal in ihrem Leben mit Menstruationsproblemen zu kämpfen hatte – im Gegensatz zu zwölfmal pro Jahr heute. Wenn eine moderne Frau im Durchschnitt 2,4 Kinder bekommt, heißt das, sie kann während ihrer fruchtbaren Jahre, die grob von zwölf bis fünfzig dauern, 350- bis 400mal am PMS leiden. Bei einer kinderlosen Frau erhöht sich diese Zahl auf etwa 500.

Bis zur Einführung der Anti-Baby-Pille in den fünfziger Jahren war es niemandem aufgefallen, daß Frauen großen Stimmungsschwankungen unterworfen sind. Während der ersten 21 Tage nach der Menstruation erzeugen Östrogene in Frauen, die noch nicht in die Menopause eingetreten sind, ein Gefühl des Wohlbefindens. Östrogene verleihen allgemeine Zufriedenheit und eine positive Lebenseinstellung. Der Appetit auf Sex nimmt über diese Tage stetig zu, so daß während eines Zeitraums von etwa 18 bis 21 Tagen nach der letzten Menstruation die Wahrscheinlichkeit, ein Kind zu empfangen, am größten ist. Dies ist auch der Zeitpunkt, zu dem der Testosteronspiegel einer Frau am höchsten ist.

Die Natur ist clever – sie hat für die meisten Weibchen einen Zeitplan aufgestellt, nach dem sie am sexhungrigsten sind, je höher die Empfängnisbereitschaft ist. Bei vielen Weibchen kann man das mühelos erkennen. Bei Pferden ist es zum Beispiel so, daß die Stute den Hengst neckt und erregt, sich aber erst in dem exakten Moment von ihm besteigen läßt, wenn sich das Ei an der richtigen Stelle für eine Befruchtung befindet. Frauen sind sich häufig nicht bewußt, daß auch auf sie ein ähnlicher Zeitplan und ähnliche Reaktionen zutreffen.

So findet sich gelegentlich eine Frau urplötzlich mit einem Mann im Bett wieder, den sie erst vor wenigen Stunden auf einer Party kennengelernt hat, und tags drauf erscheint es ihr vollkommen unbegreiflich, warum und wie so etwas hatte passieren können. »Ich weiß nicht, was mit mir los war«, sagte eine Frau. »Ich habe ihn auf einer Party getroffen, und bevor ich wußte, wie mir geschah, waren wir zusammen im Bett! So etwas habe ich noch nie gemacht!« Wie andere Weibchen ist sie zufällig diesem einen Mann zu genau dem Zeitpunkt über den Weg gelaufen, an dem die höchste Wahrscheinlichkeit für eine Empfängnis bestand. Das Gehirn der Frau hatte den genetischen Bauplan des betreffenden Mannes, den Zustand seines Immunsystems und andere Kriterien im Unterbewußtsein entschlüsselt. Als sich herausstellte, daß diese im Bereich des Akzeptablen lagen, um als potentieller Vater in Erwägung gezogen werden zu können, hat die Natur einfach die Kontrolle an sich gerissen.

Frauen, die ein derartiges Erlebnis hatten, wissen nicht, wie sie es sich erklären sollen, und viele beschreiben es als »Schicksal« oder sprechen von einer »merkwürdigen Anziehungskraft«, statt sich einzugestehen, daß ihre Hormone das

Steuer übernommen hatten. Als Folge derartiger Erlebnisse bleiben viele Frauen an Männern kleben, die für sie als Partner denkbar ungeeignet sind. Und viele Männer würden einiges darum geben zu erfahren, wann eine Frau den höchsten Punkt in ihrer Hormonkurve erreicht hat!

Düstere Tage im Leben einer Frau

Zirka 21 bis 28 Tage nach der Menstruation sinkt der Hormonspiegel einer Frau abrupt ab. Es werden schwere Entzugserscheinungen ausgelöst, die man gemeinhin als PMS bezeichnet. In vielen Frauen erzeugt das PMS Gefühle wie Niedergeschlagenheit, Traurigkeit, Depression bis hin zu suizidalen Neigungen. Von 25 Frauen leidet eine so stark unter diesen Hormonschwankungen, daß sie während dieser Tage eine regelrechte Persönlichkeitsveränderung durchmacht.

Mehrere Studien haben ergeben, daß sich die weibliche Kriminalität, wie tätlicher Angriff und Ladendiebstahl, auf diese 21 bis 28 Tage konzentriert. In Frauengefängnissen hat man festgestellt, daß mindestens fünfzig Prozent der Morde oder tätlichen Angriffe von Frauen verübt wurden, die unter dem Prämenstruellen Syndrom litten. Während dieser Phase steigt auch die Zahl der Frauen, die Psychiater, Berater und Astrologen aufsuchen, dramatisch an. Viele Frauen haben den Eindruck, daß sie die Kontrolle verlieren oder verrückt werden. Es gibt gut dokumentierte Studien darüber, daß die Wahrscheinlichkeit, daß Frauen mit PMS Autounfälle oder Flugzeugabstürze verursachen, wenn sie hinter dem Lenkrad bzw. dem Steuerknüppel sitzen, etwa vier- bis fünfmal so hoch ist. Wenn Sie also das nächste Mal in einem Flugzeug sitzen und Ihr Pilot eine schlechtgelaunte Frau ist, dann steigen Sie am besten schleunigst in einen Zug um.

Weibliche Hormone werden bereits seit längerem eingesetzt, um permanent aggressive Menschen zu beruhigen. In einigen Ländern wird das PMS von Richtern als mildernder Umstand anerkannt, wenn es um das Strafmaß für Frauen geht, die ein Gewaltverbrechen begangen haben.

Wenn eine Frau auf die Menopause zugeht, die normalerweise zwischen vierzig und fünfzig Jahren eintritt, macht sie eine Reihe von tiefgreifenden psychologischen, emotionalen und hormonellen Veränderungen durch. Diese haben von Frau zu Frau unterschiedliche Auswirkungen.

> Was ist der Unterschied zwischen einem Mann in der Midlife-crisis und einem Zirkusclown?
> *Der Zirkusclown weiß, daß er komische Klamotten anhat…*

Die Menopause bei den Männern hingegen ist ein vorhersagbares Ereignis, das nach einem starren Muster abläuft: Er kauft sich eine Fliegerbrille, Lederhandschuhe fürs Auto, läßt sich ein Haartransplantat einpflanzen, kauft sich ein Motorrad oder einen roten Sportwagen und trägt Klamotten, in denen er einfach nur lächerlich aussieht.

Testosteron – Pluspunkt oder Fluch?

Die männlichen Geschlechtshormone und speziell das Testosteron sind die Angriffshormone, die Männer dazu treiben, auf die Jagd zu gehen und ihre Beute zu töten. Testosteron ist hauptsächlich für das Überleben der Menschheit verantwortlich, denn es war für Männer der Antrieb, Beutetiere zu jagen und Angreifer abzuwehren. Es ist auch für den Bartwuchs und für Haarausfall verantwortlich, läßt die Stimme des Mannes tiefer werden und verbessert seine räumlich-visuellen Fähigkeiten. Man fand heraus, daß Baritonsänger mehr als doppelt so viele Ejakulationen in der Woche haben wie Tenöre, und die meisten Leute, die mit Testosteron behandelt werden, haben weniger Schwierigkeiten damit, Straßenkarten und Stadtpläne zu lesen. Interessanterweise wird auch Linkshändigkeit und Asthma mit Testosteron in Verbindung gebracht, und es ist inzwischen bekannt, daß der Testosteronspiegel im Blut von Männern, die stark rauchen oder trinken, vermindert ist.

Für den modernen Mann gibt es allerdings eine Kehrseite: Wenn er seine hohe Aggressionsbereitschaft nicht auf irgendeine Art körperlich abreagiert, kann er zu einer Bedrohung für die Gesellschaft werden. Männliche Jugendliche zwischen 12 und 17 Jahren, deren Körper von Testosteron regelrecht überschwemmt wird, bilden die Gruppe der Männer mit dem höchsten Kriminalitätsaufkommen. Wenn man einem passiven Mann Testosteron verabreicht, wird er in die Gänge kommen und bestimmter und selbstsicherer auftreten. Gibt man einer Frau die gleiche Dosis, kann dies auch ihr Aggressionspotential erhöhen, allerdings wird es von den chemischen Reaktionen her keine so starke Wirkung zeigen wie beim Mann. Das männliche Gehirn ist darauf programmiert, auf Testosteron zu reagieren, das weibliche nicht. Der Grund dafür ist noch nicht bekannt, doch ganz offensichtlich hat es etwas mit den räumlich-visuellen Fähigkeiten zu tun.

> Frauen sollten sich vor linkshändigen, glatzköpfigen, bärtigen Buchhaltern mit Baritonstimme in acht nehmen, die gleichzeitig Straßenkarten lesen und niesen.

Wenn Männer ein Alter zwischen fünfzig und sechzig Jahren erreichen, nimmt die Testosteronproduktion ab, und sie werden weniger aggressiv, dafür umgänglicher und fürsorglicher. Bei Frauen ist das Umgekehrte der Fall: Nach der Menopause nimmt die Östrogenproduktion ab, wodurch sie dann im Verhältnis mehr Testosteron als Östrogen im Blut haben als zuvor. Dies ist der Grund dafür, daß Frauen, wenn sie ein Alter zwischen 45 und 50 Jahren erreichen, bestimmter und selbstsicherer auftreten. Die Kehrseite der Medaille ist, daß diesen Frauen häufig auch Haare im Gesicht sprießen, sie stärker unter Streß leiden und eher zu Schlaganfällen neigen.

Das fliegende Geschirr

Barbara Pease hatte keine Ahnung, daß die neue Anti-Baby-Pille, die sie verschrieben bekommen hatte, hohe Mengen Testosteron enthielt. Ihr Ehemann, Allan, lernte schnell, sich unter fliegenden Tellern und anderen sich in der Luft befindlichen Objekten zu ducken, wenn Barbara mal wieder in ihrer PMS-Phase war, außerdem entdeckte er seine Sprintfähigkeiten aus Kindheitstagen wieder. Interessanterweise waren ihre – mangelnden – Einparktalente während der Einnahme dieser Pille kein Streitpunkt mehr, denn sie verbesserten sich enorm.

Eine Blutanalyse brachte schließlich den Testosteronüberschuß in Barbaras Blut ans Tageslicht, und sie wechselte zu einer anderen Pille ohne Testosteron. Nach nur einem Monat waren ihre Stimmungsschwankungen praktisch verschwunden; doch Allan hatte jetzt das Gefühl, daß er mit einer Bibliothekarin zusammenlebte, die sich auf ihren Eintritt ins Kloster vorbereitete. Ein erneuter Wechsel auf eine dritte

Pille hob ihren Testosteronspiegel auf ein glückliches Mittelmaß, was sich sowohl auf ihre Ehe als auch auf ihre Geschirrbestände sehr vorteilhaft auswirkte.

Warum Männer aggressiv sind

Testosteron ist das Hormon des Erfolgs, der Leistungs- und der Konkurrenzfähigkeit, doch in den falschen Händen (bzw. Hoden) macht es aus Männern und Männchen wandelnde Zeitbomben. Die meisten Eltern sind sich des schier unersättlichen Appetits bewußt, den ihre Jungs auf gewalttätige Filme haben. Alle brutalen Szenen werden bis ins kleinste Detail gespeichert und sind jederzeit abrufbar. Mädchen haben normalerweise kein Interesse an derartigen Filmen.

Eine Untersuchung der University of Sydney zeigte, daß 74 Prozent der Jungen, wenn sie mit einem Konflikt wie beispielsweise einer Rauferei auf dem Schulhof konfrontiert wurden, verbale oder körperliche Gewalt anwenden, um das Problem zu lösen, während 78 Prozent der Mädchen dem Konflikt aus dem Weg zu gehen oder die Situation durch Worte zu entschärfen versuchen. Wenn an einer Ampel gehupt wird, ist es in 92 Prozent der Fälle ein Mann. Männer sind für 96 Prozent aller Einbrüche und 88 Prozent aller Morde verantwortlich. Praktisch alle sexuellen Deviationen treten bei Männern auf, und Untersuchungen von devianten Frauen haben hohe Konzentrationen von männlichen Hormonen in ihrem Blut ergeben.

Die männliche Aggressivität ist der Hauptgrund für die männliche Dominanz über unsere Spezies. Wir erziehen Jungen nicht zur Aggressivität, sondern versuchen, sie davon abzubringen. Aggressivität ist eine der männlichen Charaktereigenschaften, die man nicht mit gesellschaftlicher Konditionierung erklären kann.

Studien mit Sportlern haben ergeben, daß ihr Testosteronspiegel am Ende eines Sportereignisses höher ist als davor, was eindrücklich zeigt, wie der Konkurrenzkampf die Aggressivität steigern kann. Neuseeländische Sportteams führen oft unmittelbar vor dem Beginn eines Spiels den Kriegstanz der Maori, den *haka*, auf. Damit soll zweierlei bewirkt werden: Zum einen sollen die Gegner in Angst und Schrecken versetzt, zum anderen der Testosteronspiegel der Kämpfer erhöht werden. Bei vielen Sportarten rund um die Welt werden Cheerleader eingesetzt, und zwar aus dem gleichen Grund, nämlich um den Testosteronspiegel der Spieler und der Zuschauer in die Höhe zu treiben. Untersuchungen haben bestätigt, daß bei Spielen, bei denen Cheerleader anwesend sind, unter den Zuschauern eine höhere Bereitschaft zu Gewalt besteht.

Warum Männer so hart arbeiten

Professor James Dabbs von der Georgia State University hat unzähligen Männern Speichelproben entnommen, von Geschäftsführern und Politikern bis hin zu Sportlern, Pfarrern und Sträflingen. Er stellte fest, daß in allen Sparten jeweils die Spitzenleute einen höheren Testosteronspiegel hatten als die eher mittelmäßigen Kräfte und daß Geistliche den niedrigsten Testosteronspiegel von allen Testpersonen aufwiesen, ein Hinweis auf ihr weniger dominantes und sexuell nicht so aktives Leben. Professor Dabbs fand ebenfalls heraus, daß Karrierefrauen wie Anwältinnen und Vertriebsleiterinnen einen höheren Testosteronspiegel haben als andere Frauen. Außerdem kam er zu dem Schluß, daß einerseits Testosteron leistungssteigernd ist, andererseits Leistungen ihrerseits die Testosteronproduktion steigern.

Wir haben das Verhalten von Tieren von Afrika bis in die Urwälder Borneos beobachtet und aus erster Hand miterlebt, was Wissenschaftler seit Jahren untersuchen, daß nämlich in der Regel die Männchen mit dem höchsten Testosteronspiegel ganz oben in der Hackordnung stehen. Der Testosteronspiegel von gewissen Tierarten wie beispielsweise der der Tüpfelhyäne ist so hoch, daß die Jungen mit voll ausgebildeten Zähnen geboren werden und so aggressiv sind, daß die Kleinen sich häufig gegenseitig zerfleischen.

> Im Königreich der Tiere herrschen die Lebewesen mit dem höchsten Testosteronspiegel.

Die ganz oben in der Rangordnung stehenden Hunde, Kater, Pferde, Ziegen und Esel sind diejenigen, welche die höchsten Konzentrationen an männlichen Geschlechtshormonen im Blut aufweisen. Männer mit einem hohen Testosteronspiegel haben seit jeher das Menschengeschlecht beherrscht, und es ist nur logisch anzunehmen, daß die herausragenden weiblichen Führungspersönlichkeiten in der Geschichte der Menschheit, wie Margaret Thatcher, Jeanne d'Arc und Golda Meir, während ihrer Embryonalzeit, etwa sechs bis acht Wochen nach der Zeugung, vermehrt männliche Geschlechtshormone zugeführt bekamen.

»Unverbrannte« Testosteronmengen im Körper wirken sich jedoch auf Dauer gesundheitsschädigend aus. Ein beunruhigendes Beispiel wurde kürzlich in den USA bekannt, wo die Lebensweise von 118 Jurastudenten im Rahmen des

»Minnesota Multiphasic Personality Inventory«[2] über dreißig Jahre lang beobachtet und überwacht wurde. All diejenigen, die in hohem Maße feindselig und aggressiv in ihrem Verhalten waren, hatten ein vierfach erhöhtes Risiko, während der Testphase zu sterben. Darum erscheint es auch sinnvoll, bereits kleine Jungen immer wieder dazu zu ermuntern, ihr Leben lang regelmäßig Sport zu treiben.

Testosteron und das räumliche Vorstellungsvermögen

Vielleicht sind Sie bereits selbst zu dem Schluß gekommen, daß die räumlich-visuellen Fähigkeiten, die ja zu den stärksten männlichen Attributen gehören, in irgendeiner Form mit dem Testosteronspiegel in Verbindung stehen müssen. Im 3. Kapitel haben wir bereits gesehen, daß Testosteron ganz wesentlich daran beteiligt ist, das Gehirn eines genetisch männlichen Embryos (XY) zu konfigurieren und die »Software« zu installieren, welche den räumlich-visuellen Fähigkeiten zugrunde liegt, die wiederum zum Jagen und Beutemachen erforderlich sind. Folglich gilt, daß ein Gehirn um so männlicher reagiert, je mehr Testosteron ein Körper produziert. Rattenmännchen, denen man zusätzlich männliche Geschlechtshormone injiziert, finden schneller den Ausweg aus einem Labyrinth als die anderen Rattenmännchen. Auch der Orientierungssinn von Rattenweibchen kann durch männliche Geschlechtshormone verbessert werden, allerdings nicht so deutlich wie bei den Rattenmännchen. Bei beiden Geschlechtern steigt zusätzlich die Aggressivität.

---

2 Anm. d. Ü.: Hierbei handelt es sich um einen weitverbreiteten Persönlichkeitsfragebogen, mit dem man die Persönlichkeitsstruktur und die Charaktereigenschaften sowohl normaler als auch geisteskranker Personen zu erfassen versucht.

In dem Test zur Bestimmung der Geschlechtsspezifität des Gehirns erreichen Männer mit hohem Testosteronspiegel zwischen –50 und +50 Punkte. Sie haben in der Regel weniger Probleme mit dem Kartenlesen, mit der Orientierung, bei Videospielen oder wenn es darum geht, ein Ziel zu treffen. Ihre Bärte wachsen schnell, sie lieben »Jagd- und Fangspiele« wie Fußball, Billard und Autorennen und parken schnell und sicher ein. Testosteron ist auch das Hormon, das Zielstrebigkeit verleiht und Müdigkeit vertreibt. Studien haben ergeben, daß Freiwillige, denen man Testosteron injizierte, ein höheres Durchhaltevermögen bei körperlichen Aktivitäten wie Wandern und Langstreckenlauf haben und sich länger konzentrieren können.

Es ist nicht erstaunlich, daß lesbische Frauen ebenfalls viele dieser Eigenschaften an den Tag legen. Susan Resnick vom Institute of Ageing in den USA berichtet, daß Mädchen, die abnormal hohen Konzentrationen von männlichen Geschlechtshormonen im Mutterleib ausgesetzt waren, auch deutlich bessere räumlich-visuelle Fähigkeiten aufwiesen als ihre Schwestern, die diesen männlichen Geschlechtshormonen nicht ausgesetzt waren.

Warum Frauen das Einparken hassen

Während Testosteron die räumlich-visuellen Fähigkeiten fördert, unterdrückt Östrogen sie. Frauen haben wesentlich weniger Testosteron im Blut als Männer und folglich auch um so schlechter ausgeprägte räumlich-visuelle Fähigkeiten, je »weiblicher« ihr Gehirn von seiner Orientierung her ist. Das ist der Grund, warum sehr feminine Frauen keine großen Einparkgenies sind und mit Straßenkarten nur wenig anfangen können. Es gibt eine seltene Störung, die als Turner-Syndrom bezeichnet wird und bei der einem genetisch weiblichen Embryo (XX) eines der X-Chromosomen fehlt. Ein Mädchen mit diesem Syndrom nennt man XO-Mädchen. Diese XO-Mädchen sind in allen Verhaltensweisen extrem weiblich, besitzen überhaupt keinen Orientierungssinn und wenige bis gar keine räumlich-visuellen Fähigkeiten. Leihen Sie Ihr Auto also unter keinen Umständen einer XO-Frau!

Chinesische Männer haben im Vergleich zu Weißen einen wesentlich niedrigeren Testosteronspiegel, was auch den fehlenden Bartwuchs und das seltene Auftreten von Glatzköpfigkeit erklärt. Es gibt im Vergleich zu weißen oder schwarzen verhältnismäßig wenige chinesische Männer, die wegen Gewaltverbrechen oder aggressiven Vergehen angeklagt werden. Vergewaltigungen kommen weniger häufig vor als bei weißen Männern, wahrscheinlich aufgrund des niedrigeren Testosteronspiegels, der auch erklärt, warum asiatische Männer im allgemeinen beim Einparken schlechter abschneiden als weiße Männer.

Mathematik und Hormone

Jungen lösen mathematische Probleme mit ihrer rechten vorderen Gehirnhälfte. Bei Mädchen sitzt das räumliche Denken in beiden Gehirnhälften, und Tests zeigen, daß viele Frauen den linken vorderen, verbalen Gehirnteil einschalten, wenn sie sich an mathematischen Problemen versuchen. Das ist auch eine logische Erklärung dafür, daß so viele Frauen laut rechnen. Desgleichen liegt hier eine mögliche Erklärung dafür, warum Mädchen im großen und ganzen beim Rechnen mit den mathematischen Grundfunktionen besser abschneiden. Aufgrund ihrer Kooperationsbereitschaft und ihres Engagements beim Lernen sind sie Jungen auch häufig in Arithmetik und Mathematikprüfungen überlegen.

Das Gehirn eines Mädchens entwickelt sich schneller als das eines Jungen, was teilweise die Tatsache erklärt, warum Mädchen früher als Jungen besser rechnen können. Doch nach der Pubertät holen die Jungen das wieder auf und überragen die Mädchen im mathematischen Denken, denn in der Zwischenzeit hat Testosteron ihren räumlich-visuellen Fähigkeiten den entscheidenden Schub verpaßt. An der John Hopkins University in Boston wurden Untersuchungen an talentierten Kindern im Alter von 11 bis 13 durchgeführt. Dabei wurde festgestellt, daß die Leistungen der Jungen im Vergleich zu denen der Mädchen besser waren, je schwieriger die Tests wurden. Bei Schwierigkeitsgrad Eins schlugen talentierte Jungen talentierte Mädchen in einem Verhältnis von 2 : 1, bei Schwierigkeitsgrad Zwei war das Verhältnis dann schon 4 : 1, und beim höchsten Schwierigkeitsgrad lag es bei 13 : 1.

Im Jahre 1998 fand die kanadische Gehirnforscherin Dr. Doreen Kimura, eine Autorität auf ihrem Gebiet, heraus, daß die mathematischen Denkfähigkeiten eines Mannes sich nicht notgedrungen verdoppeln oder verdreifachen, nur weil man ihm die doppelte bzw. dreifache Menge Testosteron verabreicht. Das läßt darauf schließen, daß es höchstwahrscheinlich eine optimale Testosteronkonzentration für maximale Leistung gibt, die sich irgendwo in den unteren bis mittleren Bereichen bewegt. Anders gesagt heißt das, daß King Kong nicht unbedingt über bessere mathematische Denkfähigkeiten verfügt als ein Mann mit einem langsam wachsenden Bart. Interessanterweise verbessert eine zusätzliche Dosis von Testosteron die mathematische Denkleistung einer Frau weitaus auffälliger als die eines Mannes. Eine Frau mit einem Oberlippenbart wird in den meisten Fällen deswegen einen besseren Ingenieur abgeben als eine Frau, die wie eine Barbiepuppe aussieht. Männer schneiden beim Lesen von Straßenkarten am besten im Herbst ab, wenn ihr Testosteronspiegel am höchsten ist.

Das Schulsystem begünstigt Jungen und benachteiligt Mädchen bei Mathematikprüfungen – Studien haben nämlich gezeigt, daß Mädchen mit PMS einen Testosteronspiegel haben, der während dieser Tage spürbar niedriger ist als sonst. Eine Untersuchung ergab, daß Mädchen mit PMS bei Mathematikprüfungen 14 Prozent schlechter abschnitten als Mädchen, die nicht am PMS litten. Es wäre sicherlich fairer, Prüfungen so anzusetzen, daß sie für Mädchen an Terminen stattfinden, zu denen es ihnen von ihren biologischen Gegebenheiten her am leichtesten fallen würde. Bei Jungen ist der Zeitpunkt vollkommen unerheblich.

Der moderne Mann und das Jagen

Sport ist der Ersatz des modernen Mannes für das Jagen. Die meisten sportlichen Aktivitäten entwickelten sich nach 1800. Vor diesem Zeitpunkt jagte der Großteil der Weltbevölkerung immer noch Tiere zu Nahrungs- oder Vergnügungszwecken. Die industrielle Revolution im späten 18. Jahrhundert und die verbesserten Ackerbaumethoden bedeuteten, daß das Jagen und Erlegen von Beutetieren keine Notwendigkeit mehr darstellte. Über Jahrtausende hinweg wurde der Mann systematisch auf das Jagen programmiert, und nun sollte er plötzlich von einem Moment auf den nächsten damit aufhören.

Die Antwort darauf war der Sport. Über neunzig Prozent der modernen Sportarten wurden zwischen 1800 und 1900 erfunden, und ein paar neue tauchten während des 20. Jahrhunderts auf. Bei den meisten Sportarten geht es ums Laufen, Jagen und Treffen von Zielen. Menschen mit hohem Testosteronspiegel können hierbei überschüssige Hormone abbauen. Untersuchungen haben ergeben, daß Jungen, die sportlich aktiv sind, geringe Tendenzen haben, sich kriminell oder gewalttätig zu betätigen, und daß junge, straffällig gewordene Männer selten bis gar nicht sportlichen Aktivitäten nachgehen. Ihre Aggressivität, sofern sie nicht auf Sportplätzen abreagiert wird, kann sich also ein Ventil in antisozialem Verhalten suchen. Auf Autobahnen und Bundesstraßen sind es fast ausschließlich männliche Autofahrer, die zu einem aggressiven Fahrstil neigen. Männer tragen ihre Wettkämpfe auf der Straße aus – Frauen haben nur häufig das Pech, sich zur gleichen Zeit am gleichen Ort zu befinden.

Bevor Sie Mitglied in einem Sportclub werden, nehmen Sie einmal die Ziele, Wertvorstellungen, Rollenmodelle und die Verantwortlichen des Clubs unter die Lupe. Wenn die Mitglieder allein den sportlichen Aspekt sehen und der Sport den höchsten Stellenwert einnimmt, sind sie immer noch Sklaven ihrer Biologie – werden Sie dann lieber Mitglied in einem Angelclub! Es gibt genügend Vereinigungen wie zum Beispiel Yogazentren oder Kampfsportschulen, in denen den Mitgliedern die Grundlagen eines gesunden Lebensstils beigebracht werden, wie zum Beispiel gesunde Lebensweise, Methoden zur Entspannung und erstrebenswerte Wertvorstellungen. Vermeiden Sie alle Sportclubs, die das Siegen als erklärtes Ziel propagieren!

Warum Männer Bierbäuche und Frauen dicke Hintern haben

Die Natur verteilt alles überschüssige Fettgewebe so weit von den lebenswichtigen Organen weg wie nur irgend möglich, damit deren Funktionen davon in keiner Weise beeinträchtigt werden. Normalerweise hat man wenig bis gar kein Fett um die Gehirn-, Herz- und Genitalgegend herum. Frauen haben ein weiteres lebenswichtiges Organ: die Eierstöcke. Deswegen setzen Frauen im gebärfähigen Alter selten überschüssiges Fett um den Bauch herum an. Männer, die bekannterweise keine Eierstöcke haben, legen ihr überschüssiges Fett mit dem sogenannten »Bierbauch« an, sie können sogar Fettdepots auf dem Rücken bilden. Da dicke Oberschenkel sich beim Rennen und Jagen störend bemerkbar gemacht hätten, sieht man nur selten Männer mit dicken Beinen. Überschüssiges Fett sammelt sich bei Frauen an den Oberschenkeln, am Hintern und unter den Oberarmen und dient während der Stillzeit als Energiereserve. Wenn Männer Eierstöcke hätten, hätten sie auch dickere Oberschenkel und außerdem flache Bäuche. Wenn einer Frau im Rahmen einer Hysterektomie die Eierstöcke entfernt werden, setzt sich anschließend auch überschüssiges Fett um den Bauch herum an.

8. Kapitel

Jungs sind und bleiben Jungs – oder doch nicht?

»... und dann eines Tages nach einer Biologiestunde begriff Elliot endlich, was seine Klassenkameraden schon lange heimlich vermuteten – sein Testosteronspiegel war nicht normal.«

Was macht aus einer Frau eine Frau und aus einem Mann einen Mann? Kann man es sich wirklich aussuchen, ob man homosexuell ist oder heterosexuell? Warum zieht eine Lesbierin Frauen vor? Wie kommt es, daß ein weibliches Gehirn in einem männlichen Körper wohnt und umgekehrt? Ist man, was man ist, weil man eine aggressive Mutter hatte, weil der Vater ein gefühlskalter und stumpfsinniger Schichtarbeiter war oder weil man sich in der dritten Klasse in seine Klassenlehrerin verliebt hatte? Ist man, was man ist, weil man einen größeren Bruder oder eine größere Schwester hat, weil man in Armut groß wurde, verwaist ist, aus einer kaputten Familie stammt, Sternzeichen Löwe mit Aszendent Skorpion oder vielleicht die Reinkarnation einer Katze ist?

In diesem Kapitel werden wir uns damit beschäftigen, was passiert, wenn ein menschlicher Embryo zu viele oder zu wenige männliche Geschlechtshormone erhält.

Schwule, Lesbierinnen und Transsexuelle

Untersuchungen haben ergeben, daß die Grundstruktur des Körpers und des Gehirns eines menschlichen Embryos weiblich ist. Als Folgeerscheinung haben Männer einige, bei ihnen vollkommen überflüssige, typisch weibliche Merkmale wie beispielsweise Brustwarzen. Männer haben auch Brustdrüsen, die zwar nicht funktionieren, allerdings immer noch potentiell Milch produzieren können. Es gibt Tausende von dokumentierten Fällen, bei denen die Milchbildung bei männlichen Kriegsgefangenen einsetzte, weil ihre durch Nahrungsmangel geschädigte Leber die Hormone nicht mehr abbauen konnte, die die Milchbildung anregen.

Wie wir bereits festgestellt haben, erhält ein männlicher Embryo (XY) etwa sechs bis acht Wochen nach der Empfängnis eine massive Dosis an männlichen Geschlechtshormonen. Diese Geschlechtshormone werden als Androgene bezeichnet. Androgene regen zunächst die Bildung der Hoden an, dann erfolgt die Ausschüttung einer zweiten Dosis, welche das Gehirn von seiner weiblichen Grundstruktur auf eine männliche Struktur umprogrammieren.

Wenn der männliche Embryo zum kritischen Zeitpunkt nicht genügend männliche Geschlechtshormone erhält, kann eines von zwei Dingen geschehen: Zum einen kann ein Junge geboren werden, dessen Gehirnstruktur mehr weiblich als männlich ist, also mit anderen Worten ein Junge, der sich aller Wahrscheinlichkeit nach in der Pubertät zu einem homosexuellen Mann entwickeln wird. Zum anderen kann ein biologischer Junge geboren werden, der ein voll funktionstüchtiges weibliches Gehirn hat, dessen Geschlechtsteile allerdings die eines Mannes sind. Dieses Baby wird sich zu einem Transsexuellen entwickeln, also zu einer Person, die biologisch gesehen dem einen Geschlecht angehört, vom Denken und Verhalten her aber dem anderen. Gelegentlich kommt es vor, daß ein genetischer Junge mit männlichen *und* weiblichen Genitalien geboren wird. Die Genetikerin Anne Moir hat in ihrem revolutionären Buch *Brainsex* viele Fälle von biologischen Jungen beschrieben, die bei der Geburt wie ein Mädchen aussahen und wie ein Mädchen großgezogen wurden, bis ihnen bei Beginn der Pubertät plötzlich ein Penis und Hoden wuchsen.

Diese genetische Kuriosität wurde in der Dominikanischen

Republik entdeckt. Eine Studie über die Eltern dieser Kinder zeigt, daß sie ihre Töchter typisch weiblich erzogen und Rollenklischees wie das Tragen von Kleidchen und das Spielen mit Puppen förderten. Für viele dieser Eltern war es ein Schock, als aus ihren »Töchtern« bei Eintritt in die Pubertät aus heiterem Himmel Söhne wurden, sobald die Produktion der männlichen Geschlechtshormone einsetzte und die Kinder plötzlich einen Penis, ein typisch männliches Aussehen bekamen und typisch männlichen Verhaltensmustern gehorchten. Diese Geschlechtsumwandlung lief trotz der gesellschaftlichen Konditionierung und des Drucks aus dem sozialen Umfeld ab, durch die den Kindern weibliche Verhaltensmuster antrainiert worden waren.

Die Tatsache, daß die meisten dieser »Mädchen« den Rest ihres Lebens als ganz normale Männer verbrachten, beweist sehr anschaulich, daß der Einfluß des sozialen Umfelds und der Erziehung auf ihr Erwachsenenleben gering war. Ganz offensichtlich war ihre Biologie der ausschlaggebende Faktor dafür, welche Verhaltensmuster sich bei ihnen letztendlich herausbildeten.

Die Homosexualität ist Teil der Menschheitsgeschichte

Bei den »alten« Griechen war die Homosexualität nicht nur erlaubt, sondern genoß sogar hohes Ansehen. Das Schönheitsideal der Griechen war eine schlanke, jungenhafte, jugendliche Gestalt, die man in Gemälden und Statuen verewigte. Angesehene Griechen schrieben Liebesgedichte zu Ehren ihrer jüngeren Liebhaber. Die Griechen glaubten, daß die männliche Homosexualität einem noblen, höheren Zweck diene und Jugendliche dazu inspiriere, wertvolle Mitglieder der Gemeinschaft zu werden. Junge homosexuelle Männer entpuppten sich auch als mutige und erfolgreiche Krieger, denn sie kämpften »Seite an Seite, voller Liebe, gemeinsam mit den anderen«.

> Zu den Zeiten der alten Römer bezeichnete man Julius Cäsar als »jeder Frau Mann und jedes Mannes Frau«.

Als die Christenheit damit begann, gleichgeschlechtliche Beziehungen zu verdammen, und man verbreitete, wie Gott seinen Zorn über Sodom entfesselt hatte, wurde die Homosexualität verbannt und im Wandschrank verborgen; bis vor kurzem zeigte sie sich nicht mehr in der Öffentlichkeit.

Im Viktorianischen Zeitalter leugnete man die Existenz der Homosexualität; sollte es sie dennoch geben, dann mußte sie das Werk Satans sein und wurde dementsprechend hart bestraft. Selbst jetzt, wo wir auf das 21. Jahrhundert zusteuern, glauben die meisten Mitglieder der älteren Generation noch, daß die Homosexualität ein modernes Phänomen und ein »unnatürliches Treiben« sei.

In Wirklichkeit gibt es sie, seit es männliche Embryonen gibt, die – aus welchem Grund auch immer – nicht die erforderliche Menge an männlichen Geschlechtshormonen während ihrer Entwicklung im Mutterleib erhielten. Bei den Primaten dient homosexuelles Verhalten dazu, Mitglieder einer Gruppe stärker aneinander zu binden oder einem überlegeneren Mitglied Unterwerfung zu zeigen, so wie das auch bei Rindvieh, Hähnen und Hunden der Fall ist. Der Lesbianismus erhielt seinen Namen 612 v. Chr. von der griechischen Insel Lesbos. Zu keiner Zeit wurde die weibliche Homosexualität mit der gleichen Verachtung gestraft wie die männliche, wahrscheinlich weil man sie eher mit Intimität verband und weniger als »Perversion« empfand.

Biologische Veranlagung oder persönliche Entscheidung?

1991 traten der Autor von *Body Language*, Allan Pease, und die Genetikerin Anne Moir zusammen im englischen Fernsehen auf, um ihre Bücher *Brainsex* (Mandarin Books) und *Talk Language* (HarperCollins) vorzustellen. Moir enthüllte dabei die Ergebnisse ihrer Forschungen, die das bestätigten, wovon Wissenschaftler schon seit Jahren ausgehen, nämlich daß die Homosexualität genetisch bedingt ist und keine Entscheidung der betreffenden Person.

Homosexualität ist nicht nur zum größten Teil angeboren, sondern das soziale Umfeld, in dem wir groß werden, beeinflußt unser Verhalten in noch geringerem Ausmaß, als man ursprünglich angenommen hat. Wissenschaftler haben herausgefunden, daß die Bemühungen von Eltern, homosexuelle Neigungen in ihren halbwüchsigen oder erwachsenen Kindern zu unterdrücken, praktisch keine Wirkung zeigen. Und da der Einfluß des männlichen Geschlechtshormons (bzw. der Mangel daran) auf das Gehirn der ausschlaggebende Faktor ist, sind auch die meisten Homosexuellen Männer.

> Es gibt keinen eindeutigen Beweis dafür, daß die Erziehung auf die Wahrscheinlichkeit Einfluß hat, daß bzw. ob ein Kind homosexuell wird.

Auf jede Lesbierin (weiblicher Körper mit maskulinisiertem Gehirn) kommen zwischen acht und zehn homosexuelle Männer. Wenn die Schwulen- und Lesbierinnenbewegung sich die oben aufgeführten wissenschaftlichen Erkenntnisse zu eigen machen und das Bildungssystem sie an den Schulen lehren würde, wäre das Leben von Homosexuellen und

Transsexuellen um ein Vielfaches einfacher. Die meisten Menschen bringen mehr Toleranz und Akzeptanz gegenüber einer Person auf, die genetisch bedingt »anders« ist, als gegenüber einer Person, die eine – ihrer Ansicht nach – inakzeptable Wahl getroffen hat.

Kann man eine Person verurteilen, die als Linkshänder oder als Legastheniker geboren wurde? Oder eine, die blaue Augen und rote Haare hat? Oder eine mit einem weiblichen Gehirn in einem männlichen Körper? Die meisten Homosexuellen glauben, daß ihre Homosexualität eine freie Entscheidung ihrerseits sei, und schließen sich – wie viele andere Minderheiten auch – entsprechenden öffentlichen Foren an, um ihre »Wahl« zu demonstrieren, die ihnen so viel Kummer und Leid verursacht und bei vielen Mitgliedern der Gesellschaft eine negative Reaktion hervorruft.

Die Statistiken zeigen eine traurige Tatsache: Über dreißig Prozent aller Selbstmorde bei Teenagern werden von homosexuellen Jugendlichen verübt, einer von drei Transsexuellen nimmt sich das Leben. Eine Untersuchung über die Erziehung, die diese homosexuellen Teenager erhalten hatten, zeigte, daß die meisten von ihnen in Familien oder Regionen groß geworden waren, in denen man Haß und Ablehnung gegenüber Homosexuellen lehrte, oder aber in religiösen Gemeinden, die versuchten, einige dieser »Opfer« durch Gebete oder Therapien zu »retten«.

Warum der Vater oft als Sündenbock herhalten muß

Wenn sich ein Junge zu einem Homosexuellen entwickelt, wird häufig dem Vater die Schuld gegeben. Familienmitglieder behaupten, daß er seinen Sohn schikaniert oder kritisiert habe, weil dieser während seiner Kindheit und Jugend keinen männlichen Freizeitbeschäftigungen nachging bzw. sich darin als unfähig erwies. Die Theorie besagt, daß der Junge sich irgendwann gegen seinen Vater auflehnte und aus purem Trotz homosexuell wurde. Es gibt jedoch keinen wissenschaftlichen Beweis dafür. Die wahrscheinlichere Erklärung ist, daß sich der Junge einfach mehr für weibliche Tätigkeiten interessierte als für Fußball, Motorradrennen, Autos oder Ringkämpfe. Die hohe Erwartungshaltung eines Vaters, der auf die Entwicklung seines Sohnes zu einem »richtigen Mann« hoffte, wurde dadurch natürlich ständig enttäuscht. Wir sind der Meinung, daß die femininen Neigungen des Sohnes eher zu einer übertrieben kritischen bzw. aggressiven Haltung des Vaters geführt haben als umgekehrt.

Der Schwulenumzug in Sydney

Das größte homosexuelle Ereignis weltweit ist der Schwulen- und Lesbierinnenkarneval in Sydney, der jedes Jahr zirka eine Million Menschen anzieht, die an dem teilnehmen wollen, was als Zelebration der Homosexualität gilt. Weitere Millionen von Menschen verfolgen den Karneval im Fernsehen, und die Homosexuellengemeinde ist stolz auf das, was das Ereignis ihrer Meinung nach bewirkt. In Wirklichkeit sind die Millionen heterosexueller Fernsehzuschauer, die sich den Karneval anschauen, nichts anderes als Spanner und Gaffer, die mal so richtig feixen wollen über eine – wie sie es empfinden – »Ausgeflippten-Show«. Umfragen unter Fernsehzuschauern haben ergeben, daß sich die Zuschauer zum einen köstlich auf Kosten der Teilnehmer amüsieren und das ganze Spektakel zum anderen die Meinung vieler Heterosexueller bestätigt, daß Homosexuelle genau das seien, was man schon immer vermutete: ein Grüppchen vollkommen durchgedrehter und perverser Clowns. Wenn die Schwulen und Lesbierinnen, die in ihren schrillen Aufzügen durch die Straßen ziehen, wie Mohammedanerinnen von Kopf bis Fuß in Schwarz gekleidet wären, würden nur wenige Leute Interesse zeigen, am Karneval teilzunehmen oder ihn im Fernsehen zu verfolgen.

Wenn Heterosexuelle ein ähnliches Ereignis veranstalten würden und in Slips oder noch leichter bekleidet durch die Straßen von Sydney zögen, hätten sie nicht nur mit weniger Zuschauern zu rechnen, sondern sie würden wahrscheinlich sogar wegen sittenwidrigen Verhaltens verhaftet werden!

Wenn die Öffentlichkeit den wissenschaftlichen Hintergrund der Homosexualität verstehen würde, nämlich daß die Homosexualität bei den meisten, wenn nicht bei allen Homosexuellen angeboren ist, gäbe es genauso viel Interesse an einem Homosexuellenumzug, wie es an einem Umzug von Menschen mit roten Haaren und Sommersprossen gäbe, einer genetischen Kombination, die genauso häufig auftritt wie die Homosexualität. Die Öffentlichkeit hätte weniger Probleme, Homosexuelle zu akzeptieren, und Schwule und Lesbierinnen hätten weniger Probleme, für sich selbst Achtung zu empfinden. Sie würden mit mehr Würde behandelt werden und auf weniger Ablehnung und Spott stoßen. Unwissenheit auf beiden Seiten sorgt für Distanz.

Kann man die sexuelle Orientierung eines Menschen ändern?

Homosexuelle wählen ihre sexuelle Orientierung genausowenig wie Heterosexuelle. Wissenschaftler und die meisten Sexualforscher stimmen darin überein, daß die Homosexualität eine Orientierung ist, auf die man keinen Einfluß hat.

Sie sind der festen Überzeugung, daß sich bei den meisten die homosexuelle Orientierung im Mutterleib herausbildet und daß im Alter von fünf Jahren die homosexuellen Muster bereits fest in der betreffenden Person verankert sind und von dieser in keiner Weise mehr gesteuert werden können. Jahrhundertelang hat man die unterschiedlichsten Techniken angewendet, um homosexuelle Tendenzen bei den Betroffenen zu unterdrücken. Dazu gehörten Brustamputationen, Kastration, medikamentöse Behandlungen, die Entfernung der Gebärmutter, frontale Lobotomie, Psychotherapie, Elektroschocktherapie, Gebetsrunden, spirituelle Sitzungen und Exorzismus. Keine dieser Therapien hat jemals angeschlagen. Im besten Fall haben sie bewirkt, daß einige Bisexuelle ihre sexuellen Aktivitäten auf das andere Geschlecht konzentriert haben oder einige Homosexuelle sich dazu gezwungen sahen, aus Schuldgefühlen oder Angst heraus enthaltsam zu werden, doch viele andere wurden in den Selbstmord getrieben.

> Wissenschaftler haben nachgewiesen, daß Homosexualität eine Orientierung ist, auf die man keinen Einfluß hat. Homosexualität ist keine Lebensform, für die man sich bewußt entscheiden kann.

Die Chancen, daß Sie heterosexuell sind, liegen bei über neunzig Prozent. Denken Sie einmal daran, wie schwierig es für Sie wäre, sich zum gleichen Geschlecht hingezogen zu fühlen. Das wird Ihnen eine ungefähre Vorstellung davon geben, daß es praktisch unmöglich ist, Gefühle zu erzeugen, die man nicht bereits in sich hat. Wenn Homosexualität wirklich eine Entscheidung wäre, wie so viele behaupten, warum würde sich eine halbwegs intelligente Person für einen Lebensstil entscheiden, der sie soviel Feindseligkeit, so vielen Vorurteilen und Diskriminierungen aussetzt? Hormone sind die Auslöser für Homosexualität, nicht bewußte Entscheidungen.

Eineiige homosexuelle Zwillinge

Man hat umfangreiche Studien an eineiigen Zwillingen durchgeführt, die bei der Geburt getrennt wurden und in unterschiedlichen Familien und in einem anderen Umfeld aufwuchsen. Zahlreiche Tests wurden gemacht, um eine zuverlässige Aussage darüber treffen zu können, ob gewisse menschliche Eigenschaften genetisch bedingt sind oder durch das soziale Umfeld bestimmt werden. Die Forschungen haben ergeben, daß viele menschliche Eigenschaften vererbt werden, einschließlich neurotischer Verhaltensweisen, Depressionen, Introvertiertheit bzw. Extrovertiertheit, Dominanz, natürliche Neigung zu sportlichen Aktivitäten, das Alter, in dem es zu den ersten sexuellen Kontakten kommt. Wenn man davon ausgeht, daß etwa fünf Prozent der männlichen Bevölkerung homosexuell sind, sollte man erwarten, daß bei hundert eineiigen homosexuellen Zwillingen, die bei ihrer Geburt von ihren Zwillingsgeschwistern getrennt wurden, etwa fünf Prozent der Zwillingsgeschwister homosexuell sind – wenn man davon ausgeht, daß Homosexualität eine freie Entscheidung, eine Wahl, ist. Alle Forscherteams, die sich mit dieser Frage befaßten, kamen zum gleichen Schluß. Ihre Folgerungen wurden von Dr. Richard Pillard von der Boston University und von dem Psychologen Michael Bailey von der North Western University untermauert, welche die sexuelle Orientierung von Brüdern untersuchten, die zusammen großgezogen wurden. Sie kamen zu folgendem Schluß:

Die Wahrscheinlichkeit, daß beide Brüder homosexuell sind, beträgt:

- 22 Prozent bei zweieiigen Zwillingen,
- 10 Prozent bei adoptierten Brüdern oder Brüdern, die keine Zwillinge sind,
- 52 Prozent bei eineiigen Zwillingen, welche die gleichen Gene haben.

Die gemeinsamen Forschungen an den homosexuellen eineiigen Zwillingen, die bei der Geburt getrennt worden waren, ergaben, daß über fünfzig Prozent der getrennt aufgewachsenen Zwillingsbrüder ebenfalls homosexuell waren. Von denen – so die einhellige Meinung der Forscher – waren wahrscheinlich weitere zehn bis zwanzig Prozent homosexuell, obwohl sie aus Angst oder Scham vorgaben, heterosexuell zu sein, oder bisexuell, bezeichneten sich aber lieber als heterosexuell. Das ergibt eine wahrscheinliche Prozentzahl homosexueller Zwillinge mit identischen Genen von sechzig bis siebzig Prozent. Anders gesagt sind zwei von drei homosexuell, was wiederum eindrücklich die These belegt, daß Homosexualität im Mutterleib entstehe. Weiterhin bestätigen die Untersuchungen die Annahme, daß die Erziehung und das soziale Umfeld wenig bis gar nichts mit der sexuellen Orientierung zu tun haben.

An den Genen liegt's

Wenn man von der Theorie ausgeht, daß Homosexualität im Mutterleib entsteht, sollte man erwarten können, daß alle eineiigen Zwillingsgeschwister Homosexueller ebenfalls homosexuell sind. Warum also ist das bei den verbleibenden dreißig bis vierzig Prozent nicht der Fall?

Gene haben eine Eigenschaft, die man als »Penetranz« bezeichnet, womit die Wahrscheinlichkeit gemeint ist, daß ein bestimmter Erbfaktor in Erscheinung tritt. Durch die Penetranz wird bestimmt, wie wahrscheinlich es ist, daß ein bestimmtes Gen aktiviert und zu einem dominanten Gen wird. So beträgt beispielsweise die Penetranz des Gens, welches die Krankheit Chorea Huntington auslöst, einhundert Prozent, wohingegen die Penetranz des Gens, das Diabetes vom Typ I auslöst, nur dreißig Prozent beträgt. Im Klartext bedeutet das: Bei eineiigen Zwillingen, die beide sowohl das Gen für Chorea Huntington als auch das Gen für Diabetes in sich tragen, besteht eine Wahrscheinlichkeit von einhundert Prozent, daß sie an Chorea Huntington erkranken, aber nur eine Wahrscheinlichkeit von dreißig Prozent, daß sie Diabetiker werden.

Die Träger des »Schwulengens« (engl. »*Gay Gene*«) haben eine Wahrscheinlichkeit von fünfzig bis siebzig Prozent, homosexuell zu werden; das erklärt, warum nicht alle eineiigen Zwillingsgeschwister homosexuell werden. Schätzungen zufolge tragen etwa zehn Prozent aller Männer das »Schwulengen« in sich, und grob die Hälfte wird aufgrund des Penetranzfaktors von fünfzig bis siebzig Prozent des betreffenden Gens homosexuell werden. Laborexperimente mit Ratten und Affen haben bestätigt, daß dieses Phänomen auch bei anderen Spezies auftritt. Obwohl es illegal ist und als moralisch verwerflich gilt, diese Art geschlechtsumwandelnder Experimente an Menschen durchzuführen, wurde das, wie wir erfahren haben, in Rußland erfolgreich und mit den gleichen eindeutigen Resultaten getan.

Das »Schwulengen«

Dean Hamer vom National Cancer Institute in den USA hat die DNA von vierzig Paaren homosexueller männlicher Geschwister verglichen und entdeckt, daß 33 von ihnen die gleichen genetischen Marker im Bereich X928 des X-Chromosoms hatten, wo man das »Schwulengen« gemeinhin ansiedelt. Er verglich auch die DNA von 36 Paaren lesbischer Schwestern, konnte aber kein entsprechendes Muster feststellen. Diese Studie zeigt ebenfalls, daß Homosexualität eine überwiegend männliche Domäne ist, und außerdem, daß sie so gut wie sicher genetisch bedingt ist. Die Wahrscheinlichkeit, daß das entsprechende Gen dominant wird, scheint größtenteils vom Vorhandensein des Hormons Testosteron (bzw. einem Mangel daran) sechs bis acht Wochen nach der Empfängnis abzuhängen. Abgesehen davon ist es denkbar, daß andere Faktoren – und dazu gehören auch das soziale Umfeld und die Erziehung – bis zu einem gewissen Grad das Gen in den ersten Lebensjahren – in der Regel vor dem fünften Geburtstag – aktivieren können.

Homosexuelle Familien

Eine andere Studie des National Cancer Institute hat ergeben, daß Homosexualität in einigen Familien gehäuft auftritt. Die Daten, die man über die genetischen Familienmitglieder von 114 homosexuellen Männern gesammelt hatte, zeigten, daß die Brüder, Onkel, Cousins oder Eltern der homosexuellen Männer eine dreimal so hohe Wahrscheinlichkeit aufwiesen, ebenfalls homosexuell zu sein, als das durchschnittlich der Fall war. Die meisten der männlichen homosexuellen Familienmitglieder stammten aus der Familie der Mutter, in nur wenigen Fällen aus der des Vaters. Dies kann nur genetische Ursachen haben.

Alles deutet darauf hin, daß es ein spezielles Gen irgendwo auf dem X-Chromosom gibt. Dieses Chromosom ist das einzige, das nur von der Mutter stammen kann (sie hat zwei X-Chromosomen), was wiederum beweist, daß die männliche Homosexualität vererbbar ist.

Experimente

Ratten sind in der Forschergemeinde aus zweierlei Gründen bevorzugte Versuchstiere: Zum einen haben sie, wie der Mensch, Hormone, Gene und ein zentrales Nervensystem. Zum anderen entwickelt sich ihr Gehirn nicht im Mutterleib wie bei einem Menschen, sondern nach der Geburt, wodurch Wissenschaftler einen Einblick gewinnen können, was dort alles abläuft.

Wenn man eine männliche Ratte kastriert, denkt sie, daß sie ein Weibchen ist, und wird eine sozial veranlagte, nestbauende Ratte. Wenn man einem neugeborenen Rattenweibchen Testosteron verabreicht, hält es sich für ein Männchen, wird aggressiv und versucht, andere Weibchen zu besteigen. Einige Vogelweibchen, wie zum Beispiel Kanarienvögel, können nicht singen. Wenn man ihnen jedoch kurz nach dem Schlüpfen eine Dosis Testosteron injiziert, können auch sie wie die Männchen singen. Der Grund ist, daß sich Testosteron auf die Vernetzung ihres Gehirns und somit auf ihre Fähigkeiten auswirkt.

Um die Geschlechtsorientierung des Gehirns zu beeinflussen, muß man eingreifen, wenn es sich noch im Embryonalzustand befindet. Vergleichbare Tests an ausgewachsenen Ratten, Vögeln und Eseln haben nicht die gleichen durchschlagenden Ergebnisse gebracht, weil sich bereits während der Embryonalphase entscheidet, wie das Gehirn aufgebaut ist. Beim Menschen ergibt sich die Ausrichtung des Gehirns – wie gesagt – sechs bis acht Wochen nach der Empfängnis. So wie ältere Ratten sich nur noch bedingt ändern können, können sich auch Menschen ab einem gewissen Alter nur noch wenig ändern.

Während einer Rußlandtour haben wir einen Professor für Gehirnchirurgie an einer örtlichen Universität kennengelernt, der uns anvertraute, daß seit einiger Zeit in Rußland geheimgehaltene Experimente am menschlichen Gehirn ausgeführt würden und daß sich die Ergebnisse mit denen der an Ratten durchgeführten Experimente deckten. Man hatte Jungen zu Mädchen und Mädchen zu Jungen gemacht, indem man ihre Gehirne im Mutterleib männlichen Geschlechtshormonen aussetzte. So »kreierte« man Homosexuelle und Transsexuelle. Weiterhin erzählte uns der Professor, daß es gelegentlich Fälle gab, bei denen man dem Embryo nicht genügend männliche Hormone verabreichte bzw. bei denen die Gabe der Hormone zur falschen Zeit während der Entwicklung erfolgte. Eines dieser Babys wurde sowohl mit männlichen als auch mit weiblichen Genitalien geboren. Dieser genetische »Unfall« kommt auch von Zeit zu Zeit in der Natur vor (wie zum Beispiel in der Dominikanischen Republik). Er erklärt, wie ein Baby geboren werden kann, das wie ein Mädchen aussieht und sich urplötzlich während der Pubertät zu einem Jungen »mausert«.

Diese Experimente enthüllen, wozu die Wissenschaft in der Lage ist, auch wenn darüber nur ungern gesprochen wird – nämlich daß man durch die Steuerung der geschlechtlichen Ausrichtung des Gehirns auch das Geschlecht eines Embryonen bestimmen kann, indem man ihm zur rechten Zeit während der Schwangerschaft eine Injektion verabreicht.

Dieser Eingriff würde jedoch zu Recht moralische, ethische und menschliche Fragen aufwerfen.

Wie ein homosexuelles Baby entsteht

Wenn ein Embryo männlich ist und während der frühen Phasen der Schwangerschaft die Ausschüttung von Testosteron unterdrückt wird, erhöht sich die Wahrscheinlichkeit, daß ein mädchenhafter oder homosexueller Junge geboren wird, um ein Vielfaches, weil in dem Fall die Ausrichtung des Gehirns von den weiblichen Geschlechtshormonen bestimmt wird. Eine deutsche Studie aus den siebziger Jahren zeigte, daß Mütter, die während der frühen Phasen ihrer Schwangerschaft extremen Streßsituationen ausgesetzt waren, sechsmal häufiger einen homosexuellen Sohn zur Welt brachten als nicht-gestreßte Mütter.

Auch die Untersuchungen von Professor Lee Ellis von der Studienabteilung Soziologie der Minot State University in North Dakota haben ergeben, daß streßbelastete Schwangerschaften in aller Regel zu homosexuellen Babys führen. Wenn der Embryo ein Mädchen ist, kann es sein, daß sich das Mädchen übertrieben weiblich verhalten und ein sehr schlechtes räumliches Vorstellungsvermögen haben wird. Mit anderen Worten, es wird ein richtiges Muttertier werden, fürsorglich und gluckenhaft, und es wird sich beim Einparken schwertun und keinen Orientierungssinn haben.

Brian Gladue von der North Dakota State University hat nachgewiesen, daß heterosexuelle Männer über bessere räumlich-visuelle Fähigkeiten verfügen als homosexuelle, wie auch Lesbierinnen bessere räumlich-visuelle Fähigkeiten haben als heterosexuelle Frauen. Woran liegt das? Ganz einfach. Bei der Entwicklung ihres Gehirns waren größere Mengen an männlichen Geschlechtshormonen vorhanden. Und was unterdrückt nun die Ausschüttung von Testosteron? Die hauptverantwortlichen Faktoren sind Streß, Krankheit und bestimmte Medikamente.

Unter Streß können Sie stehen, wenn Ihre Hypothek zu hoch ist, wenn Sie Angst haben, Ihre Arbeit zu verlieren, wenn Sie mit Ihrem Partner oder Ihren Nachbarn streiten oder wenn ein naher Freund oder Verwandter stirbt. Wenn Sie genau zu der Zeit in der sechsten bis achten Woche schwanger sind, ist die Wahrscheinlichkeit sehr hoch, daß Sie einen homosexuellen Sohn oder eine übertrieben weibliche Tochter zur Welt bringen. Im alten China durfte die Kaiserin, wenn sie ein Kind erwartete, nichts Unerfreuliches zu hören oder zu sehen bekommen. Sie durfte keine Schimpfwörter oder Beleidigungen in den Mund nehmen, und man verbot ihr, negative Gedanken zu haben oder mit kranken oder niedergeschlagenen Personen in Kontakt zu kommen.

Seit längerem ist bekannt, daß Alkohol und Nikotin schädigend auf ungeborenes Leben wirken und daß die richtige Ernährung und ein streßfreier Lebenswandel während der Schwangerschaft dem Kind zugute kommen. Jüngst haben Forschungen von Experten wie Dr. Vivette Glover vom Chelsea Hospital in London gezeigt, daß Frauen, die während der Schwangerschaft Streß ausgesetzt waren, Babys zur Welt bringen, die ebenfalls nicht mit Streßsituationen umgehen können.

Wenn Sie sich also mit dem Gedanken tragen, schwanger zu werden, wäre es eine gute Idee, eine längere Pause einzulegen und Ihr Umfeld auf unnötigen Streß hin zu prüfen.

Wie wird ein Mädchen lesbisch?

Wenn ein Embryo genetisch gesehen ein Mädchen (XX) ist, sein Gehirn aber mit männlichen Geschlechtshormonen überflutet wird, ist das Ergebnis ein weiblicher Körper mit männlicher Gehirnvernetzung. In ihrer Kindheit werden diese Mädchen häufig als »Wildfänge« bezeichnet. Sie sind ruppiger und aggressiver beim Spielen als ihre weiblicheren Spielgefährtinnen. Während der Pubertät ist die Wahrscheinlichkeit größer, daß ihre Körper- und Gesichtsbehaarung stärker sprießt als bei anderen Mädchen, ihre räumlich-visuellen Fähigkeiten sind besser ausgeprägt, beim Ballspiel sind sie geschickter, und als Erwachsene wird ihre Art oft als »männlich« bezeichnet. Ein hoher Anteil dieser Frauen wird lesbisch. Es kann zu einer unfreiwilligen Zufuhr von männlichen Geschlechtshormonen während der Schwangerschaft kommen, wenn die werdende Mutter bestimmte Medikamente einnimmt, die hohe Dosen an männlichen Geschlechtshormonen enthalten, wie unter anderem einige Anti-Baby-Pillen, Medikamente für Diabetiker usw.

Eine Studie mit Diabetikerinnen, die zwischen 1950 und 1960 schwanger waren, zeigte einen unnormal hohen Prozentsatz an Mädchen, die nach der Pubertät lesbisch wurden. Der Grund war, daß sie während ihrer Embryonalentwicklung zu der kritischen Zeit, als sich das Gehirn formte, durch die Diabetikermedikamente, die ihre Mütter zu sich nahmen, zu viele männliche Geschlechtshormone erhielten.

Eine andere Studie zeigte, daß Frauen aus der gleichen Zeit, die weibliche Geschlechtshormone wie Östrogene in der Annahme einnahmen, daß diese der Schwangerschaft förderlich wären, im Durchschnitt fünf- bis zehnmal so häufig einen homosexuellen Jungen zur Welt brachten. Erst während der Pubertät, wenn eine wahre Flutwelle an Hormonen den Körper eines Jugendlichen überschwemmt, wird die Gehirnvernetzung »aktiviert«, und die eigentliche sexuelle Orientierung des Teenagers kommt zum Vorschein.

Als wäre es ein Echo dieser Studien, fand man bei wissenschaftlichen Forschungsarbeiten am Kinsey Institute in Amerika heraus, daß Mütter, die während der Schwangerschaft männliche Geschlechtshormone eingenommen hatten, Töchter gebaren, die über die Maßen selbstsicher und bestimmt auftraten und vielfach aggressive Sportarten ausübten, wie zum Beispiel Kickboxen oder Fußball. In ihrer Kindheit wurden die meisten dieser Mädchen als »Wildfänge« bezeichnet. Mütter dagegen, die während ihrer Schwangerschaft weibliche Geschlechtshormone zu sich genommen hatten, gebaren eher Töchter, die über die Maßen »weiblich« waren, oder Jungen, die zarter und sanfter als ihre gleichaltrigen Geschlechtsgenossen, abhängiger von anderen und sportlich nicht aktiv waren.

Das transsexuelle Gehirn

Transsexuelle spüren von ihrer frühesten Kindheit an, daß sie im »falschen« Körper stecken. Die Gehirnregion, welche für das sexuelle Verhalten zuständig ist, wird Hypothalamus genannt und ist bei Frauen deutlich kleiner als bei Männern. Der Forscher Dick Swaab und sein Team vom niederländischen Institut für Gehirnforschung waren die ersten, die im Jahre 1995 nachwiesen, daß der Hypothalamus von männlichen Transsexuellen so groß wie der Hypothalamus von Frauen ist und in manchen Fällen sogar kleiner. Das ist ein weiterer Beweis dafür, daß die geschlechtliche Identität einer Person aus einer Wechselwirkung zwischen dem sich entwickelnden Gehirn und den Geschlechtshormonen heraus entsteht. Diese Theorie wurde zum ersten Mal von dem deutschen Wissenschaftler Dr. Günther Dorner formuliert, der herausfand, daß der Hypothalamus von homosexuellen Männern nach einer Injektion von weiblichen Geschlechtshormonen genauso reagierte wie der Hypothalamus von Frauen. Swaab berichtete: »Durch unsere Studie wurde erstmals nachgewiesen, daß sich in einem genetisch männlichen Transsexuellen eine weibliche Gehirnstruktur verbirgt.« Anders ausgedrückt: das Gehirn einer Frau, gefangen im Körper eines Mannes.

In der Psychiatrie werden transsexuelle Personen mit dem Etikett »Personen mit sexuellem Identitätsproblem« bedacht, und etwa zwanzig Prozent von ihnen unterziehen sich einer geschlechtsumwandelnden Operation. Dabei werden die Hoden entfernt, der Penis längs aufgeschnitten und das Gewebe innen entfernt. Die Haut des Penis bleibt erhalten, man verlegt die Harnröhre, und mit der Penishaut wird dann die vom Chirurgen geformte, künstliche Vagina ausgekleidet. In einigen Fällen wird der Peniskopf als Klitoris verwendet und behält seine Orgasmusfähigkeit bei. Tragischerweise ist die Selbstmordquote bei Transsexuellen fünfmal höher als bei der übrigen Bevölkerung: Einer von fünf Transsexuellen versucht, sich das Leben zu nehmen.

Sind wir Sklaven unserer Biologie?

Forscher wissen, wie man das Geschlecht von Ratten und Eseln im Mutterleib ändern kann. Es gibt Menschen, die behaupten, daß wir unsere Vorlieben und Abneigungen durch Willenskraft oder bewußte Entscheidungen steuern könnten, und beharren auf ihrer Meinung, daß alle gleichermaßen gut in der Lage seien, einzuparken und Straßenkarten zu lesen. Doch die Wissenschaftler zeigen, daß das eine unrealistische Einschätzung der Wirklichkeit ist. Man muß kein Forscher sein, um zu erkennen, daß Kaninchen nicht fliegen können, daß Enten miserabel laufen und daß Männer, die in ihre Zeitung vertieft sind, vorübergehend taub sind. Das Verständnis für die geschlechtsspezifischen Unterschiede der Gehirnstruktur macht uns toleranter und versetzt uns in die Lage, einen größeren Einfluß auf unser Schicksal zu nehmen und unsere Neigungen und Entscheidungen zu akzeptieren.

Die Entwicklung der menschlichen Intelligenz ist so weit fortgeschritten, daß wir unsere Emotionen besser kontrollieren können als alle anderen Tiere und unsere Entscheidungen überdenken und mehr oder weniger bewußt fällen können. Alle anderen Tiere denken nicht, sie reagieren lediglich auf die jeweiligen Umstände, und das macht sie zu Sklaven ihrer Biologie. Unsere Biologie ist die Motivation, die hinter vielen Entscheidungen steckt, welche uns manchmal im nachhinein idiotisch erscheinen. Wir können zwar auf unser Leben weitaus bewußter einwirken als die meisten anderen

Tierarten, doch uns ganz von unserer Biologie abzunabeln ist uns nach wie vor nicht möglich. Die meisten haben das größte Problem damit, daß sie einfach nicht akzeptieren können, daß der Mensch nur ein Tier ist, wenn auch eines mit einem ziemlich cleveren Gehirn. Durch diese Unfähigkeit, den Tatsachen ins Auge zu blicken, machen sich diese Menschen zu Opfern ihrer Biologie.

Warum homosexuelle Männer und Frauen von Sex besessen zu sein scheinen

Der Hypothalamus ist das Sexzentrum des Gehirns und spricht auf Testosteron an. Männer haben nicht nur einen größeren Hypothalamus als Frauen; der durchschnittliche Mann hat auch zehn- bis zwanzigmal soviel Testosteron in seinem Körper wie die durchschnittliche Frau. Das ist der Grund, warum Männer allzeit bereit sind und Frauen nicht.

Die meisten homosexuellen Männer haben einen Geschlechtstrieb, der mit dem von heterosexuellen Männern vergleichbar ist, und trotz gegenläufiger Vorurteile weist nur eine Minderheit typisch weibliche Verhaltensmuster auf.

Lesbische Frauen haben einen höheren Testosteronspiegel als heterosexuelle Frauen, wodurch der Geschlechtstrieb von lesbischen Frauen stärker ausgeprägt ist als der von heterosexuellen Frauen.

Warum manche homosexuelle Männer nur schwer als solche zu erkennen sind

Um es in einfachen Worten auszudrücken, es gibt zwei Hauptzentren, die man mit homosexuellem Verhalten in

Verbindung bringt: zum einen eine Art »Paarungszentrum«, zum anderen ein »Verhaltenszentrum«.

Das »Paarungszentrum« ist im Hypothalamus angesiedelt und bestimmt, zu welchem Geschlecht wir uns hingezogen fühlen. Bei Männern muß es mit männlichen Geschlechtshormonen gefüttert werden, damit es im männlichen Betriebsmodus läuft und der Mann auf die Reize einer Frau reagiert. Wenn die Zufuhr der männlichen Geschlechtshormone unzureichend ist, bleibt der Betriebsmodus bis zu einem gewissen Grad weiblich, und der Mann wird sich zu anderen Männern hingezogen fühlen.

Unter Umständen empfängt das »Verhaltenszentrum« im Gehirn nicht genügend männliche Hormone, um dem Mann ein männliches Verhalten, männliche Sprachfertigkeiten und eine männliche Körpersprache zu verleihen. Wenn dieses Zentrum nicht genügend männliche Hormone für eine Neukonfiguration erhält, wird das Verhalten des Mannes weiblich geprägt sein.

Wie es dazu kommen kann, daß das Paarungszentrum und das Verhaltenszentrum unterschiedlich viele oder wenige männliche Geschlechtshormone erhalten, ist noch ein Rätsel. Doch es erklärt, warum nicht alle Männer mit typisch weiblichen Verhaltensmustern homosexuell sein müssen, wie auch nicht alle Machos notgedrungen heterosexuell sein müssen.

Warum es noch schwieriger ist, lesbische Frauen als solche zu erkennen

Wenn auf das Gehirn eines weiblichen Embryos versehentlich zusätzlich männliche Geschlechtshormone einwirken, kann das Paarungszentrum des Embryos auf männlich gepolt werden, was bedeutet, daß sich die erwachsene Frau zu anderen Frauen hingezogen fühlen wird. Wenn auch ihr Verhaltenszentrum männlich orientiert ist, werden ihr Verhalten, ihre Ausdrucksweise und ihre Körpersprache ebenfalls männlich sein.

Wenn ihr Verhaltenszentrum allerdings nicht durch männliche Hormone geprägt ist, wird ihr Verhalten weiblich sein, auch wenn sie sich zu anderen Frauen hingezogen fühlt.

Obwohl man bei den männlich wirkenden Frauen sehr deutlich erkennen kann, daß sie das Ergebnis ihrer Biologie sind, wehren sich immer noch viele Menschen gegen den Gedanken, daß auch sehr weiblich wirkende Lesbierinnen nichts gegen ihre Veranlagung tun können. Ihrer Meinung nach haben es sich diese Frauen selbst *ausgesucht*, lesbisch zu sein, denn sie sehen ganz eindeutig nicht danach aus. Es gibt genügend Männer, die eine sehr feminin wirkende lesbische Frau, womöglich noch mit Lippenstift und allem Drum und Dran, für »bekehrbar« halten. Von diesen Männern hört man häufig folgenden Ausspruch: »Ich würde sie schon auf die richtige Seite bringen!«

Doch auch diese Frauen haben ebensowenig wie die männlicher wirkenden Lesbierinnen, die »Macho-Schwulen« oder die weiblich wirkenden Homos die Kontrolle über ihre sexuellen Neigungen. Im Bereich der weiblichen Homosexualität liegen noch nicht so viele aufschlußreiche Ergebnisse vor wie zur männlichen Homosexualität. Doch die meisten Wissenschaftler stimmen darin überein, daß Lesbierinnen in ihrem Verhalten sowohl weiblich als auch männlich auftreten und sich deswegen trotzdem zu anderen Frauen hingezogen fühlen können.

9. Kapitel

Männer, Frauen und Sex

»... Ich will Offenheit, Ehrlichkeit und eine monogame Beziehung.
– Ich halte nichts von Männern, die auf Spielchen aus sind!«

Stella und Norman lernten sich auf der Party eines gemeinsamen Freundes kennen. Es funkte sofort zwischen ihnen, und praktisch augenblicklich befanden sie sich in einer heißen und wilden Beziehung. Sie waren bis über beide Ohren verliebt und konnten nicht genug voneinander bekommen. Ihre Spezialität war »Haussex« – Sex im Wohnzimmer, im Schlafzimmer, in der Küche, im Bad, auf der Treppe und in der Garage. Norman fand den Sex mit Stella klasse, und so beschloß er, daß Stella die Richtige für ihn war. Auch Stella fand das alles wundervoll und beschloß daher, daß sie verliebt sein mußte. Sie würden zusammenleben, für immer und ewig.

Zwei Jahre später war ihr Sexleben immer noch heiß und wild: Er war heiß, und sie wurde wild, sobald es um Sex ging. Für Stella war zweimal die Woche mehr als ausreichend, doch Norman wollte jeden Tag Sex. Schließlich hatte er sein Junggesellenleben für diese Beziehung aufgegeben, und so waren seine Forderungen seiner Meinung nach nur recht und billig. Je mehr er auf Sex drang, desto weniger wollte sie davon wissen, und bald schon hatten sie nur noch Schlafzimmersex. Sie begannen sich über die kleinen Dinge zu streiten, Zärtlichkeiten und Küsse verschwanden langsam aus ihrem Alltagsleben, und es dauerte nicht lange, da sahen sie nur noch die negativen Seiten des anderen. Schließlich begannen sie, zu unterschiedlichen Zeiten ins Bett zu gehen. Sie gingen sich aus dem Weg, wo sie nur konnten. Alles, was von ihrem Sexleben übriggeblieben war, war »Korridorsex« – sie gingen im Korridor aneinander vorbei und schrien sich an: »Fick dich!«

Norman bekam das Gefühl, er wäre sexbesessen – sobald er das Thema Sex auf den Tisch brachte, fing sie an zu protestieren. Eines einsamen Abends ging einer von den beiden zu einer Party eines gemeinsamen Freundes und lernte jemanden kennen. Es funkte sofort zwischen ihnen, und praktisch augenblicklich befanden sie sich in einer heißen und wilden Beziehung. Sie waren bis über beide Ohren verliebt und konnten nicht genug voneinander bekommen ...

Wie Sex entstand

Das Leben begann vor zirka 3,5 Milliarden Jahren mit einem einzelligen Lebewesen. Um zu überleben, teilte es sich, und aus dieser Teilung entstanden zwei identische Lebewesen. Über Jahrmillionen hinweg veränderte sich der Einzeller kaum, abgesehen von den gelegentlichen und zufälligen Mutationen, wenn er etwas Neues durch Erfahrung dazulernte. Das Leben verlief recht gemächlich.

Doch dann, vor etwa achthundert Millionen Jahren, lernte die Zelle einen erstaunlichen Trick, wahrscheinlich wiederum ganz zufällig: Irgendwie kam sie darauf, wie man Gene mit anderen Zellen austauschen kann. Und das bedeutete, daß die Vorteile und Stärken der Zelle direkt an die Babyzelle weitergegeben werden konnten, damit diese stärker und widerstandsfähiger wurde als ihre Elternzellen. Jetzt mußte man nicht mehr über Jahrmillionen hinweg auf einen glücklichen Zufall hoffen, damit die Zelle mutierte und dadurch bessere Überlebenschancen hatte.

Dies war eine unglaublich erfolgreiche Entwicklung, durch

die das Wachstum der Zelle hin zu neuen, komplexeren und besseren Lebensformen rasant beschleunigt wurde. Am Anfang gab es Weichtiere wie Würmer und Quallen. Vor sechshundert Millionen Jahren tauchten dann zum ersten Mal Tiere mit Knochen, Schalen und Panzern auf, und dreihundert Millionen Jahre später lernten die ersten Fische atmen. Sie verließen das Wasser und eroberten das Land. All das war das Ergebnis eines regen Genhandels.

Sex stand jetzt hoch im Kurs. Sobald die neue Zelle mit ihren stärkeren Genen geboren wurde, mußten die Eltern das Zeitliche segnen, und zwar aus zwei Gründen: Erstens war die neue Zelle besser als die Elternzellen und die Elternzellen somit überflüssig. Zweitens mußten die Eltern eliminiert werden, damit sie nicht auf die Idee kamen, sich mit der neuen Zelle zu vereinen und das neue, bessere Erbgut wieder zu »verwässern«. Tod war gleichbedeutend mit dem Überleben des neuen und stärkeren Gens, das sich dann wiederum mit den Genen von anderen Überlebenden verbinden konnte. Das ursprüngliche Ziel von Sex war also, die eigenen Gene mit denen eines anderen Lebewesens zusammenzuwerfen, um der nächsten Generation Babys überlebensfähigere Gene zu vermachen. In der Geschichte der Menschheit sah man lange Zeit keinen Zusammenhang zwischen Sex und Babys, und auch heute gibt es noch primitive Völkerstämme, denen der Zusammenhang nicht klar ist.

Wo ist das Sexzentrum des Gehirns?

Das Sexzentrum ist der Hypothalamus, also der Teil des Gehirns, der auch die Gefühle, die Herzfrequenz und den Blutdruck steuert. Der Hypothalamus ist etwa kirschkerngroß und wiegt um die 4,5 Gramm. Bei heterosexuellen Männern ist er größer als bei Frauen, Homosexuellen und Transsexuellen.

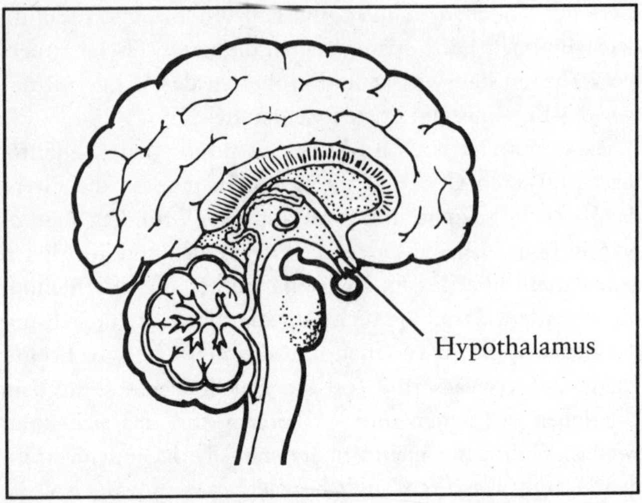

Das Sexzentrum des Gehirns, der Hypothalamus

Der Hypothalamus ist der Bereich, in dem das Verlangen nach Sex durch Hormone – besonders durch Testosteron – stimuliert wird. Wenn man bedenkt, daß Männer einen etwa zehn- bis zwanzigmal höheren Testosteronspiegel als Frauen und außerdem einen größeren Hypothalamus haben, wird klar, warum der männliche Geschlechtstrieb so stark ausgeprägt ist. Das erklärt auch, warum Männer praktisch überall und zu jeder Zeit Sex haben können. Erschwerend kommt hinzu, daß die Gesellschaft Generationen von Männern dazu ermutigt hat, sich »die Hörner abzustoßen«, während sie gleichzeitig sexuell aktive oder promiskuitive Frauen verdammte. Eigentlich ist es kein Wunder, daß das unterschiedliche Sexualverhalten von Männern und Frauen immer schon zu Spannungen in den Beziehungen führt.

Warum Männer einfach nicht anders können

Der überbordende und impulsive Geschlechtstrieb der Männer dient einer klar definierten Aufgabe, nämlich sicherzustellen, daß die Spezies Mensch nicht ausstirbt. Wie bei den meisten männlichen Säugetieren mußten sich auch beim Mann mehrere Elemente herausbilden, um seinen Erfolg zu garantieren. Zum einen mußte sein Geschlechtstrieb zielstrebig und direkt sein und sich nicht so leicht ablenken lassen. Das sollte es ihm ermöglichen, unter praktisch allen Bedingungen Sex zu haben, also auch in Anwesenheit von potentiell bedrohlichen Feinden und an jedem Ort, an dem sich eine Gelegenheit bieten könnte.

> Ein Mann mußte in der Lage sein, in den kürzesten Zeitabständen so viele Orgasmen wie möglich zu haben, um nicht Gefahr zu laufen, beim Sex von Raubtieren angefallen oder von Feinden gefangen zu werden.

Er mußte seinen Samen auch so weit wie möglich und so oft wie möglich streuen. Das Kinsey Institute in den USA, das mit seiner Erforschung der menschlichen Sexualität weltweit führend ist, gelangte zu der Überzeugung, daß so gut wie alle Männer – gäbe es keine gesellschaftlichen Regeln – promiskuitiv wären, wie es auch achtzig Prozent aller menschlichen Gesellschaften seit Anbeginn der Menschheit waren. Dann jedoch wurde die Monogamie eingeführt, und seither richtete der biologische Trieb der Männer ziemliches Unheil an und ist einer der Hauptgründe für Probleme in modernen Beziehungen.

Warum Frauen treu sind

Der Hypothalamus einer Frau ist sehr viel kleiner als der eines Mannes, und in ihrem Blut fließen nur geringe Mengen Testosteron, um ihn zu aktivieren. Darum haben Frauen im allgemeinen einen wesentlich schwächeren Geschlechtstrieb als Männer und sind auch weniger aggressiv. Die Frage ist, warum die Natur Frauen nicht als rasende Nymphomaninnen geschaffen hat, um das Überleben der menschlichen Spezies zu gewährleisten. Die Antwort liegt in der langen Zeitspanne, die erforderlich ist, um ein Kind auszutragen und es so weit großzuziehen, daß es auf eigenen Füßen stehen kann.

Bei einigen Tierarten, beispielsweise Kaninchen, beträgt die Trächtigkeit nur sechs Wochen, und die neugeborenen Jungen sind bereits nach zwei Wochen in der Lage, sich selbst zu ernähren, fortzulaufen und sich zu verstecken. Vater Kaninchen wird hier nicht gebraucht, um seine Sprößlinge zu beschützen oder zu füttern. Ein Elefantenbaby oder ein Damhirschkitz kann kurz nach der Geburt mit der Herde mitlaufen. Selbst unser Cousin, der Schimpanse, kann allein überleben, wenn er im Alter von sechs Monaten seine Eltern verliert. Eine Frau jedoch ist den größten Teil der Schwangerschaft körperlich eingeschränkt, und das Kind muß mindestens fünf Jahre alt sein, um sich bis zu einem gewissen Grad selbst ernähren und verteidigen zu können. Aus diesem Grund analysiert eine Frau auch die Charakterzüge des potentiellen Vaters sehr gründlich, um Aufschluß über seine

Fähigkeit, Nahrung und Schutz zu bieten und Feinde abzuwehren, zu gewinnen.

> Einige Männer sind der Meinung, daß das Elternwerden mit der Empfängnis endet.

Das weibliche Gehirn ist darauf programmiert, einen Mann zu suchen, der die Verpflichtung eingeht, lange genug für sie dazusein, um ihr beim Großziehen ihrer Kinder zu helfen. Das spiegelt sich auch in dem wider, worauf Frauen bei Männern achten, mit denen sie eine langfristige Beziehung eingehen wollen.

Männer sind Gasherde, Frauen Elektroherde

Der männliche Geschlechtstrieb ist wie ein Gasherd: Er brennt sofort und läuft innerhalb von Sekunden auf Hochtouren, kann aber genauso schnell wieder abgedreht werden, wenn das Essen fertiggekocht ist. Der weibliche Geschlechtstrieb ist wie ein Elektroherd: Er erwärmt sich nur langsam, bis er dann schließlich richtig heiß ist, und es dauert lange, bis er wieder abkühlt.

Auf der nächsten Seite ist eine Kurve abgebildet, aus der man die Stärke des Geschlechtstriebes von durchschnittlichen Männern und Frauen im Verlaufe ihres Lebens ersehen kann. Die Kurve spiegelt allerdings nicht die verschiedenen Phasen im Leben wider, in denen der Geschlechtstrieb aufgrund äußerer Faktoren wie zum Beispiel Geburten, Todesfälle, Verliebtheit, Pensionierung usw. stärker oder schwächer ausgeprägt ist. Unser Ziel war es, die Unterschiede im

Geschlechtstrieb hervorzuheben, deswegen haben wir die Kurve stark vereinfacht.

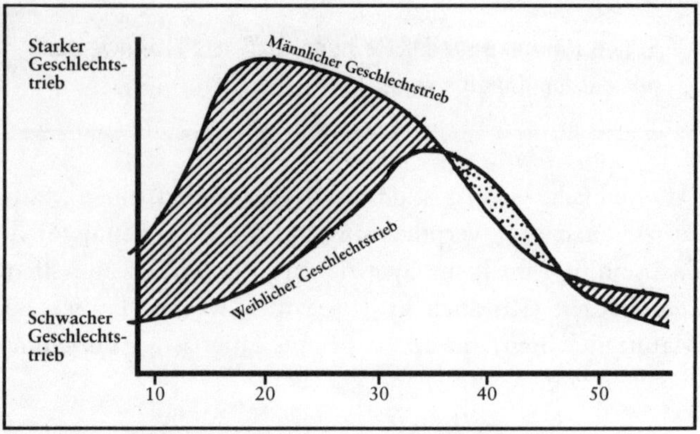

Männlicher und weiblicher Geschlechtstrieb
(Quelle: Pease International Research, UK)

Der Testosteronspiegel eines Mannes nimmt im Alter langsam ab, und entsprechend wird auch sein Geschlechtstrieb schwächer. Der Geschlechtstrieb der durchschnittlichen Frau dagegen steigt allmählich an und erreicht im Alter von 36 bis 38 Jahren seinen Höhepunkt. Das erklärt das »Jugendlicher-Liebhaber-Syndrom« vieler Frauen in diesem Alter. Jüngere Männer bringen die »Leistung«, nach der sich eine reifere Frau sehnt. Die sexuelle Leistungsfähigkeit eines 19jährigen Mannes entspricht eher den Bedürfnissen einer dreißig- bis vierzigjährigen Frau. Auf der Kurve kann man auch gut erkennen, daß der Geschlechtstrieb eines Mannes um die Vierzig zu dem einer Zwanzigjährigen paßt. Das erklärt, warum es Paare gibt, bei denen ein älterer Mann mit einer jungen Frau liiert ist. Bei diesen Paaren beträgt der Altersunterschied zwischen Mann und Frau in der Regel zwanzig Jahre.

Die Behauptung, der Geschlechtstrieb eines Mannes erreiche seinen Höhepunkt im Alter von 19 Jahren und nehme danach stetig ab, bezieht sich auf seine körperliche Leistungsfähigkeit. Sein Interesse an Sex bleibt mehr oder weniger sein ganzes Leben lang gleich stark, was bedeutet, daß ein Mann mit siebzig Jahren genauso an Sex interessiert sein kann, wie er es mit dreißig war. Allerdings nimmt seine körperliche Leistungsfähigkeit ab. Eine junge Frau unter zwanzig kann sich stark für Sex interessieren (wegen der engen Wechselwirkung zwischen Sex und Liebe), gleichzeitig aber nur wenig Verlangen danach verspüren. Als Dreißigjährige kann sie das gleiche Interesse an Sex haben, gleichzeitig aber auch ein stärkeres Verlangen danach verspüren.

Warum Sex ein so beliebtes Streitthema ist

Vergessen Sie nicht, daß wir in diesem Zusammenhang generell von dem Geschlechtstrieb aller Männer als einer Gruppe und von dem Geschlechtstrieb aller Frauen als einer zweiten Gruppe sprechen. Der Geschlechtstrieb jedes einzelnen kann natürlich ganz wesentlich davon abweichen. In diesem Kapitel wollen wir uns jedoch mit dem typischen Geschlechtstrieb der meisten Menschen befassen.

Es gibt natürlich Frauen, die einen sehr stark ausgeprägten Geschlechtstrieb haben, wie es auch Männer mit einem sehr schwach ausgeprägten Geschlechtstrieb gibt, doch handelt es sich dabei um wenig aussagekräftige Minderheiten. Im großen und ganzen kann man sagen, daß die meisten Männer einen starken Geschlechtstrieb besitzen, die meisten Frauen einen weniger starken. Eine Studie des Kinsey Institute hat ergeben, daß 37 Prozent der Männer alle dreißig Minuten an Sex denken, während das bei nur elf Prozent der Frauen der

Fall ist. Bei einem Mann ist der Testosteronspiegel stets so hoch, daß sein Geschlechtstrieb ständig aktiviert ist. Darum ist ein Mann auch, sobald es um Sex geht, allzeit bereit.

> Wenn es um Sex geht, brauchen Frauen einen Grund. Männer brauchen einen geeigneten Ort.

Die meisten Unstimmigkeiten zum Thema Sex gibt es in den schattierten Bereichen der Grafik. Bis eine Frau die Vierzig erreicht, beklagt sie sich normalerweise darüber, daß ihr Mann sie ständig unter Druck setze, weil er Sex von ihr verlange, und das auf beiden Seiten zu Ärger und Frustrationen führe. Die Frau wird dem Mann oft vorwerfen, daß er sie nur »benutze«. Erst wenn eine Frau auf die Vierzig zugeht, paßt sich ihr Geschlechtstrieb dem eines gleichaltrigen Mannes an, ja er übertrifft ihn häufig sogar. Ihr Trieb wird von ihrer biologischen Uhr gesteuert, die ihr kurz vor der Menopause noch einmal den Wunsch nach einem Kind in den Kopf setzt. Ein Mann Anfang Vierzig kann von diesem Rollentausch ganz schön aus der Fassung gebracht werden. Sein Geschlechtstrieb ist oft niedriger als der einer gleichaltrigen Frau, während sie plötzlich viel bestimmter als er auftritt. Viele Männer beklagen sich dann, daß sie »Leistung auf Befehl« erbringen sollen. Die Situation ist jetzt genau umgekehrt.

Zu dem Thema empfehlen wir wärmstens die Bücher *Good Loving, Great Sex* von Dr. Rosie King und *Mars, Venus und Eros* von Dr. John Gray. In beiden Werken finden Sie ausgezeichnete Methoden und Strategien, wie man am besten mit dem unterschiedlich ausgeprägten Geschlechtstrieb von Frauen und Männern umgeht. Die meisten Paare beachten diese Unterschiede nicht, und jeder erwartet vom anderen, daß er die eigenen Bedürfnisse versteht, aber die Natur hat es nun einmal anders eingerichtet. Es mag Mode sein zu behaupten, daß moderne Männer und Frauen in gleichem Maße an Sex interessiert bzw. daß normale Paare sexuell perfekt aufeinander abgestimmt seien, doch im wirklichen Leben sieht es anders aus.

Allem zum Trotz, was Dichter schreiben und Romantiker denken mögen – der Geschlechtstrieb ist eine direkte Folge des Hormoncocktails, den unser Gehirn ausschüttet. Testosteron ist der Hauptverantwortliche für das Gefühl, das wir als Geschlechtstrieb bezeichnen, und wie wir bereits im 7. Kapitel gesehen haben, ist Liebe eine Mischung aus chemischen und elektrischen Reaktionen. All diejenigen, die der Auffassung sind, daß sich Liebe ausschließlich im Kopf abspiele, haben zum Teil sogar recht. Bei Frauen tragen psychologische Faktoren wie Vertrauen, Nähe und allgemeines Wohlbefinden dazu bei, die Bedingungen zu erfüllen, unter denen der entsprechende Hormoncocktail vom Gehirn ausgeschüttet wird. Bei Männern kann dieser Cocktail zu jeder Zeit und an jedem Ort ausgeschüttet werden.

Geschlechtstrieb und Streß

Der Geschlechtstrieb einer Frau wird ganz entscheidend von den Ereignissen in ihrem Umfeld bestimmt. Wenn sie Angst hat, gefeuert zu werden, an einem anspruchsvollen Projekt arbeitet, sich die Rückzahlungen für das Eigenheim gerade verdoppelt haben, die Kinder krank sind, wenn sie vom Regen durchnäßt nach Hause kommt oder ihr Hund weggelaufen ist, wird Sex das allerletzte sein, wofür sie sich interessiert. Sie sehnt sich nur danach, ins Bett zu gehen und zu schlafen.

Passiert das gleiche einem Mann, ist Sex für ihn wie eine Beruhigungstablette: eine Methode, die tagsüber aufgestauten Spannungen abzubauen. Am Ende eines Tages passiert dann folgendes: Er macht sie an, und sie schimpft ihn einen gefühllosen Schwachkopf; er bezeichnet sie als frigide, und prompt bekommt er einen Schlafplatz auf der Wohnzimmercouch zugewiesen. Kommt Ihnen das irgendwie bekannt vor? Interessanterweise beurteilen Männer den Zustand ihrer Beziehung nach den persönlichen Diensten, die ihnen ihre Partnerin am Tage der Befragung hat angedeihen lassen, also ob sie ihnen das Frühstück gemacht, das Hemd gebügelt oder den Kopf gekrault hat. Frauen dagegen beurteilen den Zustand ihrer Beziehung nach den Ereignissen, die sich in der näheren Vergangenheit zugetragen haben, also wie aufmerksam er ihr gegenüber in den letzten Monaten war, wie nützlich er sich im Haus gemacht und wie häufig er sich in der letzten Zeit mit ihr unterhalten hat. Die wenigsten Männer verstehen diesen Unterschied. Er kann den ganzen Tag über der perfekte Gentleman gewesen sein, und doch stößt sie ihn, wenn er Sex will, zurück, weil sie immer noch unglücklich darüber ist, daß er ihre Mutter vor zwei Wochen beleidigt hat.

Wie oft haben wir Sex?

Mit einer Umfrage unter Paaren, die man 1997/98 in Australien durchgeführt hat, versuchte man herauszufinden, wie oft Paare im Durchschnitt Sex miteinander haben. Die Befragten wurden nach dem Zufallsprinzip ausgewählt und die Umfrage anonym ausgeführt. Die Wahrscheinlichkeit, daß die Befragten die Wahrheit sagten, ist also recht groß.

Alter	Häufigkeit Sex
20-30	144mal pro Jahr
30-40	122mal pro Jahr
40-50	78mal pro Jahr
50-60	63mal pro Jahr
60-70	61mal pro Jahr

Beachten Sie, daß es sich um Durchschnittswerte handelt! Es gibt 65jährige, die sechsmal pro Woche sexuell aktiv werden, wie es auch Zwanzigjährige gibt, die noch nie mit jemandem geschlafen haben. Das sind jedoch eher Ausnahmen als die Regel. Interessanterweise behaupten 81 Prozent der Paare, daß sie mit ihrem Sexualleben zufrieden seien, was – sofern sie die Wahrheit sagen – bedeuten würde, daß es rege Verhandlungen gegeben haben muß, um dem stärkeren männlichen Geschlechtstrieb gerecht zu werden. In Ländern der westlichen Welt sind um die sechzig Prozent der Paare mit ihrem Sexualleben zufrieden.

Eine amerikanische Studie ergab, daß alle weißen Männer etwa gleich viel Sex haben, südländische Frauen öfter Sex haben als schwarze oder weiße (welche etwa gleich viel Sex haben) und daß schwarze Frauen mit einer um fünfzig Prozent höheren Wahrscheinlichkeit als weiße Frauen bei jedem Geschlechtsverkehr einen Orgasmus bekommen. Außerdem fand man heraus, daß asiatische Männer am seltensten Sex haben, was ihrem niedrigen Testosteronspiegel entspricht.

Sex im Kopf

Die Zeitschrift *American Demographics* berichtete über die Ergebnisse eines Forscherteams, das im Jahre 1997 über 10 000 Erwachsene befragte und eine Verbindung zwischen Geschlechtstrieb und Intelligenz herzustellen versuchte. Sie fanden heraus, daß man um so weniger Sex hat bzw. haben möchte, je intelligenter man ist. Intellektuelle mit abgeschlossenem Aufbaustudium hatten im Jahr 52mal Sex, während normale Studienabgänger auf einen Durchschnitt von 61mal pro Jahr kamen. Schulabgänger hatten einen Durchschnitt von 59mal. Männer mit 9-bis-17-Uhr-Jobs hatten 48mal im Jahr Sex, Männer, die mehr als sechzig Stunden die Woche arbeiteten, dagegen 82mal. In diesen Fällen ist der große Unterschied zwischen den beiden Gruppen bezüglich Geschlechts- und Arbeitstrieb wahrscheinlich auf einen gesteigerten Testosteronspiegel zurückzuführen. Jazzfans haben um 34 Prozent häufiger Sex als Liebhaber der Popmusik, und Klassik-Begeisterte haben von allen am seltensten Sex.

Die Testosteronproduktion eines Mannes erfolgt in fünf bis sieben Wellen pro Tag und ist bei Sonnenaufgang am höchsten – bis zu doppelt so hoch wie zu jeder beliebigen anderen Tageszeit –, kurz bevor er sich zum Jagen aufmacht. Im Durchschnitt ist der Testosteronspiegel eines Mannes am Abend, wenn er sich vor den Flammen ausruht, um dreißig Prozent niedriger.

»Eines Morgens bin ich um sechs Uhr davon aufgewacht, daß meine Frau mir einen Besenstiel gegen den Rücken gestoßen hat«, erzählte uns ein Mann nach einem Vortrag, den wir gehalten hatten. »Als ich sie fragte, was sie da tat, antwortete sie: ›Damit du auch mal weißt, wie sich das anfühlt!‹«

Warum Sex gut für die Gesundheit ist

Es gibt stichhaltige Beweise dafür, daß Sex gut für die Gesundheit ist. Bei einem amourösen Zwischenspiel von durchschnittlich dreimal die Woche verbrennt man 35 000 Kilojoules pro Jahr, was in etwa einer Jogging-Strecke von 130 Kilometern entspricht. Sex hebt den Testosteronspiegel, dadurch werden Knochen und Muskeln gestärkt und die Versorgung mit nützlichem Cholesterin sichergestellt. Die Sexforscherin Dr. Beverley Whipple sagt: »Während des Geschlechtsverkehrs werden Endorphine, die ja die natürlichen Schmerzmittel des Körpers sind, ausgeschüttet und wirken wohltuend bei Kopfschmerz, Schleudertrauma und Arthritis.«

Kurz vor dem Orgasmus wird das Hormon DHEA (Dehydroepiandrosteron) ausgeschüttet, welches die Wahrnehmung verbessert, das Immunsystem stärkt, das Entstehen von Tumoren verhindert und knochenbildend wirkt. Bei einer Frau werden während des Geschlechtsverkehrs große Mengen an Oxytozin freigesetzt, also von dem Hormon, welches den Wunsch nach Berührung und Nähe auslöst. Außerdem steigt der Östrogenspiegel einer Frau beim Sex. Dr. Harold Bloomfield beschreibt in seinem Buch *The Power of Five*, wie wichtig Östrogen für feste Knochen und ein solides Herz-Kreislauf-System ist. Die Hormone schützen das Herz und wirken lebensverlängernd, deswegen ist mehr Sex gleichbedeutend mit längerem Leben und weniger Streß. Die Liste der Vorzüge eines aktiven Sexlebens ist lang!

Monogamie und Polygamie

Polygamie bedeutet, daß eine Frau oder ein Mann mehr als einen Partner gleichzeitig hat. In der Zwischenzeit sind Sie vielleicht schon zu dem Schluß gekommen, daß die menschliche Spezies von Natur aus nicht monogam ist. Fest steht jedenfalls, daß vor der Ausbreitung der jüdisch-christlichen Ideologien über achtzig Prozent aller menschlichen Gesellschaften polygam waren, und zwar hauptsächlich aus überlebenstechnischen Gründen.

> Viele Männer halten Monogamie für eine exotische Holzart.

Monogamie bedeutet, daß ein Männchen eine dauerhafte Partnerbeziehung mit einem Weibchen hat, was der natürliche Zustand für mehrere Tierarten ist, so zum Beispiel für Füchse, Gänse und Adler. Monogame Männchen und Weibchen sind in der Regel gleich groß, und die elterlichen Pflichten werden genau gleich aufgeteilt. Bei den polygamen Tierarten sind die Männchen meistens größer, bunter und aggressiver und tragen nur selten zur Aufzucht der Jungen bei. Bei den polygamen Tierarten erreichen die Männchen viel später als die Weibchen Geschlechtsreife, wodurch Konkurrenzkämpfe zwischen den älteren und den jüngeren Männchen, welche die unerfahreneren jüngeren kaum überleben würden, vermieden werden. Die Männchen der Spezies Mensch entsprechen körperlich dem Schema der polygamen Spezies – kein Wunder, daß die Männer ständig gegen ihren Hang zur Untreue ankämpfen müssen!

Warum Männer promiskuitiv veranlagt sind

Wie passen Hochzeit und Ehe zum Lebensstil einer Tierart, bei der das Männchen biologisch polygam veranlagt ist?

Die Promiskuität ist fest im Gehirn des Mannes verankert und bildet ein Erbe seiner Evolutionsgeschichte. Während der gesamten Geschichte der Menschheit wurde die Anzahl der Männer immer wieder durch Kriege stark dezimiert, und deswegen war es durchaus sinnvoll, den Stamm so weit wie möglich zu vergrößern. Die Anzahl der Männer, die aus den Schlachten nach Hause zurückkehrten, war in der Regel niedriger als zu dem Zeitpunkt, als sie loszogen. Folglich waren Männer Mangelware. Die zahlreichen Witwen für die zurückkehrenden Krieger in Harems zusammenzuführen stellte eine sehr wirkungsvolle Überlebensstrategie für den gesamten Stamm dar.

Die Geburt eines Jungen wurde immer freudig begrüßt, weil man zum Schutz der Gemeinschaft stets zusätzliche Männer brauchte. Die Geburt eines Mädchens dagegen war eine Enttäuschung, weil es in einem Stamm grundsätzlich zu viele Frauen gab. So war es über Jahrtausende hinweg. Außerdem ist der moderne Mann immer noch mit einem großen Hypothalamus und einem Überschuß an Testosteron ausgestattet, um seinem evolutionsgeschichtlich bedingten Drang nach Fortpflanzung nachkommen zu können. Die Wirklichkeit sieht so aus, daß Männer, wie auch die meisten anderen Primaten und Säugetiere, biologisch gesehen nicht auf totale Monogamie ausgerichtet sind.

Einen klaren Beweis dafür liefert einem die riesige, hauptsächlich auf Männer ausgerichtete Sexindustrie. Pornographie, Sexvideos, Prostitution und für Jugendliche nicht freigegebene Internetbilder zielen fast ausschließlich auf die männliche Bevölkerung, was zeigt, daß wohl die meisten

Männer in einer monogamen Beziehung leben können, ihre Gehirnverkabelung jedoch immer noch nach polygamer geistiger Stimulation verlangt. Wir möchten an diesem Punkt jedoch betonen, daß wir mit unserer Abhandlung über den natürlichen männlichen Drang zur Promiskuität die biologische *Tendenz* meinen. Wir wollen damit in keiner Weise promiskuitives Verhalten gutheißen oder Männern einen Freibrief für Seitensprünge ausstellen. Wir leben heute in einer Welt, die vollkommen anders ist als die unserer Vorfahren, und unsere Biologie steht nur allzu häufig mit unseren Erwartungen und Anforderungen auf Kriegsfuß.

> Die menschliche Biologie hat ihr Verfallsdatum gefährlich überschritten.

Die Tatsache, daß etwas instinktiv oder natürlich ist, heißt nicht, daß es auch gut für uns ist. Ihre Gehirnverkabelung programmiert eine Motte auf die unwiderstehliche Anziehungskraft von hellem Licht. Dadurch kann sie sich nachts an Mond und Sternen orientieren. Unglücklicherweise lebt die moderne Motte in einer Welt, die sich grundsätzlich von der unterscheidet, in der sie sich ursprünglich entwickelt hatte. Heute gibt es Lichtfallen für Mücken und Motten. Die moderne Motte fliegt in ihrem natürlichen Instinktverhalten geradewegs in diese Lichtfalle hinein und verbrennt augenblicklich. Der moderne Mann kann eine Selbstverbrennung vermeiden, indem er seine biologischen Triebe verstehen lernt und sich nicht mehr von seinem instinktiven Verhalten beherrschen läßt.

Es gibt einen kleinen Prozentsatz an Frauen, die ebenso promiskuitiv sind wie Männer, doch haben sie in der Regel ganz

»Dreh dich nicht um, aber gerade hatte Gottes Geschenk an die Pfauenwelt seinen großen Auftritt!«

andere Beweggründe. Um sexuell erregt zu werden, reagiert die Gehirnverkabelung des nesthütenden menschlichen Weibchens auf eine Reihe von Kriterien, die über die simple Verheißung eines aufregenden Sexspiels hinausgehen. Die meisten Frauen wünschen sich eine Beziehung oder doch zumindest die Möglichkeit einer emotionalen Bindung, bevor sie das Verlangen nach Sex verspüren. Den wenigsten Männern ist klar, daß eine Frau, die das Gefühl hat, daß eine emotionale Brücke geschlagen wurde, nur allzu bereitwillig mit dem Betreffenden für die nächsten drei bis sechs Monate ausdauernde Bettgymnastik betreiben würde. Mit Ausnahme der sehr seltenen Fälle von Nymphomanie verspüren die meisten Frauen den stärksten Drang nach Sex während der Zeit des Eisprungs, die sich über mehrere Stunden oder Tage hinziehen kann.

Wenn Männern nicht von irgendwoher ein Dämpfer auferlegt würde, fielen sie in ein bodenloses Loch hirnlosen Bumsens, um das Überleben des Stammes sicherzustellen. Eine Umfrage des American Health Institute ergab, daß 82 Prozent der Jungs zwischen 16 und 19 Jahren die Idee zusagte, an einer Orgie mit gänzlich Fremden teilzunehmen, wohingegen das nur zwei Prozent der Mädchen gefiel. Die restlichen 98 Prozent fanden allein den Gedanken daran abstoßend.

> Eine Frau will viel Sex mit dem Mann, den sie liebt.
> Ein Mann will viel Sex.

Der Hahneffekt

Ein Hahn ist ein ziemlich lüsterner männlicher Vogel, der praktisch ständig mit Hennen kopulieren kann – über 60mal während einer Paarungssession. Er kann sich jedoch nicht öfter als fünfmal am Tag mit derselben Henne paaren. Beim sechsten Mal verliert er komplett das Interesse daran und »kriegt ihn nicht mehr hoch«. Wenn man ihm dann eine andere Henne vorsetzt, kann er sie mit der gleichen Begeisterung besteigen, mit der er die erste Henne bestiegen hatte. Das bezeichnen wir als den »Hahneffekt«.

Ein Bulle verliert das Interesse, nachdem er siebenmal mit derselben Kuh kopuliert hat, doch sobald ihm eine neue Kuh vorgestellt wird, erholt auch er sich recht schnell. Bei der zehnten neuen Kuh angelangt, bietet er immer noch eine recht eindrucksvolle Vorstellung.

Ein Schafbock besteigt ein Mutterschaf nicht öfter als fünfmal, kann jedoch mit beachtlichem Eifer fortfahren, immer neue Schafe zu besteigen. Selbst wenn man die vom Bock bereits bestiegenen Schafe mit Parfüm bestäubt und ihnen einen Sack über den Kopf stülpt, macht er bei ihnen schlapp. Er läßt sich einfach nicht hinters Licht führen! Die Natur sorgt auf diese Art und Weise dafür, daß der Samen des Männchens so weit wie möglich verstreut wird, um die höchste Anzahl an Begattungen zu erzielen und damit den Bestand der Spezies zu garantieren.

> Männer geben ihrem Penis einen Namen, weil sie nicht wollen, daß ein völlig Fremder 99 Prozent ihrer Entscheidungen für sie trifft.

Bei gesunden jungen Männern liegt die Zahl ebenfalls um die fünfmal. An einem guten Tag kann ein Mann fünfmal hintereinander mit derselben Frau schlafen, doch in der Regel wird er beim sechsten Mal schlappmachen. Wie bei Hähnen und Bullen jedoch kann sein Interesse (gemeinsam mit gewissen Teilen seiner Anatomie) steigen, sobald eine neue Frau ins Spiel kommt.

Der männliche Geschlechtstrieb ist so stark, daß Dr. Patrick Carnes vom Sexual Recovery Institute in Los Angeles schätzt, daß bis zu acht Prozent der Männer sexsüchtig sind – im Unterschied zu weniger als drei Prozent der Frauen.

Warum Männer wollen, daß Frauen sich daheim wie Huren anziehen

Das männliche Gehirn braucht Abwechslung. Wie die meisten anderen männlichen Säugetiere auch ist ein Mann darauf programmiert, so viele gesunde Weibchen zu suchen und zu begatten wie nur irgend möglich. Darum lieben Männer auch Neuheiten in einer monogamen Beziehung, wie zum Beispiel sexy Unterwäsche. Im Gegensatz zu anderen Säugetieren können Männer sich selbst glauben machen, sie hätten einen ganzen Harem an unterschiedlichen Frauen, indem sie ihre Partnerin in immer andere Reizunterwäsche stecken. Man könnte sagen, daß das seine Art ist, ihr einen Sack über den Kopf zu stülpen, um ihr immer wieder ein anderes Äußeres zu verleihen. Den meisten Frauen ist zwar die Wirkung von Dessous auf Männer bewußt, doch nur wenige wissen, warum sie so stark ist.

Alle Jahre wieder um die Weihnachtszeit herum sieht man ganze Heerscharen von Männern, die sich durch die Dessousabteilungen der Kaufhäuser stehlen auf der Suche nach einem aufregenden Geschenk für ihre Partnerin. Im Januar kann man diese Frauen im gleichen Kaufhaus an den Umtauschschaltern Schlange stehen sehen. »Das ist einfach nicht mein Stil«, klagen sie. »Er will, daß ich mich wie eine Hure anziehe!« Eine Hure ist jedoch nichts anderes als eine professionelle Sex-Verkäuferin, die sich auf die Nachfrage auf dem Markt eingestellt hat und bis an die Zähne bewaffnet ist, um ihre Ware an den Mann zu bringen. Eine amerikanische Studie hat ergeben, daß Frauen, die immer wieder neue aufreizende Dessous tragen, im allgemeinen viel treuere Männer haben als Frauen, die züchtige Unterwäsche bevorzugen. Dies ist nur eine der vielen Möglichkeiten, wie der Drang eines Mannes nach Vielfalt in einer monogamen Beziehung befriedigt werden kann.

Warum Männer Drei-Minuten-Wunder sind

Von einem Kaltstart bis zum Orgasmus braucht ein gesunder Mann im Durchschnitt etwa zweieinhalb Minuten. Bei einer gesunden Frau beträgt der gleiche Durchschnittswert um die 13 Minuten. Für die meisten Säugetiere ist die Kopulation eine flotte Angelegenheit, denn in der Zeit, in der sie sich paaren, sind sie den Angriffen von Raubtieren und Feinden schutzlos ausgeliefert. Mit der »schnellen Nummer« stellte die Natur das Überleben der Spezies sicher.

> »Du bist ein lausiger Liebhaber!« schimpfte sie. »Wie kannst du das in zwei Minuten beurteilen?« fragte er.

Je nach Alter, Gesundheitszustand und Laune können viele Männer mehrmals am Tag mit einer unterschiedlich lange anhaltenden Erektion Sex haben. Diese Leistung ist beeindruckend im Vergleich zu der eines afrikanischen Pavianmännchens, das sich nur zehn bis zwanzig Sekunden lang paart und mickrige vier bis acht Beckenstöße pro Paarung zustande bringt. Im Vergleich zu einer Wildratte, bei der man Paarungen bis zu vierhundertmal über einen zehnstündigen Zeitraum beobachtet hat, verblaßt sie jedoch. Der erste Platz im Tierreich geht jedoch an eine bestimmte Mausart, die den aktuellen Rekord an Kopulationen hält – sie bringt über einhundert Paarungen pro Stunde auf die Reihe.

Hodengröße und Treue

Unbewußt sehen wir einen Zusammenhang zwischen der Größe der Hoden und bestimmtem und mutigem Auftreten. In der englischen Sprache wird das besonders schön durch die sehr gebräuchliche Redensart *»It takes a lot of balls to do that!«*[3] ausgedrückt. Auch im Tierreich ist die

3 Anm. d. Ü.: *Balls* ist die englische Vulgärbezeichnung für Hoden. Wörtlich übersetzt heißt der Satz also: »Dafür muß man mächtig große Eier haben!« und bedeutet: »Dafür braucht man ganz schön viel Mut (o. ä.)!«

Größe der Testikel – im Verhältnis zur Gesamtkörpermasse des betreffenden Testikelträgers – der Hauptfaktor zur Bestimmung des Testosteronspiegels. Die Größe der Hoden hängt jedoch nicht notwendigerweise von der Körpergröße ab. Ein Gorilla beispielsweise wiegt viermal soviel wie ein Schimpanse, die Hoden eines Schimpansen sind jedoch viermal so schwer wie die eines Gorillas. Die Hoden eines Sperlings sind achtmal größer – gemessen an der Körpermasse – als die eines Adlers, was den Spatz zu einem der kopulierfreudigsten kleinen Kerlchen macht, die herumzwitschern.

Worauf wir hinauswollen: Die Größe der Hoden bestimmt den Treue- bzw. Monogamiegrad des Männchens. Der afrikanische Bonobo-Schimpanse hat von den Primaten die größten Testikel und auch ständig mit allen greifbaren Weibchen Geschlechtsverkehr, dagegen kann sich der mächtige Gorilla, der relativ kleine Hoden hat, glücklich schätzen, wenn er einmal pro Jahr Sex hat, und das, obwohl er seinen eigenen Harem besitzt. Gemessen am Verhältnis Hoden-/Körpermasse haben die Männchen der Spezies Mensch eine für Primaten durchschnittliche Hodengröße. Das bedeutet, daß Männer genügend Testosteron produzieren, um promiskuitive Neigungen zu verspüren, allerdings nicht genug, um nicht durch strikte Regeln, die ihnen von Frauen, der Religion oder dem gesellschaftlichen Umfeld auferlegt werden, zu monogamem Verhalten bekehrt zu werden.

In diesem Licht betrachtet liegt die Annahme nahe, daß politische Führungspersönlichkeiten wie Bill Clinton, John F. Kennedy und Saddam Hussein überdurchschnittlich große Hoden haben bzw. hatten, obwohl wir zugegebenermaßen nicht nah genug an sie herangekommen sind, um das zu überprüfen.

Ray spielt sein Hochzeitsvideo rückwärts ab. Er sagt, er sieht gerne, wie er aus der Kirche tritt – als freier Mann.

Daraus läßt sich auch schließen, daß ihr Geschlechtstrieb verglichen mit dem des durchschnittlichen Mannes wesentlich stärker sein muß und ein Ventil braucht. Die Bevölkerung erteilt Individuen mit großen Hoden und einem hohen Testosteronspiegel mächtige Positionen zu, um anschließend zu erwarten, daß diese ebensoviel sexuelle Zurückhaltung üben wie ein kastrierter Kater! In Wirklichkeit ist es so, daß ihr starker Geschlechtstrieb sie in die mächtigen Positionen bringt. Ironischerweise büßen sie diese Positionen aufgrund ihres starken Geschlechtstriebs auch wieder ein.

Für das Problem der männlichen Untreue gibt es nur eine Lösung mit absoluter Erfolgsgarantie: die Kastration. Ein Mann würde dann nicht nur monogam, er müßte sich auch kaum noch rasieren, bekäme keine Glatze und würde länger leben. Studien an Männern in psychiatrischen Anstalten haben ergeben, daß kastrierte Männer eine durchschnittliche Lebenserwartung von 68 Jahren haben, während Männer, bei denen man nicht in den körpereigenen Testosteronhaushalt eingegriffen hat, nur eine durchschnittliche Lebenserwartung von 56 Jahren haben. Das gleiche trifft auch auf Ihren Kater zu.

Es zeichnet sich bereits ab, daß künftige Generationen von Männern weitaus weniger potent sein werden als der Mann von heute. Seit Generationen nimmt die Größe der Hoden und die Spermienproduktion stetig ab. Es gibt Beweise dafür, daß die Hoden unserer männlichen Vorfahren wesentlich beeindruckender waren als die unserer Zeitgenossen. Außerdem produzieren Männer im Vergleich zu anderen Primaten bedeutend geringere Mengen an Spermien pro Gramm Gewebe als ihre Gorilla- oder Schimpansen-Cousins. Die durchschnittliche Spermienzahl bei Männern beträgt heutzutage ungefähr die Hälfte der in den vierziger Jahren dieses Jahrhunderts gemessenen, was bedeutet, daß die heutigen Männer weniger männlich sind als ihre Großväter.

Auch Hoden haben Köpfchen

Dr. Robin Baker von der School of Biological Sciences an der University of Manchester in England hat bemerkenswerte Untersuchungen durchgeführt, die belegen, daß das Gehirn eines Mannes unbewußt aus dem Verhalten einer Frau schließen kann, wann sie in ihrer fruchtbaren Phase ist. Sein Körper stellt dann einige Berechnungen an und schüttet die zum jeweiligen Zeitpunkt exakt benötigte Anzahl Spermien aus, um die größtmögliche Wahrscheinlichkeit einer Empfängnis zu gewährleisten. Wenn ein Paar beispielsweise jeden Tag miteinander Geschlechtsverkehr hat und der Körper des Mannes um die Zeit ihres Eisprungs herum etwa einhundert Millionen Spermien pro Vereinigung auf den Weg schickt, erhöht sich diese Zahl auf dreihundert Millionen, wenn er sie drei Tage nicht gesehen hat, und auf fünfhundert Millionen Spermien, wenn er sie fünf Tage nicht gesehen hat – und das auch für den Fall, daß er jeden Tag mit anderen Frauen Geschlechtsverkehr hatte. Auf der Grundlage rein biologischer Berechnungen seines Gehirns gibt sein Körper genau die richtige Menge Spermien ab, damit es zur Empfängnis kommen kann und eventuell vorhandene Spermien von möglichen Rivalen ausgeschaltet werden.

Männer als Spanner

Männer werden über ihre Augen stimuliert, Frauen über ihre Ohren. Das Gehirn eines Mannes ist darauf programmiert, auf die körperlichen Rundungen einer Frau zu reagieren, und aus diesem Grund üben erotische Bilder eine so große Wirkung auf ihn aus. Frauen, denen ein weitaus größeres Sensorium zur Verfügung steht als nur der Sehnerv, wollen zärtliche Worte hören. Die Aufnahmebereitschaft einer Frau für Komplimente ist so stark ausgeprägt, daß viele Frauen gar ihre Augen schließen, wenn ihre Liebhaber ihnen süße Nichtigkeiten ins Ohr raunen.

Die Schönheitswettbewerbe zur Wahl der Miß Universum ziehen ein riesiges Publikum an, das sich sowohl aus Frauen als auch aus Männern zusammensetzt. Doch Umfragen der Fernsehanstalten haben ergeben, daß es mehr männliche als weibliche Zuschauer gibt. Der Grund ist, daß Männer auf die weiblichen Formen ansprechen und diese Schönheitswettbewerbe eine gesellschaftlich akzeptierte Form des Spannens darstellen. Die Wahl des Mister Universum dagegen spricht so gut wie niemanden an und wird auch nur selten im Fernsehen übertragen. Das liegt daran, daß weder Männer noch Frauen allein am männlichen Körper interessiert sind, denn die Attraktivität eines Mannes hängt in der Regel ganz entscheidend von seinen Fertigkeiten und seinem körperlichen Können ab.

> Miß-Universum-Wettbewerbe werden vor allem von Männern verfolgt, Mister-Universum-Wettbewerbe locken keine Katze hinter dem Ofen hervor.

Wenn eine Frau mit einer guten Figur vorbeispaziert, dreht ein Mann – der ja bekanntlich über kein besonders gutes peripheres Sehvermögen verfügt – den Kopf, um ihr nachzuschauen, und fällt in einen tranceartigen Zustand. Er hört auf, mit den Augen zu zwinkern, und sein Mund füllt sich mit Speichel – ein Zustand, den Frauen als »Hinterhergeifern« bezeichnen. Wenn ein Paar die Straße entlangspaziert und Fräulein Minirock auf der anderen Straßenseite auf die beiden zutänzelt, wird die Frau – die ja ein ausgezeichnetes peripheres Sehvermögen im Nahbereich hat – sie noch vor dem Mann erspähen. Sie wird sich schnell mit der möglichen Rivalin vergleichen und dabei in der Regel selbst eher schlecht abschneiden. Wenn der Mann endlich auf die andere Frau aufmerksam geworden ist, reagiert seine Frau auf sein »Gaffen« ungehalten.

In dieser Situation hat eine Frau im allgemeinen zwei negative Gedanken: Zum einen denkt sie fälschlicherweise, daß der Mann die andere Frau ihr vorziehen würde, zum anderen, daß sie nicht so attraktiv ist wie die andere. Männer werden visuell von Rundungen, langen Beinen und einer aufregenden Figur angezogen. Jede beliebige Frau mit der richtigen Figur und den richtigen Proportionen zieht die Aufmerksamkeit des Mannes auf sich.

> Männer ziehen gutes Aussehen einem schlauen Köpfchen vor. Die meisten Männer können nämlich besser sehen als denken.

Das bedeutet allerdings nicht, daß der Mann sofort zu der anderen Frau rüberlaufen und sie ins Bett schleifen will. Es erinnert ihn lediglich daran, daß er ein Mann ist und daß es seine evolutionsbiologisch bedingte Aufgabe ist, nach Gelegenheiten Ausschau zu halten, um zur Vergrößerung seines Stammes beizutragen. Denn schließlich kennt er die Frau gar nicht und kann deswegen auch nicht ernsthaft daran denken, eine langfristige Beziehung mit ihr einzugehen.

Das gleiche trifft auf einen Mann zu, der Bilder in einem Männermagazin betrachtet. Wenn er sich die Abbildung einer nackten Frau ansieht, überlegt er sich nicht, ob sie vielleicht ein nettes Wesen hat, kochen oder Klavier spielen kann. Er betrachtet ihre Formen, ihre Rundungen und ihre anatomische Ausstattung – nichts weiter. Für ihn ist das, als ob er in einem Schaufenster einen von der Decke hängenden Räucherschinken bewunderte. Wir wollen hier nicht das unhöfliche, unverhohlene Gaffen nach anderen Frauen entschuldigen, das einige Männer nicht lassen können. Wir versuchen nur zu erklären, daß ein Mann, den man beim Betrachten einer anderen Frau erwischt, nicht notgedrungen seine Partnerin nicht mehr liebt – hier ist eben einfach die Biologie am Werk. Studien haben interessanterweise auch gezeigt, daß an einem öffentlichen Platz wie dem Strand oder dem Schwimmbad Frauen viel mehr »spannen« als Männer.

Wie Männer sich verhalten sollten

Eines der schönsten Komplimente, das ein Mann seiner Frau machen kann, ist, einer anderen Frau nicht unverhohlen lüstern hinterherzublicken, schon gar nicht in aller Öffentlichkeit, sondern seiner Frau beim Anblick einer attraktiven Frau ein Kompliment zu machen wie zum Beispiel: »Na ja, sie hat zwar tolle Beine, aber ich wette, daß sie keinen Sinn für Humor hat. Dir kann sie jedenfalls nicht das Wasser reichen!« Wenn ein Mann im Beisein anderer Personen, insbesondere ihrer Freundinnen, den Mut findet, ihr ein derartiges Kompliment zu machen, kann er sicher sein, daß sich das eines Tages auszahlen wird. Frauen müssen verstehen lernen, daß ihm seine Biologie keine andere Wahl läßt, als auf bestimmte weibliche Formen und Rundungen zu reagieren, daß sie sich dadurch allerdings nicht bedroht fühlen brauchen. Eine Frau kann ganz leicht die Situation entschärfen, indem sie die andere Frau zuerst bemerkt und als erste einen Kommentar abgibt. Und ein Mann muß verstehen lernen, daß keine Frau es schätzt, wenn sie sieht, wie er anderen Frauen hinterherschielt.

Was wir auf längere Sicht wirklich wollen

Die folgende Tabelle ist das Ergebnis einer Umfrage bei mehr als 15 000 Männern und Frauen im Alter von 17 bis 60 Jahren. Sie zeigt – nach der Priorität geordnet –, was Frauen bei einem Kandidaten für eine längerfristige Beziehung erwarten, und was Männer *glauben*, was Frauen erwarten.

A Was Frauen erwarten	B Was Männer glauben, was Frauen erwarten
1. Persönlichkeit	1. Persönlichkeit
2. Humor	2. Guter Körperbau
3. Einfühlungsvermögen	3. Humor
4. Köpfchen	4. Einfühlungsvermögen
5. Guter Körperbau	5. Gutes Aussehen

Es handelt sich hier um eine amerikanische Studie; die meisten anderen, die wir analysiert haben, hatten keine ernstzunehmende wissenschaftliche Basis. Sie zeigt, daß Männer eine vernünftige Vorstellung davon haben, was Frauen bei einem Mann suchen. Zwar dachten Männer, daß das Kriterium »Guter Körperbau« für Frauen wichtig wäre, doch für Frauen stand es erst an fünfter Stelle. 15 Prozent der Männer glaubten, daß ein großer Penis für eine Frau wichtig wäre, doch nur zwei Prozent der befragten Frauen fanden dies wichtig. Einige Männer sind derart überzeugt davon, daß die Penisgröße von Bedeutung ist, daß mittlerweile in Sex-Shops und zahlreichen Magazinen auf der ganzen Welt penisverlängernde Utensilien angeboten werden.

Betrachten wir jetzt, was Männer bei einer Kandidatin für eine längerfristige Beziehung erwarten, und was Frauen *glauben*, was Männer suchen.

C **Was Männer erwarten**	D **Was Frauen glauben, was Männer erwarten**
1. Persönlichkeit	1. Gutes Aussehen
2. Gutes Aussehen	2. Gute Figur
3. Köpfchen	3. Busen
4. Humor	4. Hintern
5. Gute Figur	5. Persönlichkeit

Wie Sie sehen, ist Frauen viel weniger bewußt, was Männer bei einer Partnerin suchen. Der Grund hierfür liegt darin, daß Frauen ihre Annahme auf die Verhaltensweisen stützen, die sie bei Männern beobachten – nämlich daß Männer ihre Blicke lüstern über weibliche Rundungen gleiten lassen.

Liste A ist eine Aufstellung der Kriterien, auf die eine Frau bei einem Mann achtet, mit dem sie eine kurzfristige Beziehung anstrebt; sie ist aber auch für eine langfristige Beziehung relevant. Für einen Mann liegen die Dinge anders. Liste D zeigt, worauf ein Mann bei einer Frau achtet, der er zum ersten Mal begegnet, Liste C zeigt die Kriterien, nach denen er bei einer Frau geht, mit der er eine langfristige Beziehung anstrebt.

Warum Männer immer nur »das Eine« wollen

Männer wollen Sex, Frauen wollen Liebe. Das weiß man seit Jahrtausenden. Doch warum das so ist und was man dagegen unternehmen kann, ist nur selten Gegenstand der Unterhaltung. Zwischen Frauen und Männern ist diese Tatsache eine ständige Quelle von Unzufriedenheit und Zwietracht. Fragt man eine Frau, was ihr an einem Mann wichtig ist, wird sie im Normalfall antworten, daß sie einen Mann mit breiten Schultern, schmaler Taille und kräftigen Armen und Beinen bevorzugt – alles Dinge, die nötig sind, um große Tiere zu fangen oder mit ihnen zu kämpfen. Außerdem muß er liebevoll und sanft zu ihr sein und eine Antenne für ihre Bedürfnisse haben, und er muß ein guter Unterhalter sein – alles weibliche Attribute. Zum großen Pech der Frauen findet man diese Kombination von männlichem Körper und weiblichen Charaktereigenschaften im allgemeinen nur bei homosexuellen oder sehr weiblich angehauchten Männern.

Ein Mann muß sich in der Kunst üben, einer Frau zu gefallen, denn zu seinen natürlichen Talenten gehört das nicht. Er ist ein Jäger, darauf programmiert, Probleme zu lösen, Beutetiere zu erlegen und Feinde abzuwehren. Am Ende eines Tages will er einfach in die Flammen des Lagerfeuers starren und dann mit ein paar Beckenstößen den Bestand seines Stammes sicherstellen. Damit eine Frau das Verlangen nach Sex verspürt, muß sie sich geliebt, bewundert und wichtig fühlen. Und genau hier liegt das Problem, das den meisten Paaren nicht so recht klar ist. Ein Mann braucht Sex, bevor er sich auf seine Gefühle einlassen kann. Unglücklicherweise ist es für eine Frau nötig, daß er sich zuerst gefühlsmäßig öffnet, bevor sie auch nur den leisesten Wunsch nach Sex verspürt. Ein Mann ist darauf programmiert zu jagen – trotz Eiseskälte, Tropenhitze, unerträglicher Schwüle oder sintflutartiger Regenfälle. Seine Haut ist desensibilisiert, damit er nicht durch Verletzungen, Verbrennungen oder Frost in seinen Fähigkeiten eingeschränkt wird. Geschichtlich gesehen war die Welt der Männer voller Kämpfe und Tod – es gab dort keinen Platz für die Bedürfnisse anderer, für Unterhaltungen oder Gefühle. Seine Zeit mit Gesprächen oder dem Ausdruck von Mitgefühl zu verbringen hätte für einen Mann eine Ablenkung von seinen Aufgaben bedeutet, und der Stamm wäre plötzlich verletzbar gegenüber Angriffen von außen gewesen. Eine Frau muß verstehen, daß das Verhalten moderner Männer dadurch immer noch geprägt ist, und sich geeignete Strategien ausdenken, um mit den Gegebenheiten entsprechend umzugehen.

Frauen haben von ihren Müttern gelernt, daß Männer immer nur »das Eine« wollen, nämlich Sex; doch das trifft nur bedingt zu. Männer wollen auch Liebe, aber sie können Liebe nur *durch* Sex erfahren.

Die sexuellen Prioritäten von Frauen und Männern sind so verschieden, daß es unsinnig ist, sich deswegen gegenseitig Vorwürfe zu machen. Weder Frauen noch Männer können etwas für ihr Wesen. Sie sind eben einfach so gemacht. Und man darf auch nicht vergessen, daß sich Gegensätze anziehen. Nur bei zwei homosexuellen Partnern stimmen die sexuellen Bedürfnisse mehr oder weniger überein, warum auch homosexuelle Frauen und Männer nicht so häufig Auseinandersetzungen über das Thema Sex/Liebe führen wie heterosexuelle.

Wenn sich der Sex plötzlich verabschiedet

Derjenige, der den Ausspruch »Liebe geht durch den Magen« geprägt hat, hat bei Männern ein wenig zu hoch angesetzt. Wenn ein Mann lustvollen Sex gehabt hat, kommt seine weichere, weiblichere Seite zum Vorschein. Plötzlich kann er die Vögel singen hören, die prächtigen Farben der Bäume fallen ihm auf, er nimmt den Duft der Blumen wahr und wird gefühlsduselig, wenn er einen romantischen Song hört. Bevor er Sex hatte, waren ihm die Vögel höchstwahrscheinlich nur deswegen aufgefallen, weil sie sein Auto beschmutzt hatten. Einem Mann sollte jedoch bewußt sein, daß eine Frau eben diese Nach-dem-Sex-Seite an ihm besonders liebt und unsagbar verführerisch findet. Mit ein bißchen Übung darin, diese gefühlvolle Seite schon vor dem Sex herauszulassen, wird es einem Mann gelingen, eine Frau anzumachen, noch bevor sie gemeinsam zur Tat schreiten. Auf der anderen Seite muß eine Frau aber auch verstehen, wie wichtig es ist, einem Mann guten Sex zu bieten, damit sie auch diese weichere Seite seiner Persönlichkeit kennenlernen und ihm erklären kann, wie bezaubernd sie sie findet.

Am Anfang jeder neuen Beziehung läuft es im Bett gut, und auch an Liebe mangelt es nicht. Sie hat viel Sex mit ihm, er gibt ihr viel Liebe, und das eine führt zum anderen. Nach ein paar Jahren kreist die Hauptsorge des Mannes immer mehr um das Beutemachen und die der Frau um das Nest-

Wie man eine Frau immer und überall zufriedenstellt:

Man muß sie liebkosen, loben, verhätscheln, massieren, ihr Sachen reparieren, sich in sie hineinversetzen, ihr ein Ständchen bringen, ihr Komplimente machen, sie unterstützen, ernähren, beruhigen, reizen, ihr ihren Willen lassen, sie beschwichtigen, anregen, streicheln, trösten, in den Arm nehmen, überflüssige Pfunde ignorieren, mit ihr kuscheln, sie erregen, ihr beruhigende Worte zuflüstern, sie beschützen, sie anrufen, ihr jeden Wunsch von den Augen ablesen, mit ihr rumknutschen, sich an sie schmiegen, ihr verzeihen, ihr nette Kleinigkeiten mitbringen, sie unterhalten, bezaubern, ihr die Einkaufstasche tragen, gefällig sein, sie faszinieren, sich um sie kümmern, ihr vertrauen, sie verteidigen, sie einkleiden, mit ihr angeben, sie heiligen, anerkennen, verwöhnen, umarmen, für sie sterben, von ihr träumen, sie necken, ihr Befriedigung verschaffen, sie drücken, mit ihr nachsichtig sein, sie zum Idol erheben, den Boden unter ihren Füßen verehren.

Wie man einen Mann immer und überall zufriedenzustellt:

Erscheinen Sie nackt.

hüten, was auch der Grund dafür ist, daß es so aussieht, als ob Liebe und Sex daniederlägen. Männer und Frauen sind gleichermaßen für ein gutes oder schlechtes Sexualleben verantwortlich. In den meisten Fällen ist es jedoch so, daß einer dem anderen die Schuld zuschiebt, wenn die Dinge einmal nicht so laufen. Männer müssen wissen, daß eine Frau Aufmerksamkeit, Anerkennung, Zärtlichkeiten und viel Zeit braucht, um ihren Elektroherd anzuschmeißen. Und Frauen müssen bedenken, daß Männer diese Gefühle viel eher *nach* einer Runde guten Sex ausdrücken können als davor. Ein Mann sollte daran denken, wie er sich nach dem Sex fühlt, und diese Gefühle zusammen mit der Frau heraufbeschwören, wenn er wieder Sex haben will. Und die Frau sollte bereit sein, ihm dabei zu helfen.

Das Schlüsselwort lautet hier Sex. Denn wenn es im Bett stimmt, verbessert sich automatisch auch die ganze Beziehung.

Was Männer vom Sex erwarten

Für Männer ist das Ganze eine simple Angelegenheit: Sie wollen angestaute Spannung durch einen Orgasmus entladen. Nach einer Runde Sex wiegt ein Mann weniger (einige böse Zungen behaupten, das wäre so, weil sein Hirn dann leer wäre), denn sein Körper hat einen Teil »abgegeben«. Er muß sich jetzt ausruhen, um wieder zu Kräften zu kommen. Männer schlafen deswegen häufig nach dem Geschlechtsverkehr ein. Viele Frauen empfinden das als ärgerlich, denn sie haben das Gefühl, daß er selbstsüchtig ist oder sich nicht um ihre Bedürfnisse schert.

Männer drücken auch körperlich beim Sex das aus, was sie an Gefühlen anderweitig nicht mitteilen können. Wenn ein Mann ein Problem hat, sich beispielsweise Sorgen macht, wie er eine neue Arbeit finden, sein überzogenes Bankkonto sanieren oder eine Meinungsverschiedenheit aus dem Weg räumen kann, wird er gern auf Sex ausweichen, um die Intensität seiner Emotionen zu mildern. Frauen verstehen das oft nicht und sind verärgert, weil sie sich »benutzt« fühlen.

Sie erkennen nicht, daß der Mann ein Problem hat, mit dem er nicht umgehen kann.

> Männer stellen sich vor, wie Sex mit zwei Frauen wäre. Frauen stellen sich das auch vor – damit sie dann jemanden haben, mit dem sie reden können, wenn der Mann eingeschlafen ist.

Es gibt nur wenige Probleme, die ein Mann haben kann und die sich für ihn nicht durch guten Sex lösen lassen. Untersuchungen haben ergeben, daß Männer, bei denen sich das Bedürfnis nach Sex auf kritische Weise angestaut hat, Schwierigkeiten mit dem Hören, dem Denken, dem Fahren und der Bedienung schwerer Maschinen haben. Auch leidet der Mann dann unter verzerrter zeitlicher Wahrnehmung, so daß ihm drei Minuten vorkommen wie 15. Wünscht eine Frau eine intelligente Entscheidung von einem Mann, sollte sie damit besser bis nach dem Sex warten, wenn nämlich sein Gehirn wieder klar ist.

Was Frauen vom Sex erwarten

Ein Mann empfindet Sex nur dann als befriedigend, wenn Spannungen abgebaut werden. Eine Frau hat genau das umgekehrte Bedürfnis – sie braucht das langsame Aufbauen von Spannung über einen längeren Zeitraum hinweg. Voraussetzung hierfür ist, daß der Mann ihr viel Aufmerksamkeit und Gehör schenkt. Er will sich entleeren, sie sucht Erfüllung. Wenn ein Mann diesen Unterschied versteht, kann er ein einfühlsamer Liebhaber werden. Die meisten Frauen brauchen mindestens dreißig Minuten Vorspiel, bevor sie bereit zum Sex sind. Männer brauchen ungefähr dreißig Sekunden, und die meisten betrachten die Fahrt zu ihrer Wohnung bereits als Vorspiel.

> Adam kam zuerst – aber bei welchem Mann ist das anders?

Nach dem Geschlechtsverkehr ist die Frau high vor lauter Hormonen und könnte Bäume ausreißen. Sie will jetzt zärtlich sein, schmusen und reden. Ein Mann dagegen – wenn er nicht bereits eingeschlafen ist – entzieht sich ihr manchmal, indem er aufsteht und »etwas tut«, wie zum Beispiel eine Glühbirne auswechseln oder Kaffee kochen. Der Grund hierfür ist, daß ein Mann sich stets und überall als Herr der Lage fühlen muß, und während eines Orgasmus verliert er kurzzeitig die Kontrolle über sich. Indem er aufsteht und etwas tut, erlangt er die Kontrolle über sich selbst zurück.

Warum Männer während des Geschlechtsverkehrs nicht reden können

Männer können sich nicht auf mehrere Tätigkeiten gleichzeitig konzentrieren. Wenn ein Mann eine Erektion hat, dann hat er Schwierigkeiten mit dem Reden, Zuhören und Fahren, und das ist auch der Grund, warum Männer selten während des Geschlechtsverkehrs reden. Manchmal muß eine Frau auf seine Atmung achten, um zu wissen, wie er »vorankommt«. Männer lieben es, wenn eine Frau ihnen erzählt, was sie alles mit ihm anstellen will und wird, je ordinärer, desto besser – allerdings nur *vor* dem Geschlechtsverkehr, nicht währenddessen. Es kann passieren, daß ein Mann sein Ziel aus den Augen verliert (und damit auch seine Erektion), wenn sie während des Geschlechtsverkehrs plötzlich zu reden anfängt. Während ein Mann Sex hat, ist seine rechte Gehirnhälfte aktiviert, und Gehirn-Scans haben gezeigt, daß er so beschäftigt ist mit dem, was er gerade treibt, daß er praktisch taub ist.

> Wenn ein Mann während des Geschlechtsverkehrs reden wollte, müßte er auf seine linke Gehirnhälfte umschalten. Bei einer Frau können Sex und Reden gleichzeitig ablaufen.

Für eine Frau ist das Reden ein äußerst wichtiger Bestandteil des Vorspiels, denn für sie bedeutet es alles. Wenn ein Mann während des Geschlechtsverkehrs zu reden aufhört, denkt die Frau unter Umständen, er wäre nicht mehr an ihr interessiert. Um den Bedürfnissen einer Frau gerecht zu werden, muß ein Mann während des Vorspiels viel und zärtlich mit ihr reden. Eine Frau muß dafür während des Geschlechtsverkehrs auf das Reden verzichten und sich statt dessen auf unartikulierte Lautäußerungen beschränken, um einen Mann bei Laune zu halten – häufige »ohhhs« und »ahhhs« sind die positive Rückmeldung, die ein Mann braucht, um Befriedigung zu erlangen. Wenn eine Frau während des Sexspiels redet, fühlt sich der Mann unter Umständen dazu verpflichtet, ihr zu antworten, und der schöne Moment kann wie eine Seifenblase zerplatzen.

Das weibliche Gehirn ist nicht darauf eingerichtet, so stark wie das männliche auf die durch den Geschlechtstrieb bedingte hormonelle Situation zu reagieren. Während des Geschlechtsverkehrs nimmt eine Frau immer noch Geräusche von außen und Änderungen in ihrer Umgebung wahr, ein Mann jedoch ist voll auf sein Ziel konzentriert und läßt sich durch nichts ablenken. Hier kommt der uralte Nesthütertrieb der Frau zum Vorschein: Sie checkt alle Geräusche in ihrer Umgebung durch, um auf Nummer Sicher zu gehen, daß inzwischen niemand ihren Nachwuchs klaut.

Wie unzählige Männer bereits feststellen mußten, kann der Versuch, eine Frau zum Geschlechtsverkehr auf freier Flur oder in einem Raum mit dünnen Wänden oder nicht verschließbaren Türen zu bewegen, eine gute Methode sein, um einen erstklassigen Streit vom Zaun zu brechen. Es erklärt auch, warum diese angeborene Furcht eine geheime Phantasie der meisten Frauen darstellt – es an einem öffentlichen Ort zu treiben.

Das Ziel Orgasmus

»Sie benutzt mich, wann immer sie Lust dazu hat, und läßt mich dann links liegen. Wie ich es hasse, ein Sexobjekt zu sein!« Noch *nie* hat ein Mann diese Worte in den Mund genommen. Das Kriterium für einen befriedigenden Geschlechtsverkehr ist für den Mann der Orgasmus, und irrtümlicherweise nimmt er an, daß das auch für die Frau so sein müsse. »Wie soll sie befriedigt sein, wenn sie keinen Orgasmus hatte?« fragt er sich ratlos. Ein Mann kann sich dergleichen unmöglich vorstellen, und deswegen ist für ihn der Orgasmus einer Frau das Maß, an dem er seinen Erfolg als Liebhaber mißt. Diese Erwartungshaltung setzt eine Frau enorm unter Leistungsdruck und reduziert für sie sogar die Wahrscheinlichkeit, einen Orgasmus zu bekommen. Eine

Frau braucht Nähe, Wärme und den Aufbau von Spannung, um im Bett Spaß zu haben, und der Orgasmus ist für sie meistens nur ein Extra, nicht aber das eigentliche Ziel. Ein Mann muß jedesmal einen Orgasmus haben, eine Frau nicht. Eine Frau ist für einen Mann sexuell eine Art Spiegel, und so stößt er sich stundenlang die Seele aus dem Leib in der Überzeugung, daß es eben das ist, was sie will.

Sehen Sie sich die folgende Grafik an. Dort sind die Höhen und Tiefen des weiblichen Geschlechtstriebs über das Jahr hinweg eingezeichnet. Die Höhen bezeichnen die Zeiten, zu denen sie am wahrscheinlichsten auf einen Orgasmus aus ist – um die Zeit des Eisprungs herum –, und die Tiefen bezeichnen die Zeiten, zu denen sie viel Zärtlichkeit und nichtsexuell gefärbte Streicheleinheiten braucht.

Eine weitverbreitete Phantasie vieler Männer ist, daß eine sinnliche und ihnen unbekannte Frau auf sie zukommt und sie einfach unwiderstehlich findet. Und dann befriedigt er jeden ihrer Wünsche – jeden *ihrer* Wünsche! Denn der Erfolg eines Mannes als Liebhaber steht in direktem Zusammenhang damit, inwieweit die Frau durch ihn Befriedigung findet, und so überwacht er unablässig ihre Reaktionen, um zu wissen, wie »gut« er ist.

> Männer täuschen keinen Orgasmus vor. Kein Mann würde absichtlich eine derartige Grimasse ziehen wollen.

Die wenigsten Männer sind in der Lage, während des Geschlechtsverkehrs die intimen Gedanken und Gefühle einer Frau zu erkennen, was ein weiterer Grund dafür ist, warum ihr Orgasmus für ihn so wichtig ist. Wenn eine Frau einen Orgasmus hatte, beweist das für ihn, daß er eine gute Lei-

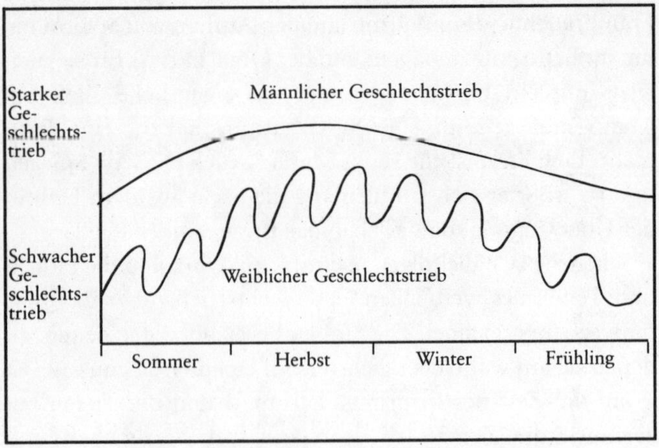

Männlicher und weiblicher Geschlechtstrieb (Quelle: Pease International Research, UK)

stung mit einem befriedigenden Ergebnis erbracht hat. Die meisten Männer begreifen nicht, daß der Pflichtorgasmus nur ein männliches Erfolgskriterium ist – nicht aber notgedrungenermaßen auch ein weibliches. Für eine Frau ist ein Orgasmus ein zusätzlicher Bonus, nicht das Maß aller Dinge.

Was macht uns an?

Wir haben für beide Geschlechter eine Liste der Dinge zusammengestellt, die auf sie erregend wirken. Man kann hier ganz klar erkennen, wie wenig Frauen und Männer die sexuellen Bedürfnisse des jeweils anderen Geschlechts verstehen. Die Anordnung nach Wichtigkeit spiegelt unmittelbar die weibliche und die männliche Gehirnstruktur wider. Männer sind visuell veranlagt und wollen Sex. Frauen sind auditiv und emotional veranlagt und wollen Zärtlichkeit und Romantik.

Was Frauen anmacht	Was Männer anmacht
1. Romantik	1. Pornographie
2. Bereitschaft, Verpflichtungen einzugehen	2. Weibliche Nacktheit
3. Miteinander kommunizieren	3. Abwechslung beim Sex
4. Intimität	4. Reizwäsche
5. Zärtlichkeiten ohne sexuellen Hintergrund	5. Verfügbarkeit der Frau

Die biologische Aufgabe eines Mannes ist es, so viele gesunde Frauen wie möglich aufzutreiben und zu schwängern. Die biologische Aufgabe einer Frau ist es, Kinder zu bekommen und einen Partner zu finden, der bei ihr bleibt, bis die Kinder selbständig sind. Frauen und Männer werden immer noch von diesen uralten Instinkten getrieben, und das, obwohl wir heutzutage in einer Welt leben, in der es zum Überleben nicht mehr erforderlich ist, sich auf Teufel komm raus fortzupflanzen.

Vor diesem Hintergrund wird auch verständlich, warum die Bereitschaft des Mannes, Verpflichtungen einzugehen, so anziehend auf Frauen wirkt. Romantische Anwandlungen eines Mannes beinhalten für sie die vage Versprechung, daß er bereit ist, ihre gemeinsamen Kinder großzuziehen. Darum brauchen Frauen auch monogame Beziehungen. Doch dazu mehr im nächsten Kapitel.

Eine Frau, die einen Mann wegen seines Bedürfnisses nach visueller Stimulation kritisiert, ist nicht besser als ein Mann, der eine Frau kritisiert, weil sie mit ihm reden oder einen netten Abend in einem Restaurant verbringen will.

Warum Männer so schlecht wegkommen

Die Dinge, die einen Mann anmachen, werden oft als schmutzig, ekelhaft, ordinär oder pervers empfunden, vor allem von Frauen. Im allgemeinen reagieren Frauen auf das, was Männer anmacht (siehe Tabelle Seite 335), nicht mit Erregung, und das, was Frauen anmacht, läßt wiederum Männer kalt.

Unsere Gesellschaft verherrlicht in der Regel in Filmen, Büchern und in der Werbung all das, was Frauen anmacht, und verdammt das, was Männer anmacht, als pornographisch und ordinär. Vom biologischen Standpunkt aus gesehen braucht jedoch jeder ganz bestimmte Faktoren, um sexuell erregt zu werden. Die Kritik der Gesellschaft an dem, was Männer anmacht, treibt sie dazu, ihre *Playboy*-Hefte zu verstecken und zu leugnen, daß sie so etwas wie geheime Phantasien haben. Die Bedürfnisse von vielen Männern bleiben unerfüllt, viele haben Schuldgefühle oder schieben Frust bzw. Wut vor sich her. Wenn eine Frau und ein Mann wissen, wie sich ihre Gelüste und Bedürfnisse herausgebildet und entwickelt haben, können sie sie eher verstehen und akzeptieren, ohne daß Ärger, Frust oder Schuldgefühle aufkommen. Niemand sollte etwas tun, bei dem er oder sie sich unbehaglich fühlt, doch eine offene Aussprache über die eigenen Bedürfnisse kann dazu beitragen, eine liebevollere Beziehung aufzubauen. Ein Mann muß auch erkennen, daß es ihm weniger Umstände macht, ein romantisches Abendessen oder ein Urlaubswochenende zu organisieren, als einer Frau, sich Strapse anzuziehen und am Kronleuchter durchs Zimmer zu schwingen.

Das Märchen von den Aphrodisiaka

Bei den Hunderten von populären, luststeigernden Mittelchen, die im Umlauf sind, konnte bei keinem einzigen eine wissenschaftlich meßbare Wirkung nachgewiesen werden. Ihre Wirkung ist einzig und allein dem sogenannten Placebo-Effekt zu verdanken: Wenn man nur fest genug daran glaubt, wirkt es wahrscheinlich auch. Einige sogenannte Aphrodisiaka können im Gegenteil sogar lusttötend wirken, besonders dann, wenn sie die Nieren reizen und Jucken und Hautausschläge verursachen. Die einzigen Aphrodisiaka, die garantiert wirken, sind diejenigen, die wir weiter oben in der Tabelle aufgeführt haben (»Was Frauen/Männer anmacht«).

Männer und Pornographie

Männer mögen Pornographie, Frauen nicht. Pornographie spricht den natürlichen Sexualtrieb der Männer an, weil ihnen hier weibliche Kurven, Lust und Sex ganz klar und offen vor Augen geführt werden, wohingegen Frauen Pornographie häufig so auffassen, daß unsensible Männer ihre Dominanz über Frauen prahlerisch zur Schau stellen.

Es gibt bislang keinen Beweis für einen Zusammenhang zwischen Pornographie und Sexualverbrechen. Pornographie kann jedoch negative Auswirkungen auf die Psyche von Frauen und Männern haben, und zwar schon deswegen, weil dort Männer gezeigt werden, die von Mutter Natur über die Maßen gut ausgestattet wurden und über Stunden hinweg hirn- und sinnlos in der Gegend herumstoßen können, ohne Ermüdungserscheinungen zu zeigen. Diese Bilder können die Erwartungen, die ein Mann an seine eigenen Leistungen stellt, wesentlich beeinflussen.

Was ist der Unterschied zwischen erotisch und pervers?
Erotisch ist, wenn man eine Feder benutzt. Pervers ist, wenn man das ganze Huhn benutzt.

Pornographie gaukelt einem außerdem vor, daß Frauen auf die gleichen visuellen und physischen Kriterien mit Erregung reagieren wie ein Mann und daß der Geschlechtstrieb einer Frau so stark ist wie der eines Mannes oder sogar noch stärker ausgeprägt. Auch auf eine Frau kann Pornographie eine nachteilige Wirkung ausüben, denn Frauen werden darin wie Sexobjekte behandelt und mit einem vollkommen unrealistischen Hunger nach Sex dargestellt, was die Selbstachtung einer Frau angreifen kann. Umfragen bei 18- bis 23-jährigen haben ergeben, daß fünfzig Prozent der Männer den Eindruck haben, ihr Sexualleben wäre nicht so gut wie das, was in Filmen, im Fernsehen und in Magazinen dargestellt würde, während 62 Prozent der Frauen das Gefühl haben, daß ihr Sexualleben genauso gut, wenn nicht besser ist als das in den Medien dargestellte. Es scheint, als ob Männer stärker unter Leistungsdruck stünden und unter ihrer eigenen Erwartungshaltung litten als Frauen.

Gibt es sexsüchtige Frauen?

Wenn Außerirdische auf der Erde landen und eine Auswahl unserer Frauen- und Männermagazine, Bücher und Filme untersuchen würden, müßten sie schon nach kürzester Zeit zu dem Schluß kommen, daß Menschenfrauen ein Haufen sexbesessener Wesen wären, die samt und sonders multiorgasmisch veranlagt sind und einfach nicht genug bekommen können. Wenn diese Außerirdischen dann noch in den bei uns gängigen Pornoheftchen blättern oder sich einen der hierzulande produzierten Pornostreifen anschauen würden, müßten sie zu der Überzeugung kommen, daß Frauen einen unersättlichen sexuellen Appetit haben und sich von praktisch jedem Mann in jeder erdenklichen Situation vögeln lassen. Genau das ist das Image, an dem sich – ginge es nach den Medien – die moderne Frau orientieren soll.

In Wirklichkeit ist die unersättliche, sexbesessene Frau ein Hirngespinst vieler Männer und macht weniger als ein Prozent aller Frauen aus. Die Frau von heute hat nicht selten ein Problem damit, wenn ein Mann ihr sagt, daß sie ihm gefalle, wenn sie nackt ist. Dieses Hirngespinst betrifft in der Regel nur moderne Frauen und Männer, denn deren Eltern und Großeltern hat man nie glauben machen wollen, daß eine Frau einen Geschlechtstrieb wie ein Mann habe. Viele moderne Frauen haben jedoch den Eindruck, daß sie unnormal oder frigide sind, weil sie nicht an die Standards heranreichen, die die Medienwelt setzt. Männern wurde weisgemacht, daß Frauen heutzutage einen stark ausgeprägten Geschlechtstrieb hätten, und viele sind nun verärgert oder frustriert, wenn Frauen nicht häufig genug nach Sex verlangen. Es ist kein Wunder, daß mit Schlagzeilen wie »Multiorgasmisch in fünf Tagen!«, »So bekommen Sie einen Latin Lover in Ihr Bett«, »Sex und Tantra – Stunden des Glücks!«, »Ich hatte dreihundert Liebhaber in drei Jahren!« und »Wie man ihn die ganze Nacht bei der Stange hält!« Frauen und Männer den Eindruck gewinnen, daß Frauen nichts anderes im Kopf hätten als Sex.

> Die Frauenbewegung hat bewirkt, daß Frauen lockerer im Umgang mit ihrer Sexualität geworden sind, ihr grundlegendes Verlangen nach Sex ist dadurch allerdings nicht stärker geworden.

Der weibliche Geschlechtstrieb hat sich vermutlich seit Jahrtausenden nicht verändert. Alles, was sich geändert hat, ist, daß er jetzt offenes Diskussionsthema ist. Der Geschlechtstrieb einer modernen Frau unterscheidet sich wahrscheinlich kaum von dem ihrer Mutter oder Großmutter. Frühere Generationen von Frauen haben ihn lediglich unterdrückt und sicher auch nicht über ihn gesprochen. Bevor die Pille auf den Markt kam, war die sexuelle Frustration zwar sicher um ein gutes Stück größer, doch bestimmt nicht in dem Ausmaß, wie uns die Medien heute glauben machen wollen.

Licht an oder aus?

Wie wir bereits wissen, sind Männer, wenn es um Sex geht, visuelle Typen. Sie wollen Formen, Rundungen, Nackedeis und Pornographie sehen. Umfragen des Kinsey Institute ergaben, daß 76 Prozent der Männer beim Sex das Licht anhaben wollen, während nur 36 Prozent der Frauen das gleiche Bedürfnis verspüren. Im allgemeinen empfinden Frauen Nacktheit nicht als erregend, es sei denn, es handelt sich um ein nacktes Pärchen in einer romantischen oder zweideutigen Umgebung. Wenn ein Mann dagegen eine nackte Frau sieht, wirkt das auf ihn durchaus stimulierend und erregend. Wenn eine Frau einen nackten Mann erblickt, bricht sie normalerweise in Gelächter aus.

Frauen lieben Worte und Gefühle. Sie haben es lieber, wenn das Licht beim Sex heruntergedreht oder ganz aus ist, oder aber sie schließen die Augen. Mit ihren hochsensiblen Sinnesorganen können sie Sex auf diese Weise am besten genießen. Sanftes Streicheln, sinnliche Berührungen und zärtliche Worte machen eine Frau am ehesten an. Ausklappbilder von nackten Männern häufen sich, weil Frauenzeitschriften uns davon zu überzeugen versuchen, daß Frauen sich jetzt genau wie Männer an einem Nackedei aufgeilen könnten. Diese Bilder verschwinden genauso schnell, wie sie erschienen sind; allerdings wurde festgestellt, daß die Zahl der Leser des entsprechenden Magazins kurzfristig steigt – durch schwule Leser.

> Die meisten Frauen haben beim Geschlechtsverkehr das Licht lieber aus – sie können den Anblick eines Mannes nicht ertragen, der sich wohl fühlt. Männer haben beim Geschlechtsverkehr das Licht lieber an – so prägen sie sich den Namen ihrer Bettgenossin leichter ein.

Alle Versuche, Frauen Pornographie zu verkaufen, sind fehlgeschlagen, obwohl es in den letzten Jahren einen Anstieg beim Verkauf von Pin-up-Kalerndern mit halbnackten Männern zu verzeichnen gab, der schließlich auch den Verkauf von Kalendern mit weiblichen Nackedeis überstieg. Man hat festgestellt, daß die Käufer der Kalender mit den halbnackten Männern in drei unterschiedliche Kategorien eingeteilt werden können: weibliche Teenager, die ein Foto von ihrem Lieblingsfilm- oder -rockstar wollen, Frauen, die ihn als Gag für eine Freundin kaufen, und homosexuelle Männer.

10. Kapitel

Ehe, Liebe und Romanzen

Warten auf den Traummann

Seit langer Zeit ist die Paarbildung – also die Verbindung von Mann und Frau – der Grundpfeiler menschlichen Zusammenlebens. Dieses Konzept hat sich aus der ursprünglichen Form des Zusammenlebens herausgebildet, bei der ein Mann bzw. Männchen sein bevorzugtes Weibchen bei sich behielt und, sofern er sich das »leisten« konnte, ein paar weitere Weibchen neben ihr hatte. Dazu kamen die gelegentlichen »Seitensprünge«, die er wahllos bei jeder sich bietenden Gelegenheit unternahm.

Die Ehe, wie wir sie heutzutage kennen, ist eine Erfindung der jüdisch-christlichen Ideale, die ein klares Ziel hatten: die Anwerbung von neuen Gläubigen. Wenn man zwei erwachsene Menschen dazu bringt, sich einem strikten Regelwerk zu unterwerfen, das Gehorsam gegenüber einem höheren Gott erfordert, kann man sich ziemlich sicher sein, daß auch die Kinder aus dieser Verbindung automatisch im Glauben der Eltern großgezogen werden. Jede menschliche Aktivität, die aufwendige Riten und großangelegte öffentliche Bekundungen braucht, arbeitet in der Regel gegen unsere Biologie und hat den Zweck, Menschen dazu zu bringen, etwas zu tun, was sie normalerweise nicht tun würden.

Rosenköpfchen *(Agapornis roseicollis)* brauchen keine komplizierte Zeremonie, um zu »heiraten« – die eheähnliche Lebensgemeinschaft dieser Vogelart ist ganz einfach ihr natürlicher biologischer Zustand. Gleichermaßen lächerlich wäre es, ein polygames Tier wie einen Schafbock dazu zu

> Die Ehe hat auch ihre guten Seiten: Sie lehrt Loyalität, Nachsicht, Toleranz, Zurückhaltung und andere nützliche Charaktereigenschaften – die man nicht gebraucht hätte, wenn man nicht geheiratet hätte.

überreden, einen Ehevertrag mit einem bestimmten Mutterschaf zu unterzeichnen. Damit wollen wir nicht sagen, daß die Ehe in unserer modernen Gesellschaft nicht ihre Berechtigung hätte – wir, die Autoren, sind miteinander verheiratet. Doch es ist wichtig nachzuvollziehen, wie sich die Ehe historisch herausgebildet hat und in welchem Bezug sie zu unserer Biologie steht.

Die Frage lautet: Welchen Vorteil bietet die Ehe einem Mann? Wenn man es einmal unter dem Gesichtspunkt der Evolution sieht: keinen! Ein Mann ist wie ein Hahn, der den natürlichen Drang verspürt, seine Erbmasse so oft und so weit gestreut wie möglich an die Frau zu bringen. Dennoch heiratet ein Großteil der Männer, und geschiedene Männer heiraten wieder oder leben in eheähnlichen Lebensgemeinschaften. Hier zeigt sich auf eindrucksvolle Weise, daß die Gesellschaft es verstanden hat, von der Biologie her promiskuitiv veranlagte Männer zu einer monogamen Lebensführung zu bewegen.

> Der Sex ist der Preis, den Frauen für die Ehe zahlen.
> Die Ehe ist der Preis, den Männer für den Sex zahlen.

Wenn man einen Mann fragt: »Welche Vorteile hat für Sie die Ehe?«, wird er in den meisten Fällen etwas über ein warmes Nest murmeln, über das Essen, das morgens, mittags und abends auf dem Tisch steht, über die Hemden, die gebügelt im Schrank hängen. Im Grunde genommen suchen Männer nach einer Mischung aus Mutter und Hausmädchen. Sigmund Freud meinte dazu, daß solche Männer aller Wahrscheinlichkeit nach eine Mutter-Sohn-Beziehung zu ihren Frauen hätten. Nur 22 Prozent der Männer geben ihre Partnerin als besten Freund an. Der beste Freund eines Mannes ist in der Regel ein Mann, denn Männer verstehen männliche Denkprozesse am besten. Fragt man Frauen: »Wer ist Ihr bester Freund?«, antworten 86 Prozent der Frauen, daß ihr bester Freund eine Frau sei, das heißt jemand, der die gleiche Gehirnstruktur hat wie sie selbst.

Wenn Männer zum Altar schreiten, betrachten viele von ihnen das Ganze als den Anfang einer Rundumversorgung mit Sex, doch diese Erwartung – in den seltensten Fällen *vor* der Ehe zur Sprache gebracht – entspricht durchaus nicht dem, was sich Frauen unter Ehe vorstellen. Umfragen haben allerdings ergeben, daß verheiratete Männer häufiger Sex haben als unverheiratete Männer. Der Durchschnitt liegt bei verheirateten Männern zwischen 25 und 50 Jahren bei dreimal pro Woche, während nur die Hälfte der unverheirateten Männer auf diesen Durchschnitt kommt. Durchschnittlich hat ein unverheirateter Mann weniger als einmal pro Woche Sex. Im Jahre 1997 hatten in Australien 21 Prozent der unverheirateten Männer im Jahr der Umfrage überhaupt keinen Sex, im Vergleich zu den drei Prozent der verheirateten Männer, die hier zu kurz kamen. Wie wir bereits weiter oben erwähnt haben, wirkt sich Sex positiv auf die Gesundheit aus. Unverheiratete oder verwitwete Männer sterben jünger als verheiratete Männer.

Warum Monogamie für Frauen so wichtig ist

Auch wenn die Ehe in den Gesellschaften der westlichen Welt vom Gesichtspunkt der Gesetzgebung gesehen ein zahnloser Tiger geworden ist, strebt noch immer ein Großteil der Frauen die Ehe an, und 91 Prozent aller Menschen heiraten auch wirklich irgendwann. Für Frauen ist die Ehe eine Art Erklärung vor der ganzen Welt, daß ein Mann sie als »besonders« empfindet und eine monogame Beziehung mit ihr anstrebt. Das Gefühl, etwas »Besonderes« zu sein, wirkt sich stark auf die chemischen Vorgänge im Gehirn einer Frau aus. Bestimmte Forschungsergebnisse, die gezeigt haben, daß die Orgasmusrate einer Frau im ehelichen Bett vier- bis fünfmal und in einer monogamen Beziehung immerhin noch zwei- bis dreimal höher ausfällt, belegen das eindrücklich.

Ältere Menschen haben das Gefühl, daß die Jugend von heute die Ehe als eine veraltete Institution ansieht. Eine Umfrage aus dem Jahre 1998 unter 2 344 Studenten zwischen 18 und 23 Jahren, bei der Männer und Frauen jeweils die Hälfte der Befragten bildeten, hat ergeben, daß dem durchaus nicht so ist. Nach ihrer Bereitschaft, Verpflichtungen einzugehen, gefragt, sagten 84 Prozent der Frauen – im Vergleich zu siebzig Prozent der Männer –, daß sie eines Tages heiraten wollten. Nur fünf Prozent der Männer und zwei Prozent der Frauen halten die Ehe für eine überholte Einrichtung.

Bei beiden Geschlechtern waren es 92 Prozent, die angaben, daß für sie Freundschaft wichtiger ist als sexuelle Beziehungen. Die Aussicht, den Rest seines Lebens mit ein und demselben Partner zu verbringen, fanden 86 Prozent der Frauen verlockend, bei Männern waren es 75 Prozent. Nur 35 Prozent der Paare glaubten, daß moderne Beziehungen besser wären als die der Generation ihrer Eltern. Auf der Liste der Frauen stand Treue ganz oben. Bei Frauen unter dreißig Jahren gaben 44 Prozent an, sie würden eine Beziehung abbrechen, wenn der Mann fremdginge. Bei den Frauen zwischen dreißig und vierzig Jahren fiel diese Zahl auf 32 Prozent ab. Bei Frauen im Alter zwischen vierzig und fünfzig gaben 28 Prozent an, daß sie die Beziehung abbrechen würden, während bei den Frauen über sechzig Jahren nur elf Prozent der gleichen Meinung waren. Das zeigt, daß eine Frau um so härter mit einem untreuen Mann verfährt, je jünger sie ist, und daß im Wertesystem jüngerer Frauen Treue und Monogamie einen höheren Stellenwert einnehmen.

Das ist ein Unterschied, den die wenigsten Männer je verstehen werden. Die meisten glauben, daß ein kleiner Seitensprung hier und da ihrer Beziehung keinen Abbruch tue, weil Männer kaum ein Problem damit haben, Sex und Liebe auseinanderzuhalten. Für Frauen gehen Sex und Liebe jedoch Hand in Hand. Für sie kann sein Techtelmechtel mit einer anderen gleichbedeutend mit Hochverrat sein und einen ausreichenden Grund darstellen, die Beziehung zu beenden.

Warum Männer sich vor Verpflichtungen drücken

Ein Mann, der verheiratet ist oder eine langfristige Beziehung eingegangen ist, hat immer die geheime Sorge, daß andere, unverheiratete Männer mehr Sex und mehr Spaß haben als er. Er stellt sich wilde Single-Partys vor, sexuelle Abenteuer und Whirlpools voller nackter Supermodels. Er befürchtet, daß ihm die tollsten Gelegenheiten entgehen, daß er etwas verpaßt. Dabei spielt keine Rolle, daß sich ihm derartige Gelegenheiten nie geboten hatten, als er noch nicht verheiratet war. Er hat die einsamen Abende zu Hause total vergessen, an denen er aus einer Dose kalte Bohnen löffelte, wie auch die demütigenden Abfuhren, die ihm Frauen vor den Augen seiner Freunde auf Partys erteilten, und die langen Durststrecken ohne Sex. Ein Mann macht sich einfach Sorgen, daß seine ehelichen Verpflichtungen gleichbedeutend mit »etwas verpassen« sind – er kann nicht anders.

> Männer wollen auf die perfekte Partnerin warten. Doch in der Regel ist das einzige, was passiert, daß sie immer älter werden.

Wo im Gehirn sitzt die Liebe?

Die amerikanische Anthropologin Dr. Helen Fisher von der Rutgers University in New Jersey war eine der ersten, die mit Hilfe von Gehirn-Scans den »Sitz« der Liebe im Gehirn bestimmten. Zwar stecken ihre Forschungsarbeiten noch in den Kinderschuhen, doch hat sie bereits drei unterschiedliche Arten von Emotionen im Gehirn lokalisiert: Sinneslust, Verliebtheit und das Gefühl der Verbundenheit. Jede Emotion hat ihre ganz spezielle chemische Entsprechung im Gehirn, welche das Gehirn aktiviert, sobald sich sein Besitzer von jemandem angezogen fühlt. Biologisch gesehen haben sich diese drei Komponenten der Liebe entwickelt, um die Fortpflanzung, die für das Überleben der Spezies unabdingbar ist, sicherzustellen. Sobald es zu einer Empfängnis gekommen ist, schaltet das System sich automatisch ab, und der Liebesprozeß kommt zum Erliegen.

Die erste Phase, die der Sinneslust, ist die körperliche und nonverbale Anziehung, über die wir weiter oben bereits gesprochen haben. Fisher sagt dazu: »Die Verliebtheit ist die Etappe, in der sich eine Person in dein Gehirn einschleicht und du sie einfach nicht mehr rausbekommst. Dein Gehirn nimmt nur die positiven Eigenschaften der angebeteten Person wahr und übersieht die negativen geflissentlich.«

Die Verliebtheit ist der Versuch des Gehirns, eine Bindung zu einem potentiellen Partner herzustellen. Sie ist eine so starke Emotion, daß sie eine unglaubliche Euphorie hervorrufen kann. Wenn jemand abgewiesen wird, kann das zur tiefsten Verzweiflung und regelrecht zur Besessenheit führen. In extremen Fällen endet das Ganze sogar mit Mord. In der Phase der Verliebtheit werden mehrere hochwirksame chemische Substanzen ausgeschüttet, die eine wahre Hochstimmung hervorrufen. Dopamin verleiht einem das Gefühl des Wohlbefindens, Phenylethylamin hebt den Grad der Erregung, Serotonin bewirkt ein Gefühl der emotionalen Stabilität, und Noradrenalin versetzt einen in den Glauben, daß man einfach zu alles in der Lage wäre. Ein Sexsüchtiger ist ein Mensch, der von dem Hormoncocktail abhängig geworden ist, welcher während der Phase der Verliebtheit ausgeschüttet wird, und ständig high sein will.

Verliebtheit ist nur ein vorübergehendes Gefühl, das im Durchschnitt zwischen drei und zwölf Monate dauert und das die meisten irrtümlicherweise als »Liebe« bezeichnen. In Wirklichkeit ist es nichts anderes als ein biologischer Trick der Natur, mit dem gewährleistet werden soll, daß eine Frau und ein Mann lange genug zusammenbleiben, um Nachwuchs zu zeugen. Die Gefahr bei dieser Phase ist, daß ein verliebtes Paar zu der irrigen Annahme verführt werden kann, beider Geschlechtstrieb wäre perfekt aufeinander abgestimmt, was aber nur den Anschein hat, weil beide in der speziellen Phase das Verhalten von Karnickeln an den Tag legen. Die eigentlichen Unterschiede zeigen sich erst, wenn die Phase der Verliebtheit zu Ende geht bzw. die Phase der Verbundenheit begonnen hat.

> Die Verliebtheit ist der biologische Trick der Natur, um sicherzustellen, daß eine Frau und ein Mann lange genug zusammenbleiben, um Nachwuchs zu zeugen.

Wenn die Verliebtheit der Realität Platz macht, kommt es entweder zum Bruch, oder die dritte Phase, die der Verbundenheit, setzt ein, bei der es hauptsächlich darum geht, eine kooperative Bindung aufzubauen, die lange genug hält, um die gemeinsamen Kinder großzuziehen. Fisher ist zuversichtlich, daß sie mit weiteren Untersuchungen und dem raschen technologischen Fortschritt auf dem Gebiet der Gehirn-Scanner schon bald eine Formel bereitstellen wird, mit der sich exakt bestimmen läßt, wo sich im weiblichen und im männlichen Gehirn der Sitz der Emotionen und der Liebe befindet. Wenn man diese drei Phasen versteht, kann man leichter mit der Phase der Verliebtheit umgehen und sich auf eventuell zu einem späteren Zeitpunkt auftretende Komplikationen einstellen.

Liebe – warum Männer manchmal blinder sind als Frauen

Es heißt, Liebe mache blind, und vor allem auf Männer trifft das durchaus zu. Männer sind bis obenhin mit Testosteron vollgepumpt, wodurch sie extrem leicht in die Phase der Lust oder in die der Verliebtheit fallen. Während der Verliebtheit wird ihr Verhalten so durch Testosteron gesteuert, daß sie kaum mehr wissen, wo oben und unten ist. Das Erwachen aus diesen testosterongesteuerten Träumen kann ziemlich ernüchternd sein. Die Frau, die man letzte Nacht noch so aufregend fand, ist am Morgen, wenn die ersten Sonnenstrahlen ins Zimmer fallen, nur noch halb so attraktiv – und in vielen Fällen auch längst nicht mehr so geistreich wie am Abend zuvor.

Da im Gehirn einer Frau die Zentren für Emotionen und für den Verstand besser miteinander verbunden sind und sie auch keinen testosteronbedingten Blackout hat, fällt es ihr leichter einzuschätzen, ob ein Mann der richtige Partner für sie sein könnte oder nicht. Darum werden die meisten Beziehungen von Frauen beendet, während Männern vielfach nicht bewußt ist, was eigentlich geschehen ist. Selbst wenn sie einem Mann den Laufpaß geben, versuchen die meisten Frauen, es ihm so schonend wie möglich beizubringen. Es gibt Frauen, die unter den Abschiedsbrief an ihren Ehemaligen einen Smiley zeichnen oder ihm versichern, daß sie ihn trotz allem für immer und ewig lieben werden.

Warum Männern »Ich liebe dich« nur schwer über die Lippen kommt

Die Worte »Ich liebe dich« auszusprechen stellt für eine Frau kein Problem dar. Aufgrund ihrer Gehirnstruktur ist die Welt einer Frau voller Gefühle, Emotionen, Kommunikation und Worte. Eine Frau weiß, daß sie, wenn sie sich beschützt, begehrt und bewundert fühlt und sie sich in der Bindungsphase befindet, den Betreffenden wahrscheinlich liebt. Ein Mann hingegen ist sich nicht so ganz sicher, was Liebe eigentlich ist, und vielfach verwechselt er Lust und Verliebtheit mit Liebe. Er weiß nur, daß er seine Hände nicht von ihr lassen kann… ist das vielleicht Liebe? Sein Gehirn ist vor lauter Testosteron umnebelt, er hat ständig eine Erektion und kann nicht klar denken. Häufig vergehen nach dem Beginn einer Beziehung Jahre, bis ein Mann im nachhinein erkennt, daß er damals verliebt war. Frauen erkennen es dagegen, wenn es keine Liebe ist.

Viele Männer schrecken vor Verpflichtungen zurück. Sie fürchten, daß sie sich für den Rest ihres Lebens festnageln, wenn sie das Wort »Liebe« in den Mund nehmen, und daß für sie dann Whirlpools mit nackten Supermodels definitiv in unerreichbare Ferne rücken.

> Eine Frau erkennt es, wenn es sich nicht um Liebe handelt. Aus diesem Grund setzt auch meistens sie den Schlußstrich unter eine Beziehung und nicht er.

Wenn ein Mann endlich seine Phobie überwindet und die schicksalsschweren drei Worte ausspricht, dann will er es jedem und allen erzählen, und das überall. Die wenigsten Männer bemerken dabei den Anstieg in der Orgasmuskurve ihrer Partnerin, sobald sie den leidigen Satz ausgesprochen haben.

Wie Männer Liebe von Sex unterscheiden können

Die glücklich verheiratete Frau, die eine Affäre hat, ist selten, doch der glücklich verheiratete Mann, der einen Seitensprung wagt, keine Rarität. Über neunzig Prozent aller Affären werden von Männern begonnen, über achtzig Prozent von Frauen beendet. Der Grund dafür ist, daß eine Frau, sobald sie erkennt, daß die Affäre keine dauerhafte emotionale Verbindung verspricht und stets nur auf rein körperlicher Ebene ablaufen wird, aussteigen will. Das Gehirn eines Mannes ist aufgrund seiner Aufteilung in verschiedene Fächer in der Lage, Liebe von Sex zu unterscheiden und sich mit beidem getrennt zu beschäftigen. Ein Mann sieht nicht beides im Zusammenhang, sondern eines getrennt vom anderen. Er ist deswegen vollauf zufrieden, wenn er eine befriedigende körperliche Beziehung hat, die seine ganze Aufmerksamkeit in Anspruch nimmt. Es ist noch nicht bekannt, wo genau sich der Sitz der Liebe im Gehirn befindet, doch Untersuchungen deuten darauf hin, daß das weibliche Gehirn über ein ganzes Netz an Verbindungen zwischen Liebeszentrum und Sexzentrum (Hypothalamus) verfügt, und daß das Liebeszentrum aktiviert sein muß, bevor das Sexzentrum eingeschaltet werden kann. Bei Männern scheint es keine derartigen Verbindungen zu geben, deswegen können sie problemlos Sex von Liebe unterscheiden. Für einen Mann ist Sex Sex und Liebe Liebe, und in einigen glücklichen Fällen treten beide gemeinsam auf.

Die erste Frage, die eine Frau ihrem Mann stellt, wenn sie von seiner Untreue erfahren hat, ist: »Liebst du sie?« Ein Mann, der darauf antwortet: »Nein, es war nur etwas Körperliches – es hatte keine Bedeutung«, sagt wahrscheinlich die Wahrheit, denn er kann Sex und Liebe auseinanderhalten. Das Gehirn einer Frau ist jedoch von seiner Struktur her so grundverschieden von dem eines Mannes, daß sie eine derartige Antwort nicht akzeptieren kann. Aus diesem Grund hat eine Frau Schwierigkeiten, einem Mann abzunehmen, daß es ihm nichts bedeutet habe, weil für sie Sex gleichbedeutend mit Liebe ist. Für eine Frau ist das Schlimmste nicht die physische Komponente seiner Untreue – also daß er mit einer anderen Frau geschlafen hat –, sondern vielmehr die Verletzung des Vertrauens und der emotionalen Bindung, die sie mit ihm hatte. Wenn eine Frau eine Affäre hatte und behauptet, daß es ihr nichts bedeutete, lügt sie höchstwahrscheinlich. Wenn eine Frau die Grenze einmal überschritten hat und mit einem anderen Mann ins Bett gegangen ist, muß es bereits zu einer emotionalen Verbindung mit dem neuen Mann gekommen sein.

> Für Frauen gibt es keine Trennung zwischen Liebe und Sex. Eins ist gleichbedeutend mit dem anderen.

Wenn Frauen Liebe machen, haben Männer Sex

Ein altes Sprichwort besagt, daß während eine Frau Liebe macht, ihr Partner Sex mit ihr hat. Was es nun wirklich ist, das erhitzt die Gemüter auf der ganzen Welt. Ein Mann wird Sex als Sex bezeichnen, doch eine Frau reagiert in den meisten Fällen ungehalten auf das Wort, weil es ihrer Definition nach nicht den Tatsachen entspricht. Eine Frau »macht Liebe«, was bedeutet, daß sie sich geliebt fühlen und selbst auch liebevolle Gefühle gegenüber dem Betreffenden haben muß, bevor sie Sex mit ihm haben will. Den meisten Frauen erscheint der Geschlechtsakt an sich als ein liebloser, überflüssiger Akt, denn die Vernetzung des weiblichen Gehirns verhindert, daß eine Frau sich in der Definition des Wortes »Sex« wiedererkennen könnte.

Wenn ein Mann von Sex redet, meint er manchmal wirklich nur den rein körperlichen Akt, doch das bedeutet nicht, daß er seine Partnerin nicht liebt.

»Haben Sie mit dieser Frau geschlafen?« fragte der Richter. »Nein, Euer Ehren … keine Sekunde!«

Wenn ein Mann »Liebe machen« will, wird er es höchstwahrscheinlich trotzdem als »Sex« bezeichnen. Das kommt manchmal bei einer Frau schlecht an, doch den Ausdruck »Liebe machen« halten die meisten Männer für idiotisch. Oder sie haben das Gefühl, ihre Partnerin zu belügen, denn manchmal wollen sie eben wirklich nur Sex. Wenn Frauen und Männer den Standpunkt des anderen verstehen und sich darauf einigen, die Definition des anderen nicht zu kritisieren, ist ein Stolperstein in der Beziehung eliminiert.

Warum der richtige Partner auch attraktiv ist

Studien des Kinsey Institute haben ergeben, daß die männliche Wahrnehmung der Partnerin während des Liebesspiels von der Tiefe seiner Gefühle für sie abhängt. Das heißt, daß sie desto mehr Punkte auf seiner körperlichen Attraktivitätsskala erzielt, je mehr er in sie verliebt ist. Daran ändert auch die Meinung anderer nichts, daß sie nackt wie das Michelin-Männchen aussehe. Wenn sie ihm jedoch nicht besonders viel bedeutet, erscheint sie ihm wesentlich unattraktiver, selbst wenn sie ausgesprochen gut aussieht. Wenn ein Mann wirklich auf eine Frau steht, ist der Umfang ihrer Oberschenkel nebensächlich – vielmehr: Er ist perfekt. Das zeigt, daß wohl die körperliche Anziehungskraft einer Frau bei der ersten Begegnung für einen Mann einen relativ hohen Stellenwert einnimmt, langfristig gesehen jedoch eine liebevolle, gegenseitige Partnerschaft einen Großteil ihrer Anziehungskraft ausmacht. Das bestätigen auch die Umfragen, die wir im 9. Kapitel unter der Überschrift »Was wir auf längere Sicht gesehen wirklich wollen« besprochen haben.

Das gleiche kann man allerdings von der Attraktivität eines Mannes aus der Sicht einer Frau nicht behaupten. Dies zeigte sich bei einigen interessanten Studien, die in Single-Kneipen durchgeführt wurden. Forscher fanden heraus, daß, je weiter die Stunde vorgerückt war, die verfügbaren Frauen den einsamen Männern immer attraktiver erschienen. Eine Frau, der Männer um sieben Uhr abends auf einer Skala von null bis zehn die Note Fünf gegeben hatten, erhielt um halb elf bereits die Note 7 und um Mitternacht die Note 8,5, wobei der steigende Alkoholspiegel im Blut der Männer die Bewertung eindeutig nach oben verbesserte. Frauen jedoch, die einem Mann um sieben Uhr abends die Note Fünf gegeben hatten, bewerteten ihn auch um Mitternacht mit einer Fünf.

> Eine Frau, die einem Mann um sieben Uhr abends die Note Fünf gibt, bewertet ihn auch um Mitternacht noch mit einer Fünf, ganz gleich, wieviel sie getrunken hat.

Alkohol trug nicht dazu bei, die Attraktivität eines Mannes zu steigern, im Gegenteil: In einigen Fällen sank seine Attraktivität sogar mit zunehmendem Alkoholkonsum der Frau. Frauen bewerten die Tauglichkeit eines Mannes als Partner vorrangig anhand seiner persönlichen Charaktereigenschaften und nicht anhand seiner äußeren Erscheinung – daran ändert auch die vorgerückte Stunde oder der höhere Alkoholpegel nichts. Bei Männern steigt die Attraktivität einer Frau entsprechend der Wahrscheinlichkeit, daß sie ihn seine Rolle als professionellen Spermienspender einnehmen lassen wird.

Ziehen sich Gegensätze an?

Bahnbrechende Studien aus dem Jahre 1962 zeigten, daß wir uns zu Menschen hingezogen fühlen, die ähnliche Werte, Interessen, Lebenshaltungen und Wahrnehmungen haben, und daß das die Leute sind, mit denen wir uns auf Anhieb verstehen. Spätere Studien ergaben, daß Partner mit ähnlichen Wertvorstellungen größere Chancen haben, eine langfristige Beziehung miteinander einzugehen. Wenn es allerdings zu wenig Unterschiede zwischen zwei Partnern gibt, kann es irgendwann auch langweilig werden. Wir brauchen einen ausreichenden Unterschied, damit es interessant genug ist und unsere eigene Persönlichkeit durch die des anderen ergänzt wird. Allerdings benötigen wir keinen so großen Unterschied, daß er unserem Lebensstil in die Quere kommt. Ein ruhiger Mann beispielsweise kann sich zu einer kontaktfreudigen Frau hingezogen fühlen, und eine Frau, die sich ständig Sorgen macht, kann auf einen lockeren, gelassenen Mann abfahren.

Körperliche Gegensätze ziehen sich an

Man kann jede beliebige Studie und Umfrage darüber betrachten, von welchen körperlichen Merkmalen wir uns beim anderen Geschlecht angezogen fühlen, und man wird feststellen, daß wir körperliche Eigenschaften bevorzugen, die in krassem Gegensatz zu unseren eigenen stehen. Männer bevorzugen Frauen, die dort weiche Rundungen haben, wo sie selbst flach und kantig sind. Sie ziehen Frauen vor, die breite Hüften, eine schlanke Taille, lange Beine und runde Brüste haben alles Eigenschaften, die sie selbst nie besitzen werden. Ein Mann sieht bei einer Frau gerne ein kleines Kinn, eine kleine Nase und einen flachen Bauch, denn bei ihm ist im Normalfall genau das Gegenteil der Fall.

Frauen bevorzugen an Männern breitere Schultern, schmalere Hüften, umfangreichere Arme und Beine, ein kantigeres Kinn und eine größere Nase, als sie selbst haben. Es gibt jedoch interessante Ausnahmen. Einige Studien haben ergeben, daß Männer, die keinen Alkohol trinken, Frauen mit kleinen Brüsten vorziehen, Frauen mit großen Brüsten bevorzugen Männer mit einer kleinen Nase, und Männer mit einer großen Nase werden in der Regel in Begleitung von flachbrüstigen Frauen gesehen. Extrovertierte Männer bevorzugen Frauen mit sehr großen Brüsten.

Der Schlüssel ist das Verhältnis Hüfte/Taille

Betrachtet man die Vorlieben der Männer über die Jahrhunderte hinweg, stellt man fest, daß sie ihren Kopf bei so ungefähr allen Arten von Frauen verloren haben, die es gab, von den ausladenden Damen des 16. Jahrhunderts bis hin zu den spindeldürren Supermodels von vor einigen Jahren, die mehr Ähnlichkeit mit Spargel als mit Frauen hatten.

Das einzige, was über die Jahrhunderte konstant wichtig geblieben ist, ist das Verhältnis zwischen Hüft- und Taillenumfang. Dieses Verhältnis fesselt die Aufmerksamkeit eines Mannes immer und überall. Frauen, bei denen der Umfang der Taille siebzig Prozent des Hüftumfangs beträgt, sind erwiesenermaßen fruchtbarer und gesünder als andere. Dr. Devendra Singh von der Cambridge University hat Männer ganz unterschiedlicher Nationalitäten untersucht und dabei festgestellt, daß Männer irgendwann in ihrer Vergangenheit gelernt haben müssen, diese Information zu entschlüsseln. Der Zusammenhang zwischen dem Verhältnis Hüfte/Taille und der Fruchtbarkeit einer Frau ist fest im männlichen Gehirn verankert.

Frauen können aufatmen, denn der Taillenumfang muß nur zwischen 67 und 80 Prozent des Hüftumfangs betragen, um die Aufmerksamkeit eines Mannes zu erregen; sie können also ruhig fünf bis zehn Kilo zuviel auf die Waage bringen, denn das Entscheidende ist die kurvige Figur.

> Frauen auf der ganzen Welt bevorzugen einen kleinen, knackigen Hintern bei Männern, wobei nur den wenigsten bewußt ist, woher diese Vorliebe stammt.

Frauen fühlen sich nach wie vor von einem V-förmig gebauten Mann angezogen, der also breite Schultern, muskulöse Arme und eine schmale Taille hat – alles Merkmale des frühzeitlichen, erfolgreichen Beutejägers. Frauen auf der ganzen Welt bevorzugen Männer mit kleinem, knackigem Hintern, obwohl nur die wenigsten eine Ahnung haben, warum das so anziehend auf sie wirkt. Der Mensch ist der einzige Primat, bei dem der Hintern vorsteht. Das hat zwei Gründe: Zum einen hilft es uns dabei, aufrecht zu stehen, zum anderen verleiht es einem Mann die nötige Stoßkraft, um eine Frau erfolgreich befruchten zu können.

Männer und Romantik

Es ist nicht so, daß Männer nicht romantisch sein könnten. Sie verstehen nur den hohen Stellenwert nicht, den Romantik für Frauen hat. Die Bücher, die wir uns kaufen, sind ein deutlicher Hinweis auf das, was uns interessiert. Frauen geben Jahr für Jahr Millionen für Liebesromane aus. Frauenmagazine konzentrieren sich auf Liebe, Romantik und die Angelegenheiten anderer Leute bzw. darauf, welchen Sport man treiben, wie man sich ernähren und anziehen muß, um noch mehr Romantik in sein Leben zu bringen. Eine australische Studie hat ergeben, daß Frauen, die Liebesromane lesen, doppelt so oft Sex haben wie Frauen, die keine Liebesromane lesen. Umgekehrt geben Männer Millionen für Bücher und Zeitschriften aus, die ihnen technisches Know-how auf jedem möglichen Gebiet vermitteln, das mit den räumlich-visuellen Fähigkeiten zu tun hat, angefangen bei Computern und mechanischen Gerätschaften bis hin zu Beutejagdaktivitäten wie Fischen, Jagen und Fußball.

Es ist kein Wunder, daß die wenigsten Männer, wenn es um Romantik geht, eine Ahnung haben, was sie tun sollen. Ein moderner Mann hat kein entsprechendes Rollenmodell, an dem er sich orientieren könnte. Auch sein Vater hatte nicht gewußt, was zu tun war, denn für ihn war das Ganze nie ein Thema. Bei einem unserer letzten Seminare erzählte eine Frau, daß sie ihren Mann gebeten habe, ihr mehr Zuneigung zu zeigen – daraufhin habe er ihr Auto gewaschen und poliert. Das zeigt eindrücklich, daß es für Männer ein Zeichen der Zuneigung ist, wenn sie »etwas tun«. Der gleiche Mann schenkte ihr zum Geburtstag einen Wagenheber und zu ihrem zehnten Hochzeitstag zwei Karten für Plätze in der vordersten Reihe bei einer Wrestling-Veranstaltung.

> Vergessen Sie niemals, daß eine Frau eine Romantikerin ist! Sie liebt Wein, Blumen und Schokolade. Zeigen Sie ihr, daß auch Sie an diese Dinge denken ... indem Sie gelegentlich darüber reden.

Zwar erfreuen sich europäische Männer eines etwas übertrieben guten Rufes in puncto Romantik, doch der Großteil der männlichen Erdbewohner hat einfach keinen blassen Schimmer, was Romantik ist. Frühere Generationen von Männern waren zu beschäftigt damit, sich und ihre Familien über Wasser zu halten, um sich über solche Feinheiten den Kopf zu zerbrechen. Außerdem ist das Gehirn eines Mannes auf das Technische programmiert, nicht auf das Ästhetische. Es ist nicht so, daß ein Mann es nicht versuchen würde – er versteht einfach nicht, welche Bedeutung es für eine Frau hat, wenn er ihr die Tür aufhält, ihr Blumen schickt, mit ihr tanzt, für sie kocht oder eine neue Rolle Klopapier in den Klopapierhalter einlegt. Eine Frau, die sich auf eine neue Beziehung einläßt, erwartet Romantik und Liebe. Sex ist für sie nur eine Folgeerscheinung. Bei Männern hingegen beginnt eine Beziehung häufig mit Sex, und erst danach entscheiden sie, ob daraus eine Beziehung werden kann oder nicht.

Ein paar todsichere Romantik-Tips für Männer

Für Frauen stellt es kein Problem dar, wenn es zu Liebe und Romantik kommt, doch die meisten Männer tappen dann vollkommen im dunkeln und richten es sich daher einfach so ein, daß sie jederzeit und überall für die Liebe bereit sind.

Die romantischen Fähigkeiten (bzw. der Mangel daran) eines Mannes spielen eine wesentliche Rolle dabei, ob eine Frau mit ihm Sex haben will oder nicht. Wir haben unten sechs erprobte und bewährte Taktiken aufgeführt, die sowohl heute als auch vor 5 000 Jahren schon die besten Resultate erbracht haben.

> Woran erkennt man, daß ein Mann bereit ist, Sex zu haben? *Er atmet.*

1. **Achten Sie auf die Umgebung.** Wenn man einmal bedenkt, wie sensibel eine Frau auf ihre Umgebung reagiert und wie stark ihre Sinne äußere Reize aufnehmen, ist es durchaus sinnvoll, daß ein Mann sich Gedanken über die Umgebung macht, in der er sich mit einer Frau treffen will. Das weibliche Geschlechtshormon Östrogen läßt eine Frau sehr empfindlich auf die Art der Beleuchtung reagieren: Schummriges Licht weitet die Pupillen, was auf Menschen beiden Geschlechts anziehend wirkt, und Hautunebenheiten und Falten fallen weniger auf. Die Hörnerven einer Frau sind empfindlicher als die eines Mannes, deswegen ist die richtige Musik sehr wichtig. Auch ist eine saubere, sichere »Höhle« besser als eine, zu der Kinder und andere Leute jederzeit Zugang haben. Frauen bestehen in der Regel darauf, Sex in einem abgeschlossenen Raum zu haben, was auch die heimliche Phantasie vieler Frauen erklärt, an öffentlichen Orten zu vögeln.
2. **Bieten Sie ihr Nahrung an.** Wenn man an die Vergangenheit des Mannes als Beutejäger denkt, könnte man meinen, daß es den Männern in den Sinn kommen sollte, weibliche Urinstinkte wachzurütteln, indem sie eine Frau

mit Nahrung versorgen. Hier liegt auch der Grund, warum es für eine Frau ein so bedeutendes Ereignis ist, wenn er sie zum Essen ausführt, auch wenn sie eigentlich gar keinen Hunger hat. Für sie bedeutet sein Angebot, sie mit Nahrung zu versorgen, daß sie ihm wichtig ist und ihm an ihrem Wohlbefinden und Überleben gelegen ist. Einer Frau ein Essen zu kochen spricht gewisse primitive Gefühle sowohl in der Frau als auch im Mann an.

3. **Zünden Sie ein Feuer an.** Männer haben über Jahrtausende hinweg für Frauen Holz gesammelt und es zum Brennen gebracht, und das spricht auch heutzutage noch die romantische Seite einer Frau an. Auch wenn es sich bei dem Feuer nur um ein Feuer im Gaskamin handelt, das die Frau problemlos selbst hätte entfachen können, ist es wichtig, daß er es tut, um die gewisse romantische Stimmung heraufzubeschwören. Das Feuer an sich ist dabei nicht das Wichtige, sondern die Tatsache, daß er sich um ihre Bedürfnisse kümmert.
4. **Schenken Sie ihr Blumen.** Viele Männer verstehen nicht, welch durchschlagende Wirkung ein Strauß frischer Blumen auf eine Frau haben kann. Der Gedanke der Männer dabei ist: »Warum soll man soviel Geld für etwas ausgeben, was nach ein paar Tagen welk ist und im Müll landet?« Ein Mann mit seinem logischen Denken kann es noch sinnvoll finden, einer Frau eine Topfpflanze zu schenken, denn mit ein bißchen Pflege und Aufmerksamkeit hat man längere Zeit etwas davon. Eine Frau sieht das anders. Sie will einen Strauß frischer Blumen. Nach ein paar Tagen sind die Blumen welk und landen auf dem Kompost, und das gibt ihm die Gelegenheit, einen neuen Strauß zu kaufen und so erneut die romantische Saite in ihr zum Klingen zu bringen, weil er sich wieder einmal um ihre Bedürfnisse kümmert.

5. **Gehen Sie mit ihr tanzen.** Es ist ja nicht so, daß Männer nicht tanzen wollten; die meisten haben einfach keinen eigenen Bereich für das Tanzen in ihrer rechten Gehirnhälfte, um den Rhythmus zu fühlen. In jeder beliebigen Aerobic-Stunde kann man beobachten, wie sich die männlichen Teilnehmer (sofern überhaupt welche auftauchen) abmühen, um nicht aus dem Takt zu kommen. Wenn ein Mann einen Anfänger-Tanzkurs macht und ein paar grundlegende Schritte für Rock'n'Roll und Walzer lernt, kann er sicher sein, daß er auf jeder Party bei den Frauen der Hit sein wird. Man hat Tanzen auch als die vertikale Ausführung eines horizontalen Verlangens beschrieben, und genau das ist die Entstehungsgeschichte des Tanzes: Der Tanz ist ein Ritual, das sich entwickelt hat, um Frauen und Männern die Gelegenheit zu Körperkontakt zu geben, der dann als Vorstufe zu anderen Werbungsritualen gesehen wird – wie es auch bei anderen Tierarten der Fall ist.
6. **Kaufen Sie ihr Schokolade und Champagner.** Diese Mischung verbindet man seit langem mit Romantik, obwohl die wenigsten wissen, warum. Champagner enthält eine chemische Substanz, die sich in keinem anderen alkoholischen Getränk findet und die den Testosteronspiegel hebt. Schokolade enthält Phenylethylamin, eine Substanz, die das Liebeszentrum im Gehirn einer Frau anregt. Danielle Piomella vom Neurosciences Institute in San Diego entdeckte kürzlich drei neue chemische Substanzen – N-Acylethanolamine –, die an die Cannabis-Rezeptoren im Gehirn einer Frau andocken und in ihr der Wirkung von Marihuana vergleichbare Empfindungen auslösen. Diese chemischen Substanzen finden sich in brauner Schokolade und in Kakao, nicht aber in weißer Schokolade oder Kaffee.

Warum Männer aufhören, zärtlich zu sein und mit ihrer Partnerin zu reden

»Bevor wir geheiratet haben, hat er mit mir Händchen gehalten, mir den Rücken gestreichelt und stundenlang mit mir geredet. Jetzt hält er weder Händchen mit mir, noch will er mit mir reden. Und streicheln tut er mich nur, wenn er Sex will.« Kommt Ihnen diese Klage bekannt vor?

> Wenn ein Mann erst einmal geheiratet hat, weiß er alles, was er über seine Partnerin wissen muß, und sieht keinen Sinn mehr darin, sich stundenlang mit ihr zu unterhalten.

Während der ersten großen Verliebtheit berührt ein Mann seine Partnerin mehr als zu jeder anderen Zeit in ihrer späteren Beziehung. Der Grund hierfür ist, daß er es kaum erwarten kann, »Hand an sie zu legen«. Da er noch kein grünes Licht von ihr erhalten hat, sie an ihren Geschlechtsteilen zu berühren, berührt er sie überall sonst. Sobald sie ihm signalisiert hat, daß sie jetzt bereit ist, sieht er keinen Sinn mehr darin, wieder zu den »guten alten Zeiten« zurückzukehren. Und so konzentriert er sich auf die »Leckerbissen«.

Während der ersten großen Verliebtheit redet er viel, denn er will Informationen sammeln: Fakten und Daten über seine Freundin. Und um ihr Informationen über sich selbst zu geben. Wenn sie dann erst einmal verheiratet sind, weiß er alles, was er über sie wissen muß, und sieht wenig Sinn darin, seine Zeit mit stundenlangem Gerede zu verplempern. Wenn ein Mann versteht, daß das Gehirn einer Frau darauf programmiert ist, mit Worten zu kommunizieren, und daß ihre Empfindungsfähigkeit zehnmal größer ist als seine, kann er lernen, sich in diesen Bereichen mehr auf sie einzustellen, und er wird merken, daß sich sein Liebesleben deutlich verbessert.

Warum Männer grapschen und Frauen nicht

Das Hormon Oxytozin, auch als »Schmusehormon« bekannt, wird ausgeschüttet, wenn man zärtlich gestreichelt wird oder mit jemandem schmust. Es erhöht die Empfindungsfähigkeit für Berührungen und das Gefühl der Verbundenheit und beeinflußt das weibliche Verhalten gegenüber Babys und Männern ganz wesentlich. Wenn eine Frau mit dem Stillen beginnt, löst Oxytozin das Einschießen der Milch in die Brüste aus.

Wenn eine Frau einen Mann zärtlich streichelt, tut sie das im Normalfall so, wie sie gerne von ihm gestreichelt werden würde. Sie krault seinen Kopf, streichelt sein Gesicht, fährt ihm über den Rücken und streicht ihm zärtlich über die Haare. Diese Art der Zärtlichkeit kommt bei vielen Männern nicht besonders gut an, ja von einigen wird sie sogar als ausgesprochen lästig empfunden. Die Haut des Mannes ist wesentlich unempfindlicher als die der Frau, denn als er noch auf die Jagd gehen mußte, durfte er nicht durch Schmerzempfindungen oder Verletzungen abgelenkt werden. Männer werden lieber an einer ganz bestimmten Stelle angefaßt, und das so oft wie möglich. Dadurch entstehen beträchtliche Spannungen zwischen den Partnern. Wenn ein Mann eine Frau sinnlich berühren will, läßt er ihr die Behandlung angedeihen, die er am liebsten hätte: Er grapscht ihr an den Busen und zwischen die Beine. Doch das gehört bekanntermaßen zu den von einer Frau am wenigsten geschätzten Dingen, und so sind Ärger und Frustrationen auf beiden Seiten vorprogrammiert. Wenn beide lernen, auf die individuellen Bedürfnisse des anderen einzugehen und sich das zu geben, was sie brauchen, wird ihre Beziehung spürbar davon profitieren.

Frühlingsgefühle

Die biologische Uhr wurde von der Natur so eingestellt, daß Weibchen ihre Jungen in der warmen Jahreszeit bekommen, weil dann die Wahrscheinlichkeit am höchsten ist, daß die Kleinen überleben. Wenn eine Tierart also beispielsweise drei Monate Tragezeit hat, wird Mutter Natur es so eingerichtet haben, daß die Männchen im Frühling die stärksten Gelüste haben, damit die Jungen im Sommer zur Welt kommen. Beim Menschen dauert die Schwangerschaft neun Monate, und deswegen ist der Testosteronspiegel eines Mannes neun Monate davor am höchsten – also im Herbst. Das geflügelte Wort »Frühlingsgefühle haben« trifft nur auf Tierarten zu, die eine kurze Tragezeit von etwa drei Monaten haben.

> Frühlingsgefühle haben nur Tiere mit kurzer Tragezeit.

Untersuchungen haben ergeben, daß der Testosteronspiegel der Männer auf der Südhalbkugel im März, auf der Nordhalbkugel im September am höchsten ist. Man hat ebenfalls festgestellt, daß Männer während dieser Monate Landkarten besser lesen können, weil sich durch den erhöhten Testosteronspiegel ihre räumlich-visuellen Fähigkeiten verbessern.

Wie man sexy denken kann

Der menschliche Geist ist im Grunde nichts anderes als ein brodelnder Cocktail chemischer Reaktionen, und deswegen ist es durchaus möglich, seine Gedanken so zu lenken, daß man sich sexy fühlt. Diese Technik wird von vielen Sextherapeuten gelehrt. Dabei muß man sich fest auf die positiven Eigenschaften des Partners konzentrieren und sich erregende sexuelle Erfahrungen, die man mit ihm erlebt hat, ins Gedächtnis zurückrufen. Das Gehirn reagiert, indem es die chemischen Substanzen ausschüttet, die den Geschlechtstrieb steuern, und der Körper reagiert mit eindeutigen Zeichen sexueller Begierde. Zu dieser Reaktion kommt es während der ersten Phase der Verliebtheit ständig, während der man nur die guten Seiten des anderen wahrnimmt und der Geschlechtstrieb auf Hochtouren läuft.

Genauso ist es aber möglich, jegliche triebhaften Gefühle abzutöten, indem man sich ausschließlich auf die negativen Seiten des Partners konzentriert. Dadurch blockiert man die Ausschüttung der chemischen Substanzen, die erforderlich sind, um den Geschlechtstrieb in Gang zu setzen.

Wie man die Gefühle der Verliebtheit wieder zum Leben erweckt

Man kann nicht nur sexy denken, man kann sich auch wieder verliebt denken, indem man sich auf die Tage der ersten großen Verliebtheit zurückbesinnt. Darum sind Abendessen bei Kerzenschein, romantische Strandspaziergänge und Ferienwochenenden ein so großer Renner. Paare erleben dabei ein regelrechtes hormonelles Hoch, daß sie wieder in den Siebten Himmel zurückversetzt. Partner mit der Erwartungshaltung, der aufregende Zustand der ersten Verliebtheit müsse ewig dauern, werden tief enttäuscht. Aber mit ein bißchen gutem Willen kann man diesen Zustand wieder zum Leben erwecken, wenn man das Bedürfnis danach verspürt.

Wie man den richtigen Partner findet

Liebe beginnt mit Lust, und Lust kann ein paar Stunden, ein paar Tage oder ein paar Wochen dauern. Die nächste Phase ist die große Verliebtheit, die im Durchschnitt drei bis zwölf Monate währt, bevor sich daran die Bindungsphase anschließt. Wenn nach etwa einem Jahr die berauschende Wirkung des starken Hormoncocktails nachläßt, sehen wir unseren Partner zum ersten Mal im nüchternen Tageslicht, und all die kleinen Eigenheiten, die wir anfangs noch so liebenswert fanden, gehen uns langsam, aber sicher auf die Nerven. Zu Beginn fanden Sie es vielleicht noch niedlich, daß er nie etwas im Kühlschrank gefunden hat, doch jetzt könnten Sie vor Wut einen Schreikrampf bekommen. Und er hat anfangs vielleicht nicht genug davon bekommen, wenn Sie ihm in epischer Länge Ihren Tagesablauf beschrieben haben. Doch inzwischen steigen immer häufiger Mordgelüste in ihm hoch, sobald Sie auch nur den Mund öffnen. Heimlich fragen Sie sich immer öfter: »Kann ich so den Rest meines Lebens verbringen? Was haben wir gemeinsam?«

> Die Blume der Liebe ist die Rose. Nach drei Tagen verliert sie ihre Blütenblätter, und alles, was zurückbleibt, ist ein häßliches, dorniges Ding.

In der Tat ist der Gedanke nicht so abwegig, daß Männer und Frauen wenig bis gar nichts gemeinsam haben und daß es kaum ein Thema gibt, über das beide gerne reden würden. Aus biologischer Sicht war das einzige Ziel bei dem Ganzen, eine Frau und einen Mann durch eine Überdosis Hormone soweit zu benebeln, daß sie eben *nicht* denken konnten, sondern lange genug zusammenblieben, um Nachwuchs zu zeugen. Wenn Sie auf der Suche nach dem richtigen Partner sind, müssen Sie sich darüber im klaren sein, auf welche Gemeinsamkeiten Sie bei einer *langfristigen Beziehung* Wert legen, und zwar bevor die Natur Ihre Denkfähigkeit durch hormonelle Höhenflüge außer Gefecht gesetzt hat. Die Frage ist, ob Sie in der Lage sind, eine dauerhafte Beziehung, die auf Freundschaft und gemeinsamen Interessen aufbaut, auch nach der ersten großen Verliebtheit – und daß diese vergeht, ist so sicher wie das Amen in der Kirche – aufrechtzuerhalten.

Notieren Sie die Charakterzüge und Interessen, die Sie sich bei einem Partner wünschen, mit dem Sie sich eine langfristige Beziehung vorstellen könnten, dann werden Sie genau wissen, wonach Sie suchen. Ein Mann hat sicherlich eine ganze Liste mit Eigenschaften, die seine ideale Partnerin haben sollte, doch wenn er auf eine Party geht, ist sein Gehirn durch massive Testosteronausschüttungen umnebelt. Sein Gehirn wird ihn dann dazu treiben, sich eine »ideale« Frau entsprechend seiner hormonellen Motivation zu suchen – klasse Beine, flacher Bauch, runder Hintern, attraktive Oberweite usw., alles Eigenschaften, die wichtig sind, wenn das Ziel der schnellen Fortpflanzung im Vordergrund steht. Frauen wünschen sich einen einfühlsamen und liebevollen Mann, der einen V-förmigen Oberkörper und eine ansprechende Persönlichkeit hat – alles Eigenschaften, die für das Zeugen und Großziehen von Kindern, die Nahrungsbeschaffung und den Schutz der Familie wichtig sind. Dabei handelt es sich ebenfalls nur um kurzfristige biologische Bedürfnisse, die sehr wenig mit dem Erfolg einer modernen Beziehung zu tun haben. Wenn Sie eine Liste mit all den Eigenschaften, die Sie sich bei einem langfristigen Partner wünschen, griffbereit halten, kann sie Ihnen das nächste Mal, wenn Sie eine neue Person kennenlernen und sich Ihre Biologie bei Ihren Gedanken und Trieben ins Werk setzt, helfen, objektiv zu bleiben.

Ihr biologisches Ziel ist es, sich so oft wie möglich fortzupflanzen, und die Natur greift zu wirkungsvollen Mitteln, um das zu erreichen. Wenn Ihnen diese Zusammenhänge klar sind und Sie sich mit einer Beschreibung Ihres idealen langfristigen Partners gewappnet haben, werden Sie weniger leicht auf die Tricks von Mutter Natur hereinfallen. Ihre Chancen, den einen, so schwer aufzutreibenden, perfekten Partner zu finden, mit dem Sie »glücklich und zufrieden bis an Ihr Lebensende« leben können, steigen dadurch beträchtlich.

11. Kapitel

Kurs auf eine andere Zukunft

*»Wir werden vielleicht nie erfahren,
was unsere Fischvorfahren bewogen hat, aus dem Wasser zu steigen.«*
David Attenborough, Naturforscher

Angeblich ist es toll, ein Mann zu sein – man kann an einem Strand in Tunesien oben ohne spazierengehen, ohne gesteinigt zu werden, man muß sich nicht ständig daran erinnern, wo man irgend etwas hingelegt hat, und man kann ungeniert eine Banane vor den Augen von Bauarbeitern essen. Es ist toll, eine Frau zu sein, weil man seine Klamotten selbst kaufen kann, weil man die Beine übereinander schlagen kann, ohne sich die Kleidung zurechtzupfen zu müssen, und weil man einen Mann in aller Öffentlichkeit ohrfeigen kann, da sowieso jeder davon ausgeht, daß die Frau im Recht ist.

> Es ist wunderbar, ein Mann zu sein, weil man Gurken und Zucchini kaufen kann, ohne dabei rot zu werden.

Männer und Frauen sind unterschiedlich. Nicht besser oder schlechter, sondern einfach unterschiedlich. In der Wissenschaft ist das eine bekannte Tatsache, doch die vielzitierte »Political Correctness« versucht alles, das zu verleugnen. Es gibt den gesellschaftlichen und politischen Standpunkt, daß Frauen und Männer, da sie gleich seien, auch gleich behandelt werden müßten. Frauen und Männer sind jedoch alles andere als gleich.

Was wollen Männer und Frauen wirklich?

Für den Mann von heute hat sich über die Jahrhunderte hinweg wenig geändert. Die Arbeit ist für 87 Prozent der Männer immer noch das Wichtigste im Leben, und 99 Prozent wünschen sich ein erfülltes Sexualleben. Für die Frau von heute haben sich die Prioritäten, verglichen mit denen ihrer Mütter und Großmütter, dagegen spürbar gewandelt.

Viele Frauen wollen heutzutage in ihrem Beruf Karriere machen, weil sie auch ein paar Dinge begehren, die Männer haben: Geld, Prestige und Macht. Studien haben ergeben, daß zahlreiche berufstätige Frauen jetzt auch die bislang typisch männlichen Nebenwirkungen des Berufslebens zu spüren bekommen: Probleme mit dem Herzen, Magengeschwüre, Streß, vorzeitiger Tod. Frauen, die einem Beruf nachgehen, trinken und rauchen mehr als je zuvor in der Geschichte der Menschheit. Ein Drittel der berufstätigen Frauen in Großbritannien raucht.

> Wegen streßbedingter Ausfälle muß mehr als ein Drittel der Frauen jedes Jahr neun Tage zu Hause bleiben.

44 Prozent der berufstätigen Frauen geben die Arbeit als größte Streßquelle in ihrem Leben an. Eine von der britischen privaten Krankenversicherung BUPA und vom Gesundheitsmagazin *Top Sante* durchgeführte Umfrage unter 5 000 Frauen hat ergeben, daß 66 Prozent der Überzeugung waren, die Überlastung in der Arbeit schade ihrer Gesundheit.

Die meisten Frauen gaben weiterhin an, daß sie, wenn Geld keine Rolle spielte, lieber Hausfrau sein oder als »Luxusgeschöpf« zu Hause bleiben würden; nur 19 Prozent verspüren wirklich das Bedürfnis, berufstätig zu sein. In einer ähnlichen Umfrage in Australien sagten nur fünf Prozent der Frauen zwischen 18 und 65 Jahren aus, daß ihnen der Beruf am wichtigsten sei, während die meisten Kinderkriegen als höchstes Ziel ansahen. In der Altersgruppe der 31- bis 39jährigen stand für 66 Prozent der Frauen das Muttersein ganz oben auf der Liste der Prioritäten, während nur zwei Prozent die Arbeit angaben. Und in der Altersgruppe der 18- bis 30-jährigen lag das Muttersein mit 31 Prozent ebenfalls an der Spitze; nur 18 Prozent entschieden sich für den Beruf.

Durch die Bank war es für achtzig Prozent der befragten Frauen das Wichtigste, daß ihre Kinder in traditionellen Familienstrukturen aufwachsen. Das zeigt, daß der ganze Medienwirbel und die feministischen Bewegungen nicht den großen Einfluß auf die Einstellungen der Frauen ausgeübt haben, wie ursprünglich angenommen. Die Wertvorstellungen und Prioritäten der Frau von heute haben sich während der letzten Jahrhunderte kaum gewandelt. Der große Unterschied ist, daß 93 Prozent der modernen Frauen angeben, daß sie finanzielle Unabhängigkeit für sehr wichtig halten, und daß 62 Prozent mehr Einfluß auf das politische Geschehen haben wollen. Mit anderen Worten: Frauen wollen nicht mehr von Männern abhängig sein.

Was ihr Privatleben anbelangt, gab nur ein Prozent der Frauen an, daß für sie Sex absolut vorrangig sei, im Vergleich zu 45 Prozent, für die Vertrauen, und 22 Prozent, für die Respekt ganz oben standen. Nur bei zwanzig Prozent der Frauen ist das Sexualleben phantastisch, für 63 Prozent dagegen ist der Partner alles andere als ein perfekter Liebhaber. Tatsache ist, daß für die meisten Frauen das Kinderkriegen und das Dasein als Mutter immer noch ganz oben auf der persönlichen Wunschliste rangiert. Viele berufstätige Frauen sagten, daß sie wegen des Geldes arbeiteten, und die meisten von ihnen lebten in Städten, in denen man mit nur einem Einkommen schlecht bis gar nicht über die Runden käme. Viele Männer scheinen zu glauben, daß es eine noblere Tätigkeit sei, Geld für die Ernährung, die Bekleidung und die Ausbildung der nächsten Generation zu verdienen, als aktiv an der Erziehung beteiligt zu sein. Frauen macht das Elternsein mehr Spaß als Männern, und unglücklicherweise lernen Männer »Vaterfreuden« erst im höheren Alter zu schätzen – wenn sie Großväter geworden sind.

Berufswahl bei Frauen und bei Männern

Im großen und ganzen hat sich für Männer bei der Wahl des Berufes nicht viel verändert: Die meisten entscheiden sich nach wie vor für Berufe, bei denen sie ihre räumlich-visuellen Fähigkeiten einsetzen können. Es gibt heutzutage mehr Männer, die Berufe ausüben, welche bislang als typische Frauenberufe galten, doch wenn man diese Männer untersuchte, würde sicherlich herauskommen, daß ihre Gehirne in mehr oder weniger starkem Ausmaß weiblich orientiert sind. Ganz offensichtlich ist das in gewissen Bereichen, wie zum Beispiel bei Friseuren und bei kreativ und künstlerisch tätigen Personen, der Fall und weniger offensichtlich bei Berater- und Lehrberufen.

Für Frauen hat sich jedoch einiges geändert. In den USA arbeiten 84 Prozent der berufstätigen Frauen im Informations- und Dienstleistungsgewerbe. In der westlichen Welt sind die Inhaber aller neuen Unternehmen zur Hälfte bis zu zwei Dritteln Frauen. In leitenden Positionen im Bereich Verwaltung und Management sind heutzutage vierzig Prozent Frauen.

> Wenn Sie als Frau in einer männlichen Hierarchie arbeiten, haben Sie zwei Möglichkeiten: Entweder Sie gehen, oder Sie passen Ihr Wesen dem der Männer an.

In traditionell männlichen Hierarchien müssen Frauen immer noch um die Spitzenpositionen kämpfen, doch wie wir oben gesehen haben, wollen auch nur sehr wenige Frauen diese Jobs haben. In den meisten politischen Systemen stellen Frauen nur fünf Prozent der Politiker, doch diese fünf Prozent scheinen alle Medienaufmerksamkeit auf sich zu ziehen. Wenn Sie als Frau in einem traditionellen Männerberuf arbeiten, haben Sie zwei Möglichkeiten, um glücklich zu werden: Entweder Sie suchen sich eine Stelle, in der Frauen fair behandelt werden, oder Sie eignen sich männliche Verhaltensmuster an. Männlichkeit öffnet selbst heute noch Türen. Studien bestätigen, daß Frauen, deren Kleidungsstil eher männlich ist, bessere Chancen haben, Manager zu werden, als Frauen, die sich betont weiblich kleiden – und das selbst dann, wenn die Person, welche die Entscheidung fällt, eine Frau ist. Männliche Leiter von Vorstellungsgesprächen zeigen auch eine deutliche Vorliebe für Kandidatinnen, die kein Parfüm benutzen.

Die Geschäftswelt und ihre zunehmend weibliche Prägung

Männliche Charakterzüge und Wertvorstellungen bringen die Menschen an die Spitze der Hierarchien, doch weibliche Wertvorstellungen werden zunehmend wichtig, wenn man auch an der Spitze bleiben will.

Die meisten Organisationen bestehen traditionell aus einer Hierarchie, an deren Spitze eine dominante männliche

Führungskraft steht, deren Glaubenssatz lautet: »Alle mir nach – sonst könnt ihr was erleben!« Diese Organisationen sterben zunehmend aus, ebenso wie der Schulrowdy, der zu einer Zeit, als man Muskeln noch mehr respektierte als Köpfchen, der absolute Hit war, heute aber verachtet und verspottet wird. Männliche Prioritäten müssen von jedem verstanden werden, der sein Auge auf die Top-Positionen geworfen hat. Doch weibliche Wertsysteme sind heutzutage viel eher geeignet, um den Laden besser, harmonischer und folglich auch erfolgreicher am Laufen zu halten.

In den Chefetagen führt die Vorherrschaft von männlichen Wertvorstellungen zu internen Machtkämpfen. Einzelne wollen etwas im Alleingang erledigen, wenn man zu keiner Übereinkunft gelangen kann. Initiative und intuitive Vorgehensweisen haben keinen Platz in diesem Kampf, der Beste zu sein bzw. als der Beste zu scheinen, ganz gleich, ob neue Strategien oder eine laterale Vorgehensweise Wachstum und Fortschritt mit sich bringen könnten. Weibliche Wertvorstellungen dagegen wirken fördernd auf Teamarbeit, allgemeine Zusammenarbeit und übergreifende firmeninterne Arbeitsweisen, was einem Unternehmen sowohl aus strategischer wie auch aus menschlicher Perspektive gesehen nur Vorteile bringen würde. Das heißt nicht, daß sich ein Mann wie eine Frau und eine Frau wie ein Mann benehmen müßten. Doch beide sollten erkennen, daß zu verschiedenen Zeiten im Kampf um die Spitzenpositionen einmal das männliche und einmal das weibliche Prinzip bessere Resultate erzielt.

Ist das »politically correct«?

Wir haben mehr als 10 000 Seminarteilnehmer in sechs Ländern befragt, in denen die »politische Korrektheit« auf der politischen Agenda ganz oben steht, und festgestellt, daß 98 Prozent der Männer und 94 Prozent der Frauen dieses Konzept beengend fanden, weil es ihnen die Freiheit nahm, das, was sie fühlten, frei und offen auszudrücken.

Ursprünglich diente das Konzept der politischen Korrektheit dazu, sexistische Haltungen oder Ausdrucksformen sowie die ungleiche Behandlung von Frauen und Männern zu bekämpfen und dadurch Frauen Chancengleichheit zu garantieren. Angeblich wurden Frauen von dominanten Männern unterdrückt. Trotzdem spricht sich ganz offensichtlich die Mehrheit gegen die politische Korrektheit aus. Bestehen überhaupt Chancen, daß dieses Konzept jemals seinen Sinn erfüllen wird? Wissenschaftler halten das für unwahrscheinlich. Es hat Jahrmillionen gedauert, bis Frauen und Männer zu dem geworden sind, was sie heute sind, und es wird aller Wahrscheinlichkeit nach weitere Jahrmillionen dauern, bis sie sich in Wesen verwandeln, die in ein politisch korrektes Umfeld passen. Das größte Problem, mit dem die Menschheit heutzutage konfrontiert wird, besteht darin, daß ihre hochfliegenden Ideale und Verhaltenskonzepte der genetischen Realität um eine Million Jahre voraus sind.

Unsere Biologie hat sich nicht grundlegend geändert

Jungen wollen mit Sachen spielen, Mädchen zwischenmenschliche Beziehungen pflegen. Jungen wollen andere lenken, dominieren und nach oben kommen, Mädchen beschäftigen sich mehr mit moralischen Fragen, Beziehungen und Menschen. Frauen stellen immer noch eine Minderheit im Geschäftsleben und der Politik dar, jedoch nicht, weil sie von Männern unterdrückt werden – sie interessieren sich schlicht und ergreifend weniger für diese Gebiete.

> Trotz der guten Absichten von Arbeitgebern, die das Konzept der Chancengleichheit ernst nehmen, streben Jungen immer noch hartnäckig mechanisch und räumlich-visuell orientierte Berufe an, während Mädchen ebenso hartnäckig Berufe suchen, in denen sie mit Menschen zu tun haben.

In israelischen Kibbuzim versuchte man über Jahrzehnte hinweg, die geschlechtsspezifische Rollenverteilung aufzuheben. Kleidung, Schuhe, Haarschnitt und Lebensstil orientierten sich an einem geschlechtslosen, neutralen Modell. Jungen wurden ermutigt, mit Puppen zu spielen, zu nähen, zu stricken, zu kochen und zu putzen, Mädchen regte man an, Fußball zu spielen, auf Bäume zu klettern und mit Pfeilen zu werfen.

Der Gedanke, der hinter den Kibbuzim stand, war die Errichtung einer geschlechtsneutralen Gesellschaft, in der es keine starren Rollenschemata gibt und jedes Mitglied gleiche Chancen und gleiche Verantwortungen innerhalb der Gruppe hat. Sexistische Ausdrücke und Sätze wie: »Jungs weinen nicht!« und »Kleine Mädchen spielen nicht im Dreck!« wurden aus dem Vokabular gestrichen, und Kibbuzniks behaupteten, daß sie die totale Auswechselbarkeit der Geschlechterrollen erreicht hätten. Doch was geschah?

Nach neunzigjähriger Erfahrung in Kibbuzim zeigten Studien, daß Jungen in einem Kibbuz aggressives und aufsässiges Verhalten an den Tag legten, Machtgruppen bildeten, miteinander kämpften, daß sie Hierarchien ausprägten und »Deals« schlossen, während Mädchen kooperativ miteinander umgingen, Konflikten aus dem Weg gingen, sich gefühlvoll verhielten, Freundschaften schlossen und gerne mit anderen teilten. Wenn man den Kindern freie Hand bei der Wahl der Schulfächer ließ, wählten Mädchen und Jungen geschlechtsspezifische Kurse. Jungen studierten Physik, Ingenieurwesen und Sport, Mädchen wurden Lehrerinnen, Beraterinnen, Krankenschwestern und Personalmanagerinnen. Ihre Biologie führte sie zu den Tätigkeiten und Beschäftigungen, die ihrer speziellen Gehirnstruktur entsprechen.

Studien von geschlechtsneutral erzogenen Kindern in diesen Gesellschaften zeigen, daß die Abschaffung der Mutter-Kind-Bindung keinesfalls die Geschlechtsunterschiede oder geschlechtsspezifischen Vorlieben und Neigungen der Kinder reduziert. Statt dessen entsteht eine Generation von Kindern, die sich vernachlässigt und verwirrt fühlen und mit großer Wahrscheinlichkeit einmal als total verkorkste Erwachsene herumlaufen werden.

Schlußbemerkung

Beziehungen zwischen Frauen und Männern funktionieren, und das trotz der überwältigenden Unterschiede zwischen den Geschlechtern. Das ist größtenteils das Verdienst der Frauen, denn sie haben die nötigen Fähigkeiten, um Beziehungen und Familien zusammenzuhalten. Frauen können zwischen den Zeilen lesen und Verhaltensweisen richtig deuten. Dadurch sind sie in der Lage, mögliche Folgen vorherzusehen oder frühzeitig einzugreifen, um Probleme im Keim zu ersticken. Allein diese Fähigkeit würde ausreichen, um aus der Welt einen sichereren Aufenthaltsort zu machen, wenn nur jedes Staatsoberhaupt eine Frau wäre. Männer erfüllen die nötigen Voraussetzungen, um zu jagen und Beute nach Hause zu bringen, ihren Weg zurück nach Hause zu finden, in die Flammen zu starren und sich fortzupflanzen –

doch damit erschöpft sich ihr Repertoire. Sie müssen, ebenso wie die Frauen, neue Wege finden, um mit den Anforderungen, die das Leben in der modernen Gesellschaft an sie stellt, besser umzugehen.

Beziehungen bekommen Risse, wenn Männer und Frauen sich nicht darüber im klaren sind, daß es biologische Unterschiede zwischen ihnen gibt, und wenn nicht beide Partner aufhören, vom anderen zu verlangen, daß er der eigenen Erwartungshaltung gerecht wird. Einen guten Teil des Beziehungsstresses kann man darauf zurückführen, daß Männer und Frauen fälschlicherweise glauben, daß sie gleich wären und die gleichen Prioritäten, Bedürfnisse und Wünsche hätten.

Zum ersten Mal in der Geschichte der Menschheit werden Jungen und Mädchen auf dieselbe Art und Weise erzogen. Wir bringen ihnen bei, daß sie gleich sind und die gleichen Fähigkeiten haben. Als Erwachsene heiraten sie, wachen eines schönen Morgens auf und stellen fest, daß sie so unterschiedlich sind wie Tag und Nacht. Es ist kaum verwunderlich, daß junge Leute so viele Probleme mit ihren Beziehungen und Ehen haben. Jegliches Konzept, das auf dem Gedanken der Geschlechtergleichheit aufbaut, steht auf wackeligem Boden. Denn hier wird von Männern und Frauen gleiches Verhalten vorausgesetzt, obwohl beide komplett verschiedene Gehirnstrukturen haben. Manchmal fällt es recht schwer zu verstehen, warum die Natur eine so offensichtliche Inkompatibilität der beiden Geschlechter herbeigeführt hat. Doch der Schein trügt – das eigentliche Problem liegt darin, daß unsere Biologie sich nicht schnell genug an unser heutiges Umfeld anpassen kann.

Die positive Seite daran ist, daß es uns – haben wir erst einmal die Entstehungsgeschichte der geschlechtsspezifischen Unterschiede verstanden – nicht nur leichter fällt, mit diesen Unterschieden zu leben, sondern daß wir auch besser mit ihnen umgehen können und sie schätzen lernen.

Männer streben nach Macht, Erfolg und Sex. Frauen streben nach Beziehungen, Stabilität und Liebe. Sich darüber aufzuregen ist ungefähr so sinnvoll, wie den Himmel zu verfluchen, daß er Regentropfen zur Erde schickt – regnen wird es dennoch. Und wenn man sich damit abfindet, daß es möglicherweise bald regnen wird, kann man auch damit umgehen: Man kann einen Regenmantel oder einen Regenschirm mitnehmen, und schon ist das Problem gelöst. Ähnlich kann man auch Probleme in Beziehungen vorhersehen, die aufgrund der geschlechtsspezifischen Unterschiede zwischen Männern und Frauen auftreten, und Konflikte entsprechend entschärfen.

Tag für Tag ermöglichen uns Gehirn-Scans neue und aufregende Einsichten in die Funktionsweise des Gehirns, die uns Erklärungen zu vielen Dingen liefern, welche wir bislang für selbstverständlich gehalten haben. Wenn ein Mädchen, das an *Anorexia nervosa* leidet, in den Spiegel blickt, kommt sie sich fett und übergewichtig vor. Was sie im Spiegel sieht, ist in gewisser Weise eine Verzerrung der Realität. Dr. Bryan Lask vom Great Ormond Street Hospital in London hat 1998 die Gehirne anorektischer Teenager mit Gehirn-Scannern untersucht und dabei herausgefunden, daß praktisch alle an einer verminderten Blutzufuhr zu dem Teil des Gehirns litten, der für das Sehen zuständig ist. Das ist nur eine von unzähligen Studien, die zeigen, was sich im Gehirn abspielt, wenn dort etwas schiefläuft.

Wissenschaftler auf der ganzen Welt haben übereinstimmende und überzeugende Beweise dafür gefunden, daß biochemische Substanzen im Mutterleib die Gehirnstruktur des Embryos direkt beeinflussen, welche ihrerseits die Vorlieben und Neigungen des werdenden Menschen bestimmt. Die meisten Menschen brauchen aber keine millionenschweren Geräte zum Messen von Gehirnströmen, um zu wissen, daß Männer nicht zuhören und Frauen keine Straßenkarten lesen können – die Geräte erklaren oft nur das, was ohnehin schon offensichtlich ist.

In diesem Buch haben wir Zusammenhänge erläutert, die ihnen unbewußt sicher längst bekannt waren, die sie sich aber vielleicht nie bewußtgemacht haben.

Es ist erstaunlich, daß wir zu Beginn des 21. Jahrhunderts in den Schulen immer noch kein Fach lehren, das uns die Unterschiede zwischen Männern und Frauen und ihre Beziehungen zueinander näherbringt. Lieber untersuchen wir Ratten, die in Labyrinthen herumrennen, oder sehen zu, wie ein Affe einen Salto rückwärts macht, wenn er durch die Belohnung mit einer Banane darauf konditioniert wurde. Die Wissenschaft ist eine langsame und schwerfällige Disziplin, bei der es Jahre dauert, bis ihre Ergebnisse in das öffentliche Schul- und Bildungswesen durchsickern.

Daher liegt es nun an Ihnen, liebe/r Leser/in, ob Sie sich entsprechend »umerziehen« wollen oder nicht. Denn nur wenn Sie selbst sich dazu entschließen, besteht die Hoffnung, daß Ihre Beziehungen so glücklich und erfüllend sein werden, wie jede Frau und jeder Mann es verdient hat.

Anhang

Antes, J. R., McBridge, R. B. und Collins, J. D.: »The effect of a new city route on the cognitive maps of its residents«. *Environment and Behaviour*, 20, 75–91, 1988

Baker, Robin: *Krieg der Spermien*. Lübbe, 1999

Barash, D.: *Soziobiologie und Verhalten*. Parey, 1980

Beatty, W. W. und Truster, A. I.: »Gender differences in geographical knowledge«. *Sex Roles*, 16, 565–590, 1987

Beatty, W. W.: »The Fargo Map Test: A standardised method for assessing remote memory for visuospatial information«. *Journal of Clinical Psychology*, 44, 61–67, 1988

Becker, J. B., Marc Breedlove, S. und Crews, D.: *Behavioural Endocrinology*. The MIT Press/Bradford Books, 1992

Benbow, C. P. und Stanley, J. C.: »Sex Differences in Mathematical Reasoning Ability: More Facts«. *Science*, 222, 1029–1031, 1983

Biddulph, Steve und Biddulph, Sharon: *Weitere Geheimnisse glücklicher Kinder*. Beust, 1998

Biddulph, Steve: *Jungen! Wie sie glücklich heranwachsen*. Beust, 1998

Blum, D.: *Sex on the Brain*. Viking, Penguin

Botting, Kate und Douglas: *Sex Appeal*. Boxtree Ltd., Great Britain, 1995

Brasch, R.: *How Did It Begin?* HarperCollins, Australia, 1965

Brasch, R.: *How Did Sex Begin?* HarperCollins, Australia, 1990

Brown, M. A. und Broadway, M. J.: »The cognitive maps of adolescents: Confusion about inter-town distances«. *Professional Geographer*, 33, 315–325, 1981

Buss, David: *Die Evolution des Begehrens*. Ernst Kabel, 1994

Cabot, Dr. Sandra: *Don't Let Your Hormones Rule Your Life*. Women's Health Advisory Service, Sydney, 1991

Chang, K. T. und Antes, J. R.: »Sex and cultural differences in map reading«. *The American Cartographer*, 14, 29–42, 1987

Coates, Jennifer: *Women, Men and Language*. Longman, 1986

Collis, Jack: *Yes You Can*. HarperCollins, Australia, 1993

Crick, F.: *Was die Seele wirklich ist*. Artemis und Winkler, 1994

Darwin, C.: *Reise um die Welt 1831–36*. Thienemanns, 1981

Dawkins, R.: *Das egoistische Gen*. Rowohlt, 1996

Dawkins, R.: *Der blinde Uhrmacher*. DTV, 1996

Deacon, T. und Lane, A.: *The Symbolic Species: The Co-Evolution of Language and the Human Brain* W. v. Norten & Company, 1998

DeAngelis, Barbara: *Männer. Die geheimen Wünsche des anderen Geschlechts*. Heyne, 1995

DeJong, F. H. und Van De Poll, N. E.: »Relationship Between Sexual Behaviour in Male and Female Rats: Effects of Gonadal Hormones«. *Progress in Brain Research*, 61, Elsevier, 1984

DeVries, G. J., De Bruin, J. P. C., Uylings, H. B. M. und Corner, M.A.: »The Relationship between Structure and Function«. *Progress in Brain Research*, 61, Elsevier, 1984

Diamond, J.: *The Rise and Fall of the Third Chimpanzee*. Vintage, London, 1992

Dixon, N.: *Our Own Worst Enemy*. Futura, London, 1988

Dorner, G.: »Prenatal Stress and Possible Aetiogenetic Factors of Homosexuality in Human Males«. *Endokrinologie*, 75, 365–368, 1980

Dubovsky, S. L., Norton, W. W.: *Mind-Body Deceptions*. W. W. Norton & Co., 1997

Edelson, Edward: *Francis Crick and James Watson and the Building Blocks of Life*. Oxford University Press, 1998

Ehrhardt, A. A. und Meyer-Bahlburg, H. F. L.: »Effects of Prenatal Sex Hormones on Gender-Related Behaviour«. *Science*, 211, 1312–1314, 1981

Ellis, H.: *Man and Woman*. 8th Edition rev., William Heinemann (Medical Books), London, 1934

Ellis, Lee: *Research Methods on the Social Sciences*. Minot State University, 1994

Farah, Martha J.: »Is Visual Imagery Really Visual? Overlooked Evidence from Neuropsychology«. *Psychological Review*, 95, 307–317, 1988

Farrell, Dr. Elizabeth und Westmore, Ann: *The HRT Handbook*. Anne O'Donovan Pty Ltd., Australia, 1993

Fast, Julius und Bernstein, Meredith: *Sexual Chemistry What it is How to use it*. M. Evans and Company, Inc., New York, 1983

Fisher, Helen: *Anatomie der Liebe*. Droemer Knaur, 1995

Freud, Sigmund: *Drei Abhandlungen der Sexualtheorie und verwandte Schriften*. Fischer, 1976

Gardner, H., Weidenfeld und Nicholson: *Extraordinary Minds*. Basic Books

Garner, Alan: *Conversationally Speaking*. Second Lowell House, USA, 1997

Glass, Lillian: *He Says, She Says*. Bantam Books, 1992

Gochros, Harvey und Fischer, Joel: *Treat Yourself to a Better Sex Life*. Prentice Hall Press, New York, 1987

Goffman, Erving: *Geschlecht und Werbung*. Suhrkamp, 1981
Goleman, D. Bloomsbury: *EQ. Emotionale Intelligenz*. DTV, 1997
Gray, John: *What Your Mother Couldn't Tell You and Your Father Didn't Know*. Hodder & Stoughton, 1994
Gray, John: *Mars, Venus und Eros. Männer lieben anders. Frauen auch*. Goldmann, 1999
Gray, John: *Männer sind anders. Frauen auch. Männer sind vom Mars. Frauen von der Venus*. Goldmann, 1998
Gray, John: *Men, Women & Relationships*. Hodder & Stoughton, 1995
Greenfield, S. und Freeman, W. H.: *Journey to the Centers of the Mind*. Basic Books, 1998
Greenfield, S., Weidenfeld und Nicholson: *The Human Brain: A Guided Tour*. Basic Books, 1997
Greenfield, Susan: *Reiseführer Gehirn*. Spektrum Lehrbuch, 1999
Grice, Julia: *What Makes a Woman Sexy*. Judy Piatkus Publishers, London, 1988
Hampson, E. und Kimura, F.: »Reciprocal effects of hormonal fluctuations on human motor and percepto-spatial skills«. *Research Bulletin* 656, Department of Psychology, University of Western Ontario, London, Kanada, Juni 1987
Handy, Charles: *Die Fortschrittsfalle. Der Zukunft neuen Sinn geben*. Goldmann, 1998
Harlow, H. F. und Zimmerman, R. R.: »The Development of Affectional Responses in Infant Monkeys«. *American Philosophical Society*, 102, 501–509, 1958
Hendrix, Harville, Ph. D.: *Soviel Liebe, wie du brauchst*. Econ, München, 1992
Henley, N. M.: *Power, Sex and Nonverbal Communication*. Prentice Hall, New Jersey, 1977

Hite, S.: *Frauen und Liebe. Der neue Hite-Report.* BTB, 1991

Hobson, J. A. und Little, Brown: *The Chemistry of Conscious States: How the Brain Changes Its Mind*

Hobson, J. A.: *Consciousness.* W. H. Freeman and Co., 1998

Hoyenga, K. B. und Hoyenga, K.: *Sex Differences.* Little Brown & Company, Boston, 1980

Humphries, Nicholas: »Contrast Illusions in Perspective«. *Nature 232*, 91–93, 1970

Humphries, Nicholas: *A History of the Mind.* Simon & Schuster, 1992

Hutchinson, J. B. (Hrsg.): *Biological Determinants of Sexual Behaviour.* John Wiley & Sons, New York, 1978

Huxley, Aldous: *Die Pforten der Wahrnehmung. Himmel und Hölle.* Piper, 1997

Johnson, Gary: *Monkey Business.* Gower Publishing, 1995

Kagan, J.: »Sex Differences in the Human Infant«. *Sex and Behaviour*: Status and Prospectus. McGill, T. E. et al. (Hgg.), 305–316, Plenum Press, New York, 1978

Kahn, Elayne und Rudnitsky, David: *Love Codes – Understanding Men's Secret Body Language.* Judy Piatkus Publishers, London, 1989

Kimura, D.: »Sex differences in the brain«. *Scientific American*, 267, 118–125, 1992

Kimura, D.: »Estrogen replacement therapy may protect against intellectual decline in post-menopausal women«. *Hormones and Behaviour*, 29, 312–321, 1995

Kimura, D.: »Sex, sexual orientation and sex hormones influence human cognitive function«. *Current Opinion in Neurobiology*, 6, 259–263, 1996

Kimura, D.: »Are Men's and Women's Brains Really Different?« *Canadian Psychology*, 28 (2), 133–147, 1987

Kimura, D.: »Male Brain, Female Brain: The Hidden Difference«. *Psychology Today*, 51–58, November 1985

Kimura, D.: »How Different are the Male and Female Brains?« *Orbit*, 17 (3), 13–14, Oktober 1986

Kimura, D.: *Neuromotor Mechanisms in Human Communication*. Oxford University Press, 1993

Kimura, D. und Hampson, E.: »Cognitive pattern in men and women is influenced by fluctuations in sex hormones«. *Current Directions in Psychological Science*, 3, 57–61, 1994

King, Dr. Rosie: *Good Loving, Great Sex*. Random House, Australia, 1997

Kumler und Butterfield: *Gender Difference In Map Reading*. University of Colorado, 1998

Lakoff, Robin: *Language and Woman's Place*. Harper and Row, 1976

Lewis, David: *Die geheime Sprache des Erfolgs*. Heyne, 1992

Lewis, Michael: »Culture and Gender Roles: There is No Unisex in the Nursery«. *Psychology Today*, 5, 54–57, 1972

Lewis, Michael und Cherry, Linda: *Social Behaviour and Language Acquisition in Interaction, Conversation, and the Development of Language*. New York, 1977

Lloyd, B. und Archer, J.: *Sex and Gender*. Penguin Books, London, 1982

Lorenz, Konrad: *King Solomon's Ring*. University Press, Cambridge, 1964

Lorenz, K.: *On Aggression*. Methuen, London, 1966

MacCoby, E. und Jacklin, C.: *The Psychology of Sex Differences*. Stanford University Press, 1987

Marcel, A. J.: »Conscious and Preconscious Perception: Experiments on Visual Masking and Word Recognition«. *Cognitive Psychology*, 15, 197–237, 1983

Martin, P.: *The Sickening Mind*. HarperCollins, 1998